本书是2020年度哈尔滨商业大学青年创新人才项目（项目名称：机构投资者行为与股票市场下行风险研究）阶段性成果

经济管理学术文库 • 管理类

政府研发资助对科技创新企业融资与研发投资的作用效果研究

Research on the Effect of Public R&D Subsidies for Financing and R&D Investment of Science and Technology Innovation Enterprises

李爱玲／著

经济管理出版社
ECONOMY & MANAGEMENT PUBLISHING HOUSE

图书在版编目（CIP）数据

政府研发资助对科技创新企业融资与研发投资的作用效果研究/李爱玲著．—北京：经济管理出版社，2021.5

ISBN 978－7－5096－8006－3

Ⅰ.①政… Ⅱ.①李… Ⅲ.①政府补贴—作用—高技术企业—企业融资—研究 Ⅳ.①F276.44

中国版本图书馆CIP数据核字(2021)第100774号

组稿编辑：张巧梅
责任编辑：张巧梅
责任印制：黄章平
责任校对：张晓燕

出版发行：经济管理出版社
（北京市海淀区北蜂窝8号中雅大厦A座11层　100038）
网　　址：www.E－mp.com.cn
电　　话：（010）51915602
印　　刷：唐山昊达印刷有限公司
经　　销：新华书店
开　　本：720mm×1000mm/16
印　　张：15.75
字　　数：308千字
版　　次：2021年6月第1版　　2021年6月第1次印刷
书　　号：ISBN 978－7－5096－8006－3
定　　价：88.00元

前　言

随着我国经济增长从高速增长状态逐渐转向中高速增长状态，经济发展进入了“新常态”。“新常态”的经济发展时期要求经济增长方式由资源消耗式的增长转化为技术创新式的“集约型”增长，经济增长不能单纯依赖资源的过度消耗，而应更多地依赖科技进步和技术创新。因此，在新的经济常态下，国民经济能否持续、稳定、健康发展在很大程度上取决于科技进步和技术创新的能力和水平。但是，与世界上主要发达国家相比，中国在科技进步与技术创新对经济增长的贡献方面仍存在明显的差距。如何提升科技进步和技术创新对经济增长的贡献，以及如何实现由资源消耗式的增长向科技主导型的经济增长方式的转变将是未来宏观经济政策制定者和企业发展的主导者需要解决的重大问题。

企业特别是科技创新型企业作为社会科技进步的主力军对经济的发展起着举足轻重的作用。在实践中，政府在促进经济可持续发展过程中不断加强企业在技术进步和科技创新中的主体地位，在提高企业科技创新能力方面取得了一定的成就。企业的科技创新在研发人员的增长、资金投入的增加、创新成果产出等方面均保持着可喜的发展速度。

研发投资作为科技创新企业的一项重要投资活动在企业科技进步和技术创新过程中发挥着重要作用。但是，与国民经济发展和社会进步对企业的科技创新活动的要求相比，我国企业整体上的研发投资规模和水平仍远低于最优均衡水平。造成企业研发投入不足现象的主要根源是：一方面，研发投资的规模大、期限长、高风险等特征制约了企业科技创新的研发投资积极性；另一方面，研发投资的产出成果具有非竞争性和非排他性的公共品特征，企业在承担研发投资成本和风险之后，难以独享投资收益。因此，仅仅依靠企业自主性创新投资难以达到以科技促增长的作用，这就需要政府发挥必要的干预和激励作用以促进企业的创新水平，从而提升创新活动对整个社会的效用。

事实上，在中国经济体制改革开放进程中，我国各级政府为支持和提高整个社会的科技创新活力，特别是为了实施“科技兴国”战略，制定和实施了一系列鼓励科技创新的政策和措施。这些政策和措施在激励企业的科技创新投入、提升全社会科技创新能力的同时，也不同程度地存在着科技投入结构不合理、研发投入资金使用效率低下、科技政策不完善和市场激励机制弱化等问题。如何客观地评价政府科技政策的实施效果、发现科技发展政策实施中所存在的政策、体制和机制方面的制约因素，对进一步调整和完善科技创新政策、理顺科技创新的管理体制、培育鼓励科技创新的市场机制具有重要的理论意义和实践意义。

本书以政府研发资助作为切入点，研究了政府科技政策的有效性。在全面梳理政府研发资助的相关理论和研究成果的基础上，以科技创新企业为研究视角，系统地考察和实证分析了政府研发资助的作用效果。主要包括：第一，研究了影响政府研发资助的企业特征因素，探索了政府研发资助政策在资助对象选择方面的内在规律；第二，创新性地研究了政府研发资助对科技创新企业融资的影响，探讨了政府研发资助对科技创新企业债务融资、股权融资等外部融资方式中可能起到的信号作用；第三，实证检验了政府研发资助对科技创新企业研发投入的刺激或挤出作用；第四，深入研究政府研发资助对科技创新企业的非效率研发投资的作用效果，为提高政府研发资助效率提供理论依据；第五，检验了政府研发资助对科技创新企业研发产出成果的作用效果。

实证研究结果显示：第一，政府研发资助在对象选择方面受企业的国有股比例、资产收益率、规模、市场价值、自主性研发投入规模等因素影响；第二，政府研发资助能够显著提高科技创新企业的债务融资水平，对于科技创新企业的外源融资也能够起到显著的促进作用；第三，政府研发资助对科技创新企业研发投资具有促进作用，具体来说，政府研发资助对小企业创新投入的刺激效用较好，对国有股比例较低的企业能够产生较显著的促进作用，在较低的管理层持股水平下，政府研发资助对企业研发投资的刺激作用增大；第四，政府研发资助能够有效抑制科技创新企业的过度研发投资，并且能够有效改善科技创新企业的自主性研发投资不足问题，验证了政府研发资助的有效性；第五，运用专利申请数量作为衡量科技创新企业研发产出的替代指标，实证检验结果表明，政府研发资助能够有效地促进科技创新企业的专利申请，但是难以有效提高科技创新企业的市场价值。

本书的研究结论：在微观层面，以科技创新企业特征、融资以及研发投资为视角，丰富和充实了政府研发资助作用机制的有关文献，验证并发展了相关理论研究成果。同时，在实践方面，对于政府完善科技创新的研发资助政策、提高政府研发资助的效率、加快“新常态”下经济增长方式的转型和升级具有一定的借鉴意义。

本书结构如下：

第 1 章：绪论，主要介绍本书的选题背景、目的与意义、研究方法和主要研究内容。

第 2 章：理论基础与文献综述，对相关理论和已有研究成果进行回顾和评述，为本书的进一步研究奠定基础。

第 3 章：政府研发资助政策和企业科技创新投资的现状分析。首先对中国企业研发的水平、投入以及存在的问题进行了分析，然后通过对中国目前的相关科技政策的现状描述，总结了政府部门研发资助的情况以及可能存在的问题。

第 4 章：对政府研发资助与科技创新企业特征的关系进行了实证研究，探讨了影响政府研发资助的企业特征因素。

第 5 章：实证检验了政府研发资助对科技创新企业融资的影响，检验了政府资助在改善科技创新企业融资约束方面可能产生的信号作用。

第 6 章：实证研究政府研发资助对科技创新企业研发投资可能产生的挤出或引致效应。进一步地，检验了政府研发资助对科技创新企业研发投资的动态作用效果。

第 7 章：刻画了科技创新企业研发投资的非效率部分，实证研究了政府研发资助对科技创新企业非效率研发投资的作用效果，验证了政府研发资助对科技创新企业研发投资效率的影响。

第 8 章：实证研究了政府研发资助对科技创新企业研发产出和市场价值的影响，检验了政府研发资助通过创新产出和企业价值两种途径可能产生的技术溢出作用。

第 9 章：讲述政府研发资助的国际历史经验，列举了美国、德国和日本的研发资助政策、研发资助计划、政府 R&D 经费配置、科技计划等内容。

第 10 章：本书的研究结论和政策建议。同时分析了本书可能存在的局限性以及未来的研究方向。

目　录

1 绪论

1.1 选题背景

21 世纪是知识经济的时代，现代文明的形式已经由工业文明状态转化为生态文明状态。世界经济的增长方式由追求规模速度的资源消耗式增长向追求质量效率的技术创新式增长转化，20 世纪 90 年代以来，美国在没有大量消耗自然资源的情况下保持经济的持续增长就是知识经济时代的典型代表。国家的经济增长不再由外生变量决定，取而代之地由技术力量等内部因素决定。经济的进步和生产效率的提高归根结底与科技进步和研发创新相关（Griliches & Mairesse，1998）。研究表明美国国民生产总值在 1909～1949 年翻了一番，其中科技进步对经济增长率的贡献达到 87.5%（Solow，1957）。其他发达国家亦是如此，根据世界银行 1991 年的测算，1960～1987 年，美国、德国和日本等发达国家技术进步对经济增长的贡献率分别为 50%、87% 和 59%，英国、法国的这一数据则高达 78%。事实证明，经济发展不能仅仅依靠资源和要素的投入，而是要从根本上加强创新与研发，因为技术进步才是经济发展的根本保障。

与世界发达国家科技进步对经济增长贡献率处于 70%～80% 的水平相比，中国科技进步贡献率仅为 31.6%。其中差距一方面反映了中国科技进步亟须提高，另一方面也预示着中国科技发展具有巨大的潜力。目前的中国经济发展正处于重要战略机遇期，经济正在向形态更高级、分工更复杂、结构更合理的阶段演化。经济发展进入了新常态，经济增长从高速增长逐渐转向了中高速增长，经济发展方式正从“粗放式”增长转向“集约式”增长，经济发展动力正从传统增长点转向新的增长点。在中国经济发展的新常态下，科技进步对经济的稳定可持续发展以及经济结构的调整具有更加重要的意义。

世界各国科技发展经验表明，企业特别是科技创新企业在技术进步中发挥了重要作用。新常态下中国应进一步加强科技创新企业在技术进步和科技创新中的主体地位。根据《中国科技统计年鉴》的数据，2012 年中国科技创新企业研究与试验发展（Research & Development，R&D）人员全时当量为52.6万人年，占企业整体总量的21.16%。科技创新企业R&D资金投入增长幅度较大，在全国研发资金投入中的比重逐步加大；2013年企业科技创新经费9075.8亿元，占全国科技创新经费总量的76.6%①。科技创新企业研发成果显著，有效专利数量、新产品数量以及新产品销售收入均呈现显著增长趋势。

虽然企业研发对社会科技进步起到了巨大的推动作用，然而在现实中全社会的企业研发投资却远低于最优均衡水平。其原因是：一方面，研发创新投资本身一般投入高、期限长，具有较高的不确定性，巨大的研发投资风险制约了企业创新研发投资的积极性；另一方面，企业研发投资具有外部性特征和溢出效应，微观研发主体在承担研发活动的整体成本和风险之后，却因为研发成果的非竞争性和非排他性特征而难以独享投资收益。此外，研发投资决策还受到经营者和股东之间、大股东和小股东之间以及股东与债权人之间委托代理问题的影响，使得企业研发投资决策难以从研发投资本身对企业的价值贡献出发，进一步抑制了研发投资向最优均衡水平靠近。

在仅仅依靠市场调节无法达到研发创新有效均衡的前提下，政府有必要适当地发挥对企业特别是科技创新企业研发投资的调节和促进作用。政府的干预和激励措施有助于研发创新活动发挥溢出效应，从而提升创新活动对整个社会的效用。在中国经济新常态的发展趋势下，政府“需要创新宏观调控思路和方式，培育经济发展的持久动力”，更需要发挥科技创新的促进作用。事实上，中国政府在科技创新扶持和资助等方面已经付出了很大的努力。中国政府针对企业研发活动的科技计划种类繁多，包括国家重点基础研究发展计划、863计划、科技支撑计划、国际科技合作计划、星火计划、火炬计划、重点新产品计划、科技型中小企业技术创新基金等。2012年各项企业科技发展项目总额约为296.83亿元，科技计划项目总数达到15591项。②

虽然政府在企业科技创新活动中起到了显著的推动作用，但是在相关科技政策的制定和执行过程中还存在着诸多问题。1990~2013年中国政府财政科技支出年增长率达到2.99%，然而政府科技支出的增长并未显著提高全社会的研发支出。1990~2010年全社会研发支出占GDP的比重仅平均增长0.13倍。2011年这一比例达到1.8%，远低于西方发达国家平均为3%的水平。中国政府在推动企业科技创新活动中遇到的困难可以概括为：一方面政府部门不遗余力地推进科技计划，期望对社会科技进步起到促进作用；另一方面由于相关政策制定和管理机

① 数据来源：《中国科技统计年鉴》（2013）。

② 数据来源：《中国科技统计年鉴》（2012）。

制尚不完善，存在效率较低、结构不合理等问题，难以发挥政府创新政策的最优效果。因此在加强政府相关科技投入的同时，必须准确科学地深入考察政府科技政策对企业融资和研发投资等方面的作用效果，进而因地制宜地实施科技创新政策。本书以政府对企业研发资助为科技政策的切入点，探讨其作用效果，从而最大程度地发挥科技创新企业对社会科技进步的促进作用。

1.2 研究目的与意义

1.2.1 研究目的

由于我国企业信息披露相关制度仍不健全，缺乏政府研发资助和企业研发投资相关数据，因此目前关于政府研发资助的相关研究主要集中在宏观或行业层面（白俊红等，2009；王俊，2010；等等），基于微观企业的研究十分有限。本书选择了科技创新企业较为集中的电子、医药和生物制造、信息技术、机械设备仪表等行业的上市公司作为研究样本，针对政府研发资助在科技创新企业融资和研发投资等方面的作用效果进行了较为系统的研究，为提升政府研发资助对企业研发的促进作用提出了理论支持和科学依据。具体的研究目的有：

（1）梳理关于政府研发资助、企业融资和研发投资等方面的相关理论和研究成果，为深入剖析政府研发资助对科技创新企业研发投资等方面的多重作用提供了理论基础。

（2）在科技创新企业特征的视角下，研究影响政府研发资助的关键因素，分析政府在研发资助对象选择方面的具体特征，探索政府研发资助和科技创新企业研发投资之间的内在规律。

（3）创新性地研究政府研发资助对科技创新企业融资的影响，探讨政府研发资助对科技创新企业债务融资、股权融资等外部融资方式中可能起到的信号作用。

（4）实证检验政府研发资助对科技创新企业研发投入的刺激或挤出作用，有利于确定适当的政府研发资助规模，提高技术溢出的杠杆效应。

（5）深入研究在政府研发资助过程中科技创新企业可能产生的非效率研发投资行为，为提高政府研发资助效率提供理论依据。

（6）构建数学模型，综合分析政府研发资助对科技创新企业创新产出和企业市场价值等方面的作用机理，为政府研发资助最大限度地激励企业的技术溢出效应提供证据。

（7）通过对政府研发资助效果的多层次研究，为揭示政府研发资助政策效果和科技创新企业研发投入的产出效率提供依据。

1.2.2 研究意义

1.2.2.1 理论意义

研发投资具有投入高、期限长、风险大、外部性等特征，仅仅依靠市场调节力量难以保证企业的研发活动处于最优水平。政府对于企业研发投资的资助可以降低企业研发投入成本、研发风险，促进社会研发水平向最优点推进。然而研发资助决策效果并不是外生变量，它受到微观企业特征的多重影响，同时还可能通过影响科技创新企业的融资及研发投资行为来发挥作用。

本书考察了研发投资对科技创新企业融资的影响，对企业研发投入的作用效果、对企业非效率研发活动的影响，以及对企业创新产出和企业价值的作用效果。本书理论意义具体体现在以下两个方面：

（1）丰富和完善了政府研发资助对科技创新企业研发投资行为作用机制的研究。对于政府研发资助的考察，已有研究一般单一地评价政府研发资助对企业研发投资的引致作用或挤出作用，或通过企业创新产出等方面考察政府研发资助的作用效果。然而政府研发资助对企业研发投资的影响是一个系统的过程。它不仅包括以上两个方面的研究，还包括企业自身特征对政府研发资助的反作用、政府研发资助对企业融资情况的影响，以及对企业非效率研发投资的影响。本书针对政府研发资助对科技创新企业融资、研发投资等多方面的影响，进行了立体化的系统研究，全面客观地反映了政府研发资助对科技创新企业研发投资的综合作用效果。

（2）验证和发展了政府研发资助理论。本书通过对科技创新企业研发投资影响的研究，验证了政府研发资助对企业研发投资可能产生的挤出作用和激励作用；通过对科技创新企业研发产出的研究，验证了政府研发资助的微观效果。除此之外，还在已有研究基础上开创性地研究了政府研发资助对企业融资的作用以及对企业非效率研发行为的影响作用。为政府研发资助相关研究提供了多方位的视角，丰富了已有成果的研究层次。

1.2.2.2 实践意义

（1）提高政府研发资助政策效率，发挥政府政策的杠杆作用。探讨政府研发资助的影响因素、作用机制以及政策效果，从而提高政府研发资助的政策效率，最大程度地发挥对社会科技进步的杠杆作用。研发资助就是要通过政府对企业创新投资的引导，促进全社会技术进步，达到经济结构调整和转型的目的。通过对已有研究成果的整理以及分析，综合运用多种实证研究模型，在科技创新企业层面明确了政府研发资助的关键影响因素；探讨了政府研发资助对科技创新企业研发投入的作用效果；研究了政府研发资助对科技创新企业研发投资效率的影响；考察了政府研发资助对科技创新企业研发产出和企业价值的作用效果。上述研究一方面可为政府部门在研发资助对象的选择、优化配置、研发资助规模上提供决策参考，另一方面也为政府部门制定有效的研发资助激励政策提供了理论依据。本书对于建立科学合理机制，以提高政府创新激励效率具有积极的实践意义。

（2）引导科技创新企业正确理解和合理利用政府研发资助以提高研发投资效率。通过实证检验获得政府研发资助的企业特征，有利于引导科技创新企业正确理解政府科技研发资助的政策意图，有利于企业更加合理地利用相关政策，更加积极地加大科技研发投资、不断提高科技研发支出的投资效率。

1.3 研究方法

本书以2008年以前上市的科技创新企业较为集中的电子、医药和生物制造、信息技术、机械设备仪表等行业的上市公司作为研究样本，手工收集了2008～2013年样本上市公司年报中披露的政府研发资助和企业研发投入相关数据，研究了政府研发资助对科技创新企业融资、研发投入规模、非效率研发投资以及研发产出和市场价值的影响。具体研究方法有：

（1）规范分析法。对已有的关于企业创新和政府资助的理论进行了归纳和总结，对企业创新投资行为的障碍、政府研发资助的必要性、在政府研发资助过程中可能产生的问题以及政府研发资助所产生的作用等最新成果进行了梳理。在此基础之上，构建和形成本书对政府研发资助作用效果的研究思路。

（2）实证分析法。在对政府研发资助与科技创新企业特征相互关系的研究中，运用了Probit回归方法；在政府研发资助对科技创新企业融资影响的研究中，运用了倾向得分匹配（PSM）方法；在研究政府研发资助的刺激和挤出效应过程中，运用了面板向量自回归（PVAR）方法；在政府研发资助对科技创新企业价值影响的研究中运用了工具变量法。此外，对以上相关研究还同时运用了多元线性回归方法进行检验。

（3）比较分析法。在实证研究过程中，对样本进行分组比较，检验了不同企业特征情况下政府研发资助效果的差异，从而深层次地对所研究的问题进行分析。

1.4 结构安排和创新点

1.4.1 结构安排

本书共分为十个章节，第 1 章为绪论；第 2 章对相关理论研究进展和前人研究文献进行了梳理；第 3 章对政府研发资助、科技创新企业研发投入等方面的现状进行分析；第 4 章至第 8 章分别就政府研发资助对科技创新企业融资和研发投资的作用效果进行了实证分析；第 9 章为政府研发资助的国际历史经验；第 10 章为研究结论、政策建议与未来研究展望。各部分具体内容安排如下：

第 1 章：绪论，主要介绍本书的选题背景、目的和意义，研究方法和主要研究内容。

第 2 章：理论基础与文献综述，对相关理论和已有研究成果进行回顾和评述，为本书的进一步研究奠定基础。在理论基础部分，首先总结了企业研发相关理论，分析了通过市场调节和企业自主性创新投入难以实现社会研发投入的最优水平；进而通过分析政府干预相关理论阐述了在研发创新过程中政府所发挥的不可或缺的作用。在文献综述部分，梳理和总结了已有研究的方法、结论以及优缺点，进而为后文实证研究部分奠定基础。

第 3 章：政府研发资助政策和企业科技创新投资的现状分析。首先对科技创新企业研发的水平、投入以及存在的问题进行了分析，然后通过对目前的相关科技政策的现状描述，总结了政府部门研发资助的情况以及可能存在的问题。

第 4 章：对中国政府研发资助在资助对象选择方面的企业特征影响因素进行了实证研究。以企业财务特征为分析基础，实证检验了科技创新企业的自主性研发投入、国有股比例、管理层持股情况以及规模等因素对政府研发资助决策的影响，从而分析政府研发资助在执行过程中所青睐的企业特征。

第 5 章：实证检验了政府研发资助对企业融资的影响。政府资助对企业资金提供者可能释放关于企业能力的信号，进而影响外部投资者的决策。实证检验中分别考察了债务融资、股权融资和外部融资三个方面。

第 6 章：实证研究政府研发资助可能产生的挤出或引致效应。一方面，由于政府的资助改善了研发项目的自然状况，可能吸引企业增加投入；另一方面，政府的过度资助也可能减少企业自主性的研发投资，产生挤出作用。本章还就政府研发资助对科技创新企业研发投入的动态作用效果进行了检验。

第 7 章：研究了政府研发资助对科技创新企业非效率研发投入（研发投资过

度和研发投资不足）的作用效果。借鉴已有方法，刻画了科技创新企业研发投资的非效率部分，通过考察政府研发资助对非效率部分的影响，验证了政府研发资助效率。

第 8 章：研究了政府研发资助对科技创新企业研发产出和市场价值的影响。实证检验了政府研发资助通过创新产出和企业价值两种途径可能产生的技术溢出作用对全社会科技进步所产生的促进作用。

第 9 章：讲述政府研发资助的国际历史经验，列举了美国、德国和日本的研发资助政策、研发资助计划、科技计划等内容。

第 10 章：研究结论、政策建议与研究不足。对全书进行了总结，归纳了主要研究结论，在理论分析和实证检验结果的基础上提出了提高政府研发资助效应的政策建议，并分析了本书可能存在的局限性以及未来的研究方向。

1.4.2 本书创新点

由于研发创新活动具有较长的投资期限和较高的风险，并且研发成果具有公共品特征而难以被研发企业独占，因此企业对于研发活动的投入通常来说低于社会最优水平。政府对企业研发创新活动进行资助的目的是通过降低企业对研发项目的资金投入、降低研发项目成本和风险，来促进创新活动向最优均衡水平移动。要想实现政府研发资助的目标，就必须深入了解政府研发资助对企业创新活动的作用如何，从而制定出有效地推动社会科技进步的政策措施。因此研究探讨政府研发资助的影响因素以及作用效果对提高政府研发资助效率具有积极的现实意义。为了深入研究以上问题，在充分吸收已有研究成果、研究经验的基础上，本书的主要创新点如下：

（1）在政府研发资助的相关研究成果中，首次在科技创新企业层面比较系统地对政府研发资助的作用效果进行综合的多层次的研究。本书从研究影响政府研发资助对象选择的科技创新企业特征因素着手，考察了科技创新企业自主研发投入、企业规模、管理层持股以及国有股比例等因素对于政府研发资助的影响；考虑到政府对科技创新企业的研发资助可能产生的信号作用，考察了受资助企业的融资情况如何受到影响；进一步地对政府研发资助对科技创新企业自主性研发投入以及研发投入效率的影响进行了深入的研究；最后对政府研发资助对企业创新产出和市场对受资助企业的价值评价进行了研究。已有的相关文献多集中于政府研发资助是刺激还是挤出了企业的研发投资，以及政府研发资助对企业创新产出等相关方面进行研究。本书丰富了政府研发资助作用效果这一领域的研究。

（2）由于中国对于企业信息披露相关规定尚有待完善，企业对政府研发资助相关信息并未进行系统的明确的披露，相关数据需要人工收集，工作量巨大。

因此对于政府研发资助相关研究多集中于宏观层面和行业层面，关于微观企业的研究并不多见。本书人工收集了科技创新类上市公司披露的政府研发资助数据，较为系统地从微观企业层面研究这一问题，对于细化政府相关研发资助政策具有重要的借鉴意义。

（3）运用了非线性面板向量自回归模型 PVAR、倾向得分匹配模型 PSM、工具变量法以及多变量回归模型等计量经济学方法，较为准确地揭示了政府研发资助对微观企业研发活动的作用效果。在考察政府研发资助对科技创新企业融资的影响研究中运用了 PSM，避免了样本选择偏误，较为准确地探讨了政府研发资助对外部资金提供者的影响；在研究政府研发资助可能存在的挤出或引致效应时，运用 PVAR 模型考察了动态作用效果；在探索政府研发资助对科技创新企业市场价值影响的过程中，为了避免变量的内生性，运用了工具变量法进行研究；此外，在其他章节的实证检验部分运用了多种回归模型对结论加以验证。

（4）考察了政府研发资助对企业融资影响这一命题。目前大量文献对于企业面临的融资约束这一问题进行过深入的研究，然而已有研究中鲜有考虑到政府研发资助变量对于外部资金提供者的影响这一问题。本书在考察政府研发资助对科技创新企业融资约束改善作用的过程中，将政府研发资助的市场信号作用引入企业融资约束问题的研究中去，为这一命题的研究加入了新鲜元素。

（5）已有研究中对于政府研发资助可能产生的对于企业自身研发支出的引致效应和挤出效用进行了深入的探讨，然而并未考虑到由于委托代理问题可能导致的政府研发资助对科技创新企业自主性研发投入的非效率影响。本书在第七章对于政府研发资助可能引起非效率研发投资这一问题进行了深入的研究，更加全面地刻画了政府研发资助对科技创新企业研发投资可能产生的作用效果。

2 理论基础与文献综述

2.1 概念界定和理论基础

2.1.1 相关概念界定

2.1.1.1 政府 R&D 资助的含义及种类

政府 R&D 资助简言之就是国家或地区政府为激发企业的技术创新活力与积极性，对个人、企业或机构的 R&D 活动给予激励支持的行为。政府的 R&D 资助主要有以下两种表现形式：第一种是直接对个人、企业或研发机构输送资金补贴；第二种是通过制定相关税收优惠政策，对从事 R&D 活动的个人、企业或研发机构实施一定的税收减免来间接扶持企业的技术创新研发活动。相比较于税收减免等税收优惠政策，直接的财政补贴会使个人、企业或研发机构体验到更强烈的政府支持感，对企事业的技术创新效果的激发会更加简单直接。政府对企业的直接财政补贴，具体来说就是每个年度政府都会依据科学的预算对符合条件的企业或特定行业进行的研发活动给予一定的资金补贴。政府选择资助的企业项目一般是具有很大发展潜力，可以产生不小社会收益或符合国家特定目的决心要大力扶持的行业，比如，医疗卫生、国土安全、通信等。其主要目的一方面是弥补技术创新活动带来的负外部效应，大力激发企业内部研发支出的增加，提高企业研发的积极性；另一方面是对社会产业结构起到引导作用，提高社会整体创新水平。此外，国家也会通过对特定企业或者特定行业制定特定的税收优惠或税收激励政策，间接促进并激发企业进行技术研发创新活动的积极性，以促进科技创新水平的提高。例如，国家为支持企业开展 R&D 活动，对于符合条件的高新技术企业的研发支出会给予一定的税收减免、抵扣优惠、延迟纳税、加速折旧和设备免税购置等各种优惠措施。关于税收优惠政策的间接帮助与财政资金的直接扶持哪一种方式更为有效，也常常吸引许多学者的关注。为保证研究的准确性，本书在研究政府 R&D 资助对高新技术企业创新效率的影响时，仅关注政府 R&D 资助的直接形式，即政府对企业开展 R&D 活动直接给予的资金支持、资金补贴等。

2.1.1.2　高新技术产业的概念及界定

本书主要探究政府 R&D 资助对高新技术企业创新效率的影响，所以，理解和界定高新技术企业就显得尤为重要了。毋庸置疑，整个高新技术产业对社会经济的进步发展起到非常重要的推动作用，也是社会技术进步创新的动力源泉。孙强（2007）在其著作中表述高新技术企业通常涵盖以下特点：企业自身愿意投入资金用于进行创新研发活动，另外，企业从事研发活动的人员的比例也会远远高于其他企业。高新技术产业具有知识密集的特性，它涵盖了全世界各行各业中最先进的技术，是推动全球社会不断进步的根本。高新技术产业会拥有最先进的研发团队、自动化的生产线以及一定规模的市场份额，且能产生一定的影响力。经济合作与发展组织通常把高新技术产业定义为：R&D 投入高、风险大、回报不确定、技术密集、技术更新升级周期短，而且可以对与其相关的产业以及国家宏观战略造成较大影响。经合组织把航空航天器制造业、医疗设备及仪器仪表制造业、医药制造业、电子及通信设备制造业和电子计算机及办公设备制造业统称为高技术产业。国内相关领域专家学者一般将资源利用率高、拥有专利技术、生产高附加值产品，并可以对与企业相关的上下游产业起到助推作用的新兴企业群体定义为高新技术产业。2012 年国家统计局首次界定了高新技术产业，主要包括医疗仪器设备及仪器仪表制造业，航空、航天及设备制造业，电子及通信设备制造业，医药制造业，计算机及办公设备制造业这五大类。

2.1.1.3　企业创新与创新效率的衡量

（1）企业创新的衡量。企业创新说到底其实就是新知识的生产，所以，本书以企业的 R&D 产出数据来衡量企业的创新效果。通常情况下企业的 R&D 产出又可以通过查验企业的专利数目或者企业新技术产品的销售额这两种指标来具体体现。专利就是国家专利局根据专利法对申请知识产权保护的发明人、企业或研发机构授予该项发明创造所专有享受权利。专利就意味着新技术、新工艺、新知识的产出。新产品就是通过利用新的技术新方法或新的设计原理在原有产品的基础上进行改进升级或者研发出新的产品，其在各种功能上远超老产品。新产品不仅仅包括政府肯定的新品，政府没有肯定但企业已自行研发且投产已超过一年的也是企业的新产品。新产品销售收入代表着新产品的商业价值，所以，可以用该指标反映企业技术创新的成效。

（2）企业技术创新效率的衡量。“效率”简单来说就是投入产出之间的比率。而本书关注的企业技术创新效率当前学术研究中还没有统一的定义标准，本书中提及的企业技术创新效率是指企业在既定的研发要素投入下可以实现的最大研发产出，也就是说在相同的研发支出下，研发产出越高表明企业技术创新效率越高，或者相同的研发产出，研发投入小的企业效率更高。本书效率的衡量具体是利用基于规模报酬不变的 DEA 模型对各省份的 R&D 技术创新效率进行了 DEA 测算。

2.2 相关理论分析

2.2.1 公共物品理论

学术界一般认为公共物品是市场失灵的主要原因，它与私人物品相对应，是公共经济学的重要概念之一。经济学概念中的市场失灵就是说市场不能实现最佳的资源配置效果，甚至导致各种不公与不稳定现状的出现。所以说，在出现市场失灵的方面各国政府会选择进行干预，提供公共物品，促进公平与经济稳定。公共物品具有很明显的非排他性和非竞用性特点。非排他性是指公共物品一般是由政府提供，社会上所有人员都可以免费享用，共同受益，无法只限定部分群体使用。公共物品的非竞用性是指个体或群体对公共物品的享用不会对其他个体或其他群体的消费造成公共物品数量或者质量上的影响，即增加公共物品消费个体的数量并不会降低其他个体对公共物品的消费效用。公共物品的非排他性是可以免费享用的，所以政府可以避免此类问题的出现，这也是各国政府介入市场的原因所在。极易引发市场最反感的免费搭车问题，免费搭车问题的存在会使得相关产业企业生产销售该类商品的积极性极大地降低，但在政府的干预下而提供的公共物品是社会上所有人员都可以免费享用的，所以政府可以避免此类问题的出现，这也是各国政府介入市场的原因所在。

2.2.2 外部性理论

外部性也称为外部经济，它也是引发社会资源错乱配置、出现市场失灵现象的原因之一。学术界一般认为若一项经济活动的收益或成本，从社会角度评判与从私人或企业角度评判不一致，我们就可以认定该项经济活动具有外部性。1962 年学者布坎南（Buchanan J. M.）和斯塔布尔宾（Stubblebine W. C.）在其研究成果中这样表述外部经济：如果一个个体的效用函数所包含的变量在另一个个体的控制之下，就存在外部效应。如果存在外部性，则一定会影响到与该经济活动交易双方无关的第三方，但经济活动的价格并没有将第三方的收益或成本考虑在内，因此该项经济活动的价格并不能准确地反映其真实的收益或成本。技术创新研发活动就具有典型的外部效应，一项技术的改进升级或创新所产生的效益不能完全被技术研发者享有，极易产生免费搭车的问题。企业开展研发活动的初衷是占有该项技术创新的所有收益，但往往不能实现。新产品或新技术容易被他人无偿享用，这不仅会降低企业的新产品的产出与销售收益，而且很大程度上打击了各大企业技术创新的积极性与原始动力，这才是非常可怕的。技术创新研发活动不仅仅具有外部效应，还具有降低社会创新成本，促进社会技术进步，增加社会经济效益等积极效应。因此，从外部经济的视角来看，政府的 R&D 资助对企业来说是十分有必要的。

2.2.3 创新风险理论

企业创新活动具有风险性与不确定性，企业对于研发投入是否可以产生创新结果并不确定，但这种不确定性会随着研发活动的新进度逐渐变低。企业创新活动的风险与不确定性表现在许多方面：首先，技术层面的未知性。企业在进行 R&D 活动之前，并不清楚研发成功的概率以及创新的程度效果，技术研发人员也并不清楚研发是否可以成功以及成功所需要的时长。在一般情况下，创新程度与不确定性呈正向关系，技术创新程度越高，研发过程存在的不确定性往往会越大。其次，市场与收益的未知性。企业创新的最终目标是实现新产品产出的市场化，但由于信息不对称的存在往往增加了企业新产品是否可被市场接纳的不确定性。对未来新产品的市场份额与销售收入企业也没有十分的信心，加上产品创新的外部效应到底对产品效益会有多大影响，企业最终能占有多大收益，去掉研发成本是否能有盈利这一切都存在很大的不确定性。最后，制度层面的未知性。经济活动都会受到社会经济状况及政策背景的影响，技术创新活动更容易受到国家政策和社会经济的影响。企业的新产品的产出不仅会受到技术、市场与收益等不确定性的影响，有时候更多地会被国家政策和社会成员的喜好所牵制。但国家政策和社会成员喜好企业往往也不好估判，进而对研发进度与成效造成更大的不确定性。总的来说，从企业创新活动的非排他性、非竞争性、新产品的外部性、风险性与未知性都可以看出政府的 R&D 资助对企业技术创新的必要性。

2.3 关于科技创新企业融资问题的研究

有效市场假说成立的情况下企业内外部信息对称，因此内外部资金成本不存在任何差异，企业可以在成本无差异的状态下自由使用内外部资金。Keynes（1936）认为在完美的市场中，外部资金提供者可以在对资金准确定价的基础上为企业提供充足的资金，因此企业可以完全不依赖内部资金。然而在现实中，市场存在不同程度的信息不对称，企业外部资金提供者无法准确地衡量所面临的风险，因此往往要求较高的风险溢价，以弥补可能面临的委托代理问题、逆向选择问题等带来的信用风险。在这种情况下，企业特别是科技创新企业往往面临较为严重的融资约束。Meyers 和 Majluf（1984）认为在信息不对称的情况下，由于企业内外部对资金用途风险评价存在差异，因此外源融资存在较高的交易成本，从而造成外源融资对企业而言是非效率的，形成了企业的融资约束。Asli Demirguc－Kunt 和 Vojislav Maksimovic（1998）指出由于各国的法律制度对投资者保护程度不同，企业所面临的影响信息不对称程度有较大差异，最终导致不同国别的企业面临不同的融资约束。Bah 和 Dumontier（2001）的研究认为，由于企业和金融家之间的信息不对称，使得企业的外部金融成本显著高于内部金融成本，因此当其他条件相同时，那些具有充足内部资金渠道的企业将比那些必须寻找外部金融的企业投资规模更大。

与其他企业相比，科技创新企业的风险大，内部科技的信息不对称程度高，在资金并不充足的市场上，科技创新企业更加可能由于资金供给不足而面临研发投资不足从而阻碍发展的情况。O'Sullvan（2000）认为企业融资能力等财务状况决定了其是否具备可利用的资源进行持续投资从而得到发展，持续发展所积累起的创新能力足以获得经济上的回报。Fazzarri（1988）发现了投资现金流敏感现象，即当企业面临融资约束时，其投资受内部现金流的显著影响，不受融资约束的企业不存在投资现金流敏感现象。由于企业所处的经济环境和制度的差异，不同国家的企业所受到的融资约束程度存在差异。Hall（2002）的研究基于 R&D 资金缺口的调查，结果显示新设立的小型创新企业面临较高的资本成本；大企业在对 R&D 投资项目进行融资时偏好内部融资；在进一步的研究中，作者认为政府的种子资本和资助计划是非常必要的。Rajan 和 Zingales（1995）的研究认为不同产业的金融需求差异是由科技决定的。那些科技型产业比其他产业更依赖外部金融。在较发达的金融市场中更多依靠外部金融的产业成长更快。Danset（2001）和 Dubocage（2002）的研究得到了相似的结论，二者均认为处于成熟阶段或大型企业占据主导地位的市场，对科技创新资金需求的限制相对较少，企业将自行投资；而对处于发展阶段的高新技术企业而言，创新性投资面临的资金限制情况较多，外部金融主体就变得非常重要。Tadesse（2002）实证检验了 36 个国家的金融体系对科技创新的支持作用，研究认为在金融部门不发达的市场中，银行体系对科技创新的支持作用较大，而在金融部门发达的市场中，资本市场对科技创新则起到更大的作用。Atanassov 等（2005）认为债券和股票市场等资本市场对技术创新过程产生积极的作用；而政府税收、财政政策等方面的支持，将对企业融资安排的选择产生直接的影响，进而影响技术进步和经济增长。Czarnitzki（2011）运用非参数配比程序（Matching Procedure）研究了政府研发资助对企业研发融资来源的影响，认为政府研发资助有助于提高内部研发融资，对研发的信用融资也有积极影响。

中国经济发展正处于“新常态”，一方面市场资金供给和需求的结构差异较大；另一方面市场有效性较低，且信息不对称程度较大。中国的科技创新企业面临的融资约束程度差异较大，其中科技创新企业融资约束情况较为严峻。曹勇（1995）分析了我国科技与金融结合的现状，认为我国资金投入不足已经成为科技成果转化的主要障碍。许强和徐金发（2001）对比分析了中国和美国的科技创新企业在不同发展阶段的融资方式，认为应当充分发挥商业银行的金融服务支持作用，以促进企业科技能力的提升和社会科技进步。戴淑庚（2004）认为金融创新有助于化解高科技企业的融资障碍。李春艳（2005）认为在完善对科技创新项目的评估机制、信用等级评定系统等相关政策的基础上，商业银行在企业科技创新的过程中将起到重要作用。

由于企业的融资约束现象是信息不对称的客观结果，因此如果能有效降低信息不对称的程度，或向融资市场释放某些有助于降低信息不对称的信号，则可能解决企业面临的融资约束问题。企业释放信号的主要途径是机构投资者、信息披露等。张纯、吕伟（2007）研究了机构投资者在缓解企业融资信息不对称性中所起到的作用，认为机构投资者能够有效降低企业的信息不对称程度，从而降低民营企业所受融资约束。何贤杰等（2012）考察了企业社会责任信息披露是否有效地降低了企业的信息不对称程度，结果表明企业的信息披露质量越高，其面临的融资约束程度越低。此外，于蔚等（2012）研究了政治关联缓解企业外部融资约束的作用机理。研究结果显示，政治关联能够起到信号发送功能，从而有效缓解企业融资约束问题。

针对企业技术的创新全过程，以往的研究者从不同的视角进行了众多探索：①从生产的视角来看，创新过程是指从创新要素投入到最终新产品产值的价值链过程。其中包括创新资源转换、进行研发测试、形成中间产出，主要以专利形式存在，最终通过商业化运作形成最终创新产品。如张嵎喆和蒋云飞（2010）认为企业创新过程分为实验、技术研究、技术开发、技术推出到最终产品开发，最终以新产品产值反映创新绩效。②从技术整合的视角进行分析，将创新过程分为产品开发阶段、试制阶段以及量产阶段（申长江、王玲和雷家骕，2008）。许胜江（2004）对于创新过程提出了一个系统化的模型，认为高科技成果商业化分为两个阶段、十个步骤，第一个阶段为初步商业化，包括新产品概念设计、建立技术平台、开发核心产品、开拓基础市场、建立核心生产能力。第二个阶段为持续商业化阶段，包括实现常规生产经营、扩展核心产品、扩大和完善生产体系、扩大与细分市场、实现更大规模的常规经营。③从研究开发链条的角度进行分析。如李纪珍（2006）提出单个企业无法承担研究开发中的基础研究、应用研究以及实验性发展等整个研究开发链的工作，因而出现了研发外包等情形。李国杰（2007）认为创新体系过程主要分为基础研究、共性技术和产品开发技术，其中基础研究主要由国家自然科学基金进行资助，而企业由于追求利润最大化更多的是针对产品技术研发，而产业共性技术在创新链条中成为一个薄弱环节，并呈现失灵状态。

2.4 关于科技创新企业研发投资问题的研究

2.4.1 科技创新企业研发投资促进理论

科技创新企业进行研发投资是外部动力和内部动力共同作用的结果。技术推动、市场竞争以及市场需求是促进科技创新企业研发投资的外部动力；科技创新企业自身发展，提高核心能力等追求是进行研发投资的内部动力。

2.4.1.1 科技创新企业研发创新的外部动力

（1）技术推动。1912 年，熊彼特（Joseph A. Schumpeter）在《经济发展理论》中提出的创新理论认为技术创新的主要推动力是科学发现和技术发明。在创新过程中，科学和技术的重大突破使科学和技术的发展快于生产，这种前瞻性能够创造出新市场需求或激发市场潜在需求。根据这一观点，创新源于新的科学发现和技术发明的认知和发展，市场成为科技研发成果的接受者。既然技术创新先于市场需求，那么从事创新的企业往往能够通过占领市场得到较高的垄断利润，有动力不断地吸纳科技，并进行研发和技术创新。虽然研发创新投资的成本高、难度大，并且科技创新企业可能面临较大的投资失败的风险，但是创新产品和技术为企业带来的市场占有率的显著提高，以及利润的大幅增长，可以激励企业不遗余力地进行研发创新。

（2）市场竞争。优胜劣汰的市场竞争机制，一方面能够激发企业技术创新的内在动力，另一方面又能够给企业提供外在推动作用。适当的市场竞争程度有利于科技创新企业克服发展中的惰性，激发创新潜力。进一步地，良性的市场竞争能够为市场主体创造积极向上的制度环境，使之保持不断奋斗和进取的状态。此外，市场竞争还能够通过优化企业的治理结构，促使科技创新企业保有有利于不断创新的组织形式。因此，市场竞争对企业技术创新具有强大的动力作用。

（3）市场需求。市场需求是技术创新的主要动力之一，对企业创新行为同时产生推动作用和拉动作用。一方面，市场需求拉动企业研发创新。当市场对某种创新产品或技术的需求超过企业供给时，通过满足市场需求将会提高企业总利润率，而企业只有实现技术创新才能够满足这一需求，因此市场需求可以拉动企业研发创新。另一方面，企业创新研发将推动新的市场需求，而这种新的市场需求又反过来激励创新企业持续地进行技术创新。如此反复，企业创新和市场需求将互相促进，进入良性的循环过程。

2.4.1.2 技术创新的内部动力

研发创新的内部动力来自于科技创新企业能力的发展要求。企业间的竞争主要表现为企业核心能力、企业的核心产品，以及企业的最终产品三个层次的竞争。企业核心能力的构成要素包括企业研发能力、生产制造能力和市场营销能力。其中生产制造能力和市场营销能力比较容易被竞争对手模仿，而研发能力具有专有知识和技术，竞争对手模仿的难度较大。科技创新企业专业化生产扩张规模和提高效率等需要知识、能力和技术的不断积累，并且核心知识、能力和技术是经营的关键要素。科技创新企业在现有知识和能力的基础上获得竞争优势的根本途径是持续的技术创新和知识创新。因此科技创新企业围绕核心知识、能力和技术的原始积累，进行以研发投资为中心的技术创新是企业获得核心竞争力的必然选择。研发投资的重要意义在于它可以从根本上提高公司的核心竞争力，通过研发投入可以不断改进技术、优化产品性能、改进产品质量、降低生产成本、开发新产品、开拓新市场等。

2.4.2 科技创新企业研发投资抑制相关理论

理论方面，科技创新企业研发投资抑制的主要原因包括以下三个方面：第一，研发投资具有外部性特征和溢出效应，科技创新企业在进行研发投资时难以防止竞争对手“搭便车”的情况，这降低了科技创新企业研发投资的收益，因此研发投资的外部性和溢出效应抑制了科技创新企业研发投资；第二，企业研发投资决策受到经营者和股东之间、大股东和小股东之间以及股东与债权人之间委托代理问题的影响，使得企业研发投资决策难以从研发投资本身对企业的价值贡献出发，因此企业面临的各种委托代理问题抑制了研发投资；第三，研发投资本身具有较高的不确定性，科技创新企业研发投资风险较大，制约了研发投资积极性。

2.4.2.1 科技创新企业研发投资的外部性与溢出效应

（1）研发投资产出的外部性特征。科技创新企业研发过程中需要投入大量成本，承担较大的风险，而研发投资活动的产出核心是技术或知识。与其他私人产品不同，技术或知识具有某种公共品的特殊性质。一方面，知识和技术具有非竞争性的特征。当某一经济行为人使用这种知识和技术时，并不能阻止其他经济行为人同时使用。另一方面，知识和技术不具有排他性，因为知识和技术的创造者或设计者难以阻止他人在不经授权的情况下使用。科技创新企业研发产出的这种特性使得科技创新企业研发时花费大量人力和物力，承担巨大风险，却无法在享用研发投资成果时获得垄断利润。因此研发投资的外部性抑制了企业进行R&D 投入的积极性。

在实际操作过程中，可以通过法律等途径增加研发投资产出的排他性。Arrow（1962）指出："如果保证有适当的法律措施，信息有可能成为一种可占有的商品，而且这使得对信息的垄断成为可能。"然而，Arrow 同时指出："不存在这样的法律保障，使得信息这种无形的商品成为一个彻底的可占有的东西。因为在任何生产活动中运用信息的方式都无可避免地存在泄露它的可能性，至少是部分程度上的泄露。这其中，企业间人才的流动就提供了一个很好的传播信息的方式。从法律上规定的产权只能提供部分的保障，因为对任何一个单位的信息进行精确定义并将它与一些类似的信息进行区分都是相当困难的。"因此法律对知识产权的保护是有限的，并不能完全排除研发产出的外部性对科技创新企业研发投资的抑制作用。

（2）研发投资的溢出效应。研发投资产出的外部性意味着研发投资活动将产生"溢出效应"（Spillover）。Verspagen（1997）对研发的溢出效应给出了两种定义："价格溢出效应"（Rent - spillover）和"纯溢出效应"（Pure - spillover）。价格溢出效应是由于存在竞争压力和需求弹性，研发新产品的价格无法显著高于同类产品的价格，因此市场对于研发新产品的定价并不能够完全反映企业生产创新所带来的产品质量的提升。特别地，当研发产品同时是其他企业生产的投入品时，那么后者就获得了前者研发创新的溢出效应。"纯溢出效应"是通过专利信息、逆向工程或者研究人员的流动等途径实现的。它提升了获得溢出企业的产出效率，却损害了研发投入企业的利益。

研发投资活动的溢出效应表现在两个方面：首先，企业研发投资的新产品、新技术可能被竞争对手在不付费的情况下获得；其次，在现行法律体系下，企业无法对其他非法使用本企业研发产出的行为实施有效的追索权。Mansfield 等（1981）发现，美国企业专利中有60%在4 年内被模仿；Levin（1986）的估计数字是3 年内有半数以上的创新产品被模仿。研发的溢出效应使得企业研发投资为其他企业也带来部分利益，甚至增加了竞争对手的实力。这种溢出效应导致市场失灵，在一定程度上损害了竞争性企业进行研发活动的积极性，导致研发竞争蜕变成一种"等待博弈"（Waiting Game）——企业不思自主研发，唯求"搭便车"（Free Riding），坐享其成（骆品亮，2001）。

2.4.2.2 委托代理问题与科技创新企业研发投资

（1）股东与管理者代理问题与科技创新企业研发投资。在所有权和经营权分离的企业中，股东与管理者之间的利益最大化目标不一致，从而影响了企业研发投资决策。委托代理问题不仅仅存在于科技创新企业中，而是现代企业经营中存在的普遍问题。股东与管理者之间的委托代理问题对企业研发投资的影响主要表现在以下几方面：

首先，企业的研发投资受到管理者勤勉状况的影响。理性的管理者在做出研发投资决策时，必然权衡从中获得的收益和需要付出的成本。企业的研发投资需要管理者进行调研、决策，增加了管理者的工作负担，而研发投资所增加的公司剩余价值，管理者却不拥有最终索取权。因此管理者在研发投资过程中的收益和成本不对等，造成了不拥有企业所有权的管理者缺乏研发投资的积极性。与之相对应，管理者也有可能通过开展效率低下的研发投资，造成企业研发投资过度，进而侵害企业所有者的利益。Jensen 和 Meckling（1976）认为公司高管人员持有公司股份与其推卸责任的积极性成反比，管理者持股越少，越不愿意为增加公司价值而努力。当管理者持股比例增加时，其推卸责任的成本也越大。所以在企业管理层持股比例普遍偏低的情况下，企业研发投资受到管理者勤勉状况的影响。

其次，企业研发投资受到经营者风险规避态度的影响。企业进行研发投资给经营者带来的风险要高于其获得的收益。在通常情况下，管理者所获得的主要收益包括工资收入、股票和期权收入以及职业经验等。而经营者在进行研发投资决策过程中所承受的风险包括研发投资失败公司陷入财务困境或破产时损失的工资、股票、期权收益，以及经理人声誉。Jensen（1990）研究了美国企业首席执行官报酬对企业价值的敏感度，发现 CEO 的报酬对公司价值的平均敏感程度为 0.00325，即企业价值每增加 10000 美元，CEO 的收入仅增加 32.5 美元。当研发投资大幅提升企业业绩时，管理者得到的价值增加非常有限；然而，当研发投资失败损害公司业绩时，经理人却可能遭受巨大损失。因此，在研发投资方面，经理人通常是风险厌恶的。

最后，企业研发投资受到经营者短视问题的影响。通常来说，公司股东关心长期投资给公司带来的现金流增加，而由于受到聘任期限的限制，管理层更关注短期投资对公司当期或较近阶段价值的影响。因此，高管人员倾向于投资那些能够带来较高即期收益的项目，而回避那些虽然有益于增加股东财富但投资期限长的项目。研发投资具有期限长、费用高、收益滞后等特点。当管理层进行研发投资时，高额的费用冲减当期收益，导致企业即期业绩下滑，而研发投资收益却可能被继任管理者享用。因此，公司高管人员往往从自身利益最大化出发，不愿进行研发投资，或偏好短期研发投资。

（2）大股东与中小股东代理问题与研发投资。大股东与中小股东的代理问题表现为大股东的现金流权和控制权的分离。当现金流权与控制权分离时，由于控股股东与中小股东信息不对称，导致控股股东与中小股东的利益冲突。当现金流权与控制权分离度较小时，控股股东与中小股东利益冲突较小，控股股东将努力增加公司价值。而当现金流权与控制权分离度较大时，控股股东可以用较小的现金流权取得公司较大的控制权，控股股东与中小股东之间的利益冲突增加，大股东或控股股东可能利用公司资源谋取私利，侵占小股东利益。John 和 Nachman（1985）认为企业的留存收益可能被用来为控股股东谋取私利，然而当企业将留存收益用于项目投资时，投资收益将由全体股东分享。因此，当研发投资对公司价值增加值小于大股东将留存收益用于谋取私利的收入时，即使投资项目的净现值大于零，大股东或控股股东也有可能放弃投资。Yafeh 和 Yosha（2003）通过检验日本化学工业企业发现，从管理层私利的角度看，所有权集中度与企业研发投入呈负相关关系。杨勇等（2007）认为股权集中度越高、对高层管理者的激励力度越大，企业技术创新投资越活跃。

（3）股东与债权人代理问题与研发投资。资金是支持企业发展和成长的重要资源，因此银行等债权人是企业重要的合作伙伴。由于债权人所获得的收益是既定的，无法分享风险溢价，因此企业和债权人的利益驱动力不一致产生了代理问题。为了防止股东将更高的风险转嫁给自己，债权人可以通过调整信贷供给水平、利率水平、债务契约规制等方法削弱企业的投资动机。Forssback（2011）研究了全球数百家银行 1995～2005 年的面板数据，认为债权人对企业风险承担有着显著的约束力。研发投资具有未来收益不确定性的特点，股东与债权人之间的代理问题使得企业很难通过债务融资的方式满足研发投资的资金需求。因此股东和债权人之间的代理问题减少了解决研发投资融资约束的途径，这也制约了企业研发投资的发展。

2.4.2.3 不确定性与科技创新企业研发投资

与一般投资活动相比，创新活动通常具有不确定性。创新活动的不确定性反映在两个方面：一方面，创新主体通常无法确定技术改变或创新在产出方面能否达到预期；另一方面，即使创新活动能够达到预期效果，那么市场能够给予认可也是不确定的。事实上，研发投资从创意到实现再到成功的市场推广是一个长期的、充满风险的曲折的过程。换句话说，无法从投入的角度来预测发明或创新能否成功（Arrow，1962）。因此，为了实施研发投资活动，科技创新企业需要承受巨大的风险。由于企业在投资过程中通常是风险厌恶的，这将导致风险的次优分配，即企业对风险项目存在选择歧视（Arrow & Lind，1970）。

首先，从融资角度来说，一方面研发投资可能发生道德风险的概率较大，另一方面抵押品较少，因此当缺乏内部资金支持时，科技创新企业在研发投资时将面临融资约束。从道德风险方面来说，由于通常情况下，研发投资项目专业性较强、技术难度较大，外部资金供给者难以对企业研发项目进行充分了解，因此基于可能发生的企业道德风险，外部资金供给者并不愿意提供过多的资金支持，或即使提供资金，但要求的风险溢价较高。

其次，从抵押品方面来说，研发投资的重要部分被用来雇用研发人员或进行人员培训，一旦研发投资失败，研发投资的大部分成本将成为“沉没成本”（Czarnitzki & Bento，2013）。因此，与其他固定资产投资相比，研发投资本身无法成为信用贷款协议的抵押品（Hall，2002）。这也是融资约束成为研发投资主要障碍的原因之一。

最后，市场对研发投资产出反应的不确定性同样制约着科技创新企业的研发投资。这种市场反应的不确定性对于基础性研发投资的抑制作用尤其明显。因为基础性研发投资与最终市场的距离较远，因此在开展基础性研发投资项目之初，其潜在消费者并不确定。这种不确定性增加了研发投资的机会成本，即企业投资其他项目可能产生的收益。特别地，研发投资的不确定性越大，可能导致科技创新企业进行研发投资的规模就越小。

2.5 关于政府对科技创新企业研发资助问题的研究

2.5.1 政府研发资助的作用研究

政府对科技创新企业研发资助的理论基础是政府干预理论。凯恩斯主义以国家干预主义为原则，主张政府应该在宏观经济领域通过制定宏观经济政策发挥作用来调节市场失灵。政府研发资助一方面可以通过释放信号来提高科技创新企业的融资能力，另一方面可以通过降低研发投资的成本和风险，来促进科技创新企业的研发投入。

2.5.1.1 政府研发资助的信号传递作用

在通常情况下，科技创新企业难以通过内源融资解决研发投资的资金需求，因此能够得到外部资金的支持是科技创新企业研发投资成功的关键因素。然而，一方面，企业的创新性研发投资，特别是基础性研发投资，能够反映在账面上的资本价值较低，且能够为外源融资提供的抵押品较少；另一方面，由于研发投资技术水平较高，信息不对称程度大，内在风险较高。因此，即使研发投资主体承诺的未来收益较高，外部资金供给者也不愿意为研发投资提供资金支持（Hall，

2002)。得到外部资金支持的有效途径之一就是向外部资金供给者提供研发投资的内部信息以降低信息不对称程度，但是这种尝试可能会导致科技创新相关信息的泄露。

政府研发资助能够向外部融资者传递信号，以此来解决科技创新企业由于研发内外部信息不对称所导致的融资困难问题。Lerner（1999）分析了美国SBIR政策的影响，发现得到SBIR资助的企业在销售和人员雇佣的增长方面显著快于没有得到SBIR政府资助的企业。Lerner将政府研发资助对企业发展的影响归因于资本市场不完善所造成的研发融资困难。由于研发投资信息不对称，得到政府研发资助的企业能够向外部投资者提供企业质量、技术价值等方面的信号，从而有效解决企业研发融资困难，而没有得到政府研发资助的企业，无法有效降低信息不对称程度，也无法得到外部资金的充分支持，进而制约其发展。基于这种政府研发资助的信号传递作用理论，Lerner认为政府研发资助的信号作用在高技术行业中尤为明显。与此类似，NGA（National Governors Association，2008）的研究报告指出SBIR向天使投资人释放了信号，得到SBIR资助的企业技术有保证且在研发投入初期有机会得到其他投资的杠杆支持。Meuleman和De Maeseneire（2008）研究了比利时中小企业外部融资情况，发现政府研发资助能够提供正向的证明效应，特别是对刚刚成立的企业来说，政府研发资助的信号作用更大。因此在研发项目难以被有效估值的情况下，政府研发资助对外部资金提供者来说是最重要的安全保证。

2.5.1.2 政府研发资助对研发投资的直接作用

政府对科技创新企业研发资助的作用效果主要基于政府干预理论，Arrow（1962）认为政府干预的根本原因是市场失灵。Arrow（1962）的市场失灵理论主要体现在以下两个方面：规模报酬递增和研发产出的不可分割性。

一方面，研发信息具有规模报酬递增的特点。一旦信息被生产出来，无论产出规模多大，都能够被多次运用，因此信息产出成本独立于信息被运用的规模（Arrow，1962，1996，1999；Lamberton，1996）。在通常情况下，生产每单位信息的固定成本相对较高，而单位信息供给的边际成本要低得多。这造成对于生产信息的研发投资主体来说，进行科技创新活动的激励作用非常低。因此需要政府进行适当干预，以提高科技创新主体的积极性。

另一方面，知识、信息具有不可分割性。知识、信息具有非竞争性和非排他性，这两种特性使得虽然科技创新企业的研发投资需要承担整体成本，却无法对研发成果进行分割。研发成果的不可分割性使得企业没有动力进行研发投资。因此仅仅凭借完全自由的竞争性市场难以达到有效均衡。特别地，虽然由于研发市场失灵导致的溢出效应是研发投资企业不希望看到的，但是溢出效应提升了整个社会的效用，增加了消费者剩余，这促进了政府进行研发资助的积极性。Spence（1984）认为当存在溢出效应时，寡头垄断型市场比竞争性市场的社会福利高。Spence 通过分析证明，当不存在政府资助时，社会福利随着厂商数量的增多而降低。存在这种现象的原因是市场失灵：首先，如果研发投资成本的主要组成部分是固定资产，市场将由于过于集中而形成竞争失效，从而降低资源配置效率；其次，企业存在“搭便车”的行为激励；最后，如果研发投资是为了降低成本，并且降低成本的方法相似的话，多个企业重复进行研发投资将会导致浪费。如果企业数量增多，分配效率的正面作用将降低，而负面的“搭便车”激励以及研发重复投资的浪费却不变，因此在存在溢出效应的情况下，企业数量与社会福利呈负相关关系。Spence 认为此时通过政府资助而不是通过增加企业数量来增加市场竞争将能够更有效地增加社会福利。

2.5.2 政府研发资助企业特征研究

政府筛选研发资助企业的主要目的包括：第一，要能够充分激发企业自身的研发创新投资，达到提高企业整体研发水平的效果；第二，要通过受资助企业的技术溢出效应，拉动整体社会的科技发展水平。要想达到这两个目的，就必须对受资助企业进行严格的筛选。企业的不同特征影响了企业获得研发资助后的创新活动，因此企业的特征对获得政府的研发资助的可能性和规模具有一定的影响。

2.5.2.1 企业规模与政府研发资助

企业规模对政府研发资助效果具有重要的影响作用。一方面，规模较大的企业的科技力量较为雄厚，并且拥有规模经济，在科技创新和研发的专业化分工和创新产品的生产方面具有一定的优势，政府研发资助可以起到杠杆的作用，创新产出优势更为明显；另一方面，Herrera 和 González（2013）认为规模较小的企业虽然在科技水平和规模等方面不具有明显优势甚至处于劣势，但是小企业市场反应快，经营更加灵活，通过创新来增加企业自身竞争力的动力强，是整体经济创新多样化的主要来源所在。同时该研究还检验了研发补贴对不同规模企业的作用效果差异，发现研发补贴能够显著增加小规模企业的私人研发投入，但研发补贴的效果仅仅对于促进小企业自身新产品销售的增加具有作用；与之相对应，研发补贴对于大型企业的作用效果却是提高了整个市场的新产品销售。Piekkola（2007）运用芬兰企业相关数据，为了克服政府研发资助可能产生的内生性，运用行业和地区的可获得研发资助信息作为工具变量，考察了芬兰公共研发资助对就业和生产率的影响。研究发现对于行业或地区的公共研发补贴，以及对于小型和中型企业的生产力增长都起到了显著的积极作用。Alecke 等（2012）检验了政府研发资助对东德中小企业创新研发投资的影响，结论与大型企业相似，政府相关资助性政策对于私营中小企业的研发活动同样有效。解维敏（2009）则认为小公司在技术创新方面可能更具有灵活性优势。因此，在考虑到企业创新积极性和灵活性的情况下，政府的研发资助受到企业规模特征差异的影响。

2.5.2.2 企业财务特征与政府研发资助

企业的某些财务特征可能会使企业更加易于获得政府的研发资助。例如企业内部现金流可能预示着企业是否面临融资约束，而面向融资困难的企业提供的政府研发资助可能更有利于促进企业创新投资水平的提高。Fazzari 等（1988）对美国制造业上市公司进行分析，发现具有较高融资约束的公司现金流对投资的影响更大。此后 Hoshi 等（1991）、Kashyap 等（1994）、Hu 和 Schiantarelli（1998）等利用不同的样本和融资约束分类标准均证实了企业投资与流动性的紧密关系。Levin 和 Reiss（1984）综合考察了年龄、行业、技术溢出效应、政府采购等因素，发现技术溢出效应能够有效吸引政府的研发资助，此外企业年龄也对企业吸引政府研发资助起到促进作用。

2.5.2.3 企业与政府政治关联与政府研发资助

大量研究证实了获得政府研发资助或扶持的企业可能与政府存在一定的政治联系。通过政治联系，企业可以在资源配置过程中获得更多的稀缺资源。Bai 等（2006）认为处在转型的经济体中，企业更倾向于通过高管或大股东与政府的政治联系向相关部门争取更多的资源。吴文锋等（2009）认为如果企业高管具有政府层级背景，那么其获得政府认定和审批的机会将更多。Zheng（2008）试图通过积极的方面解释企业政治背景和获得政府研发资助的关系，他认为由于研发投资的信息不对称性，具有政治联系的企业可能更容易释放信号，从而获得更多的政府研发资助。

2.5.2.4 企业科技创新水平对政府研发资助的影响

Tommy（2009）认为由于政府研发资助政策的实施过程中，往往依靠特定科技系统来评价遴选企业，以此作为依据选择资助对象，其中关键的因素即包括企业自身的科技创新水平。因此企业自身科技水平的高低差异会影响到政府研发资助决策，进而影响政府研发资助的绩效。Tsai 和 Wang（2004）也提出由于科技创新水平较高的企业其创新基础好、发展潜力大，因此考虑到其技术溢出所取得的社会效益也较高，与科技创新水平低的企业相比，政府研发资助更青睐于创新能力高的企业。程华和赵祥（2008）考察了政府研发资助对企业研发产出的影响，将产业创新能力分为高技术、中高技术、中低技术、低技术四种水平，得出结论：政府研发资助对低技术、中低技术产业的研发产出有明显的促进作用。Piekkola（2007）也认为政府的研发补贴对生产力处于相关领域顶端的企业能够产生积极的影响。

2.5.3 政府研发资助对科技创新企业研发投资行为的影响

Arrow（1962）阐述了研发活动外部性理论，支持政府对研发活动的干预。自此国内外学者研究重点之一就是政府研发资助对企业研发投资行为的影响。如果政府研发资助能够起到增加研发投资利润、降低企业研发投资风险等作用，那么政府研发资助将有助于促进企业自主性研发投资；相反，如果政府研发资助减小了企业自主性研发投资，那么由政府出面对企业进行研发资助的相关政策就不适当。国内外文献关于政府研发资助对企业研发投资行为的作用效果大致分为以下三种立场：第一，政府研发资助对企业研发投资能够起到促进作用，即政府研发资助的引致效应；第二，政府研发资助对企业研发投资产生抑制作用，即政府研发资助的挤出效应；第三，政府研发资助对企业研发投资行为影响的折中观点。

2.5.3.1 *政府研发资助对企业研发投资的引致效应*

Scott（1984）研究了1974年美国联邦贸易委员会的LB（Line of Business）程序的437家企业的3388个观测数据，运用政府研发支出与LB销售收入之比作为政府研发资助的替代变量，检验了政府研发资助与企业研发投资之间的关系，发现二者呈现显著的正相关关系。Levin和Reiss（1984）研究了美国企业数据，发现考虑企业行业、年龄、技术溢出效应等因素后，政府研发资助有助于促进企业研发投资。Holemans和Sleuwaegen（1988）研究了比利时本土企业和外资企业的研发投资行为，认为政府研发资助不会替代企业自主性研发投资。Czarnitzki和Toole（2007）分析了市场的不确定性与政府研发资助对企业研发投资影响之间的关系，发现市场不确定性降低了企业研发投资，但是政府研发资助有助于缓解市场不确定性对企业研发投资的抑制作用。因此，如果政府希望增加企业自主性研发投资，那么降低市场的不确定性将有助于达到这一目的。

大量研究对除美国以外的西方国家政府研发资助的刺激效果进行检验，均得到了较为一致的结论。González等（2005）运用结构分析法分析了西班牙企业研发投资行为对政府资助的反应，结果显示当政府研发资助可预期时，其对企业的研发投资仍然能够起到刺激作用，证明西班牙政府研发资助不会挤出私人研发投资。Czarnitzki和Licht（2006）运用MIP（Mannheim Innovation Panel）数据，通过对比考察了转型时期东德与西德政府研发资助对企业研发投入的影响，发现与西德企业相比，政府研发资助较大地促进了东德企业的研发投入，政府研发资助对企业研发投资起到了促进作用。Czarnitzki（2011）运用非参数配比程序（Matching Procedure）研究了意大利制造业政府对企业自主性研发投资的影响，发现得到政府资助的企业其研发投资显著高于没有得到研发资助的企业。Czarnitzki 和 Bento（2010）运用 2002 ~ 2004 年德国、比利时、卢森堡、西班牙以及南非五个国家数据，通过对比得到政府研发资助和没有得到政府研发资助对企业研发投入影响的差异，发现当没有得到政府研发资助时企业将会显著减少自主性研发投资。特别地，除南非以外，其他国家都将从政府延长研发资助政策中获利。Busom（1999）运用西班牙企业数据，研究影响企业获得政府研发资助的关键因素，发现规模小的企业更易吸引政府 R&D 资助，政府研发资助在总体上有助于激励企业的研发努力，但是对于部分企业（样本的 30%），政府研发挤出了企业自主 R&D 投入。Czarnitzki 和 Bento（2013）考察了比利时政府资助计划，通过考察政府研发资助效果随时间推移而改变的情况，同时考察企业接受其他资助项目时，政府研发资助的作用效果。得到的结论是政府研发资助的作用效果不随时间的推移而变化，特别地，当企业得到循环的政府研发资助，或同时得到其他资助时，政府资助的效果不改变。

中国的研究主要有：解维敏等（2009）以 2003 ~ 2005 年中国上市公司面板数据为样本，研究了政府研发资助对企业研发投资的影响，证明了政府研发资助与上市公司研发支出行为呈正相关关系，强调政府有必要对企业进行创新资助，以此提高企业自主创新能力。白俊红（2011）采用 1997 ~ 2008 年中国大中型工业企业分行业数据，综合考察了中国政府研发资助对企业研发支出和创新产出的作用效果，证明政府研发资助对企业研发支出、专利产出和新产品销售收入具有显著的促进作用。李永等（2013）运用 2004 ~ 2010 年上海分行业大中型工业企业面板数据进行实证研究，证明了政府研发资助对企业创新活动具有显著的正向影响，能够促进企业研发投入。童光荣和高杰（2004）对 1995 ~ 2001 年中国政府部门研发支出与私人部门研发支出之间的关系进行回归，发现政府部门研发支出对企业部门研发支出能够起到诱导效应，企业部门研发支出不仅受当期政府部门研发支出的影响，还与前期政府部门研发支出相关。

在对政府研发资助的具体方式的研究中，Klette 和 Moen（2012）介绍了挪威政府对高技术行业研发投资资助的形式：挪威政府对企业研发资助时，要求企业将其自有风险资本的 50% 投入到研发项目中。运用 1982 ~ 1995 年挪威高科技公司数据检验了这种形式的政府研发资助对企业自主性研发投资的影响，发现政府的“捆绑式资助”方式并没有挤出企业研发投资，并且政府对大企业和小企业的资助效果较好，而对规模适中的企业资助效果较差。通过动态模型检验政府研发资助的长期效果发现即使政府研发资助到期，也能起到刺激企业研发投资的作用。Lach（2002）分析了以色列政府实行的按比例研发资助，发现政府研发资助与企业研发投资呈现正相关关系，但是政府研发资助的刺激效果随着企业规模扩大而递减。

2.5.3.2 政府研发资助对企业研发投资的挤出效应

除了以上持有政府研发资助对企业研发投资具有正向的激励效果的观点以外，还有大量研究认为政府的研发资助使企业减少了自主性研发投资从而仅仅起到挤出或替代的作用。Lichtenberg（1984，1987，1988）的研究表明，政府研发资助对企业研发投资可能会产生挤出作用。Lichtenberg（1984）通过固定效应模型控制了政府 R&D 资助的内生性后，发现政府研发资助可能对企业研发基金起到替代作用。Lichtenberg（1987）分析了政府研发资助可能对企业销售收入的影响，认为受到政府研发资助的企业，其部分销售收入的需求方可能正是提供研发的资助方。考虑到这一点，控制政府对企业研发产品的需求后政府研发资助对企业研发支出的影响将不显著。Lichtenberg（1988）认为通过竞争性机制取得的政府研发合约将刺激企业研发资金投入，然而通过非竞争机制得到的研发合约将对企业研发基金投入起到反向作用。Scherer（1982）以美国 443 个工业企业的 4274 个专利权为样本，研究了企业研发投入与以专利形式表示的产出之间的关系，发现当企业得到政府研发资助越高时，每单位企业自主性研发投资的专利产出将越低。Klettr（1996）通过建立简单且数据集中度较小的模型框架，研究了企业绩效和研发的关系，证实当企业获得公众研发资助并不能增加他们的总体研发活动，说明公众研发资助替代了企业自身的研发投资。

Keck（1993）研究了德国企业数据，认为得到政府研发资助的企业并没有增加其整体研发投资活动，说明政府资助替代了私人对研发的资金投入。Busom（2000）运用西班牙 1998 年企业数据，在控制了公众研发资助的内生性之后，检验了公众研发资助对企业自主性研发投资的影响，发现约占 30% 的企业研发投资完全被政府研发资助挤出。Wallsten（2000）指出对于政府研发资助和企业私人研发投资的关系，已有研究难以判断是政府研发资助刺激了企业研发投入，还是企业对研发投入的增加吸引了更多政府研发资助。Wallsten 运用多方程模型和小企业创新研究计划（Small Business Innovation Research，SBIR）相关数据检验了政府研发资助和企业研发投入的关系，发现相关政府资助等额挤出了企业自身研发支出。Lööf 和 Heshmati（2004）为了克服相关研究的样本选择偏误，运用半参数匹配方法和社区创新调查数据，检验了政府研发资助对私人研发投资的影响，发现公共研发资助仅仅能够对小企业的私人研发投入起到促进作用。Goolsbee（1998）运用美国 CPS 数据库的科学家工资数据，研究了美国政府直接研发资助对企业发明活动的影响，认为由于相关劳动力的工资不具有弹性，政府研发资助显著增加了诸如物理学家和航天工程师等科学家的工资收入。因为没有考虑到提高工资的作用效果，以往研究对研发资助政策效果的估计可能比实际高出 30% ~50%。同时政府研发资助提高了没有得到资助企业的工资水平，使政府研发资助直接挤出了企业自主性研发。

2.5.3.3 政府研发资助效应折中观点

部分已有研究成果对政府研发资助的作用效果持有折中观点，认为在不同情况下政府的研发资助既可能挤出企业研发投资，又有可能促进企业研发投资。Link（1982）将企业研发投入分为基础研究、应用研究和试验发展三个部分，认为政府研发资助对企业基础研发支出产生替代效应，对试验发展投入产生互补效应，而与企业应用研发投入无显著关系。此研究同时检验了研发资助和政府研发税收政策对制造业成本结构的影响。发现政府研发资助的作用效果在不同行业之间有所差异。政府研发资助与企业研发投资之间的替代关系在低研发投资强度的行业中较为明显，而在高研发投资强度的行业中并不明显。因此，在制造业中提高政府研发资助将有助于提高效率，但是同时可能挤出私人研发投入。Lee（2011）研究了不同类型公共研发支持对于企业研发投资的作用效果，发现公共研发支持对于企业研发投资的作用受企业或产业特征的影响。具体来说，政府研发支持对低技术能力、高技术机会和市场竞争激烈的企业具有互补作用；而对于高技术能力、快速增长的企业具有挤出作用。Lichtenberg（1988）研究发现，如果企业是通过竞争方式获得政府研发资助的，那么这种资助对企业研发投资将起到激励作用；然而如果企业是通过非竞争方式获得政府研发补贴的，那么政府研发资助将起到挤出作用。Toivanen 和 Niininen（2000）的研究发现政府研发补贴作用效果受到企业规模的影响，具体来说政府研发补贴对于大公司没有显著影响，而对于小公司作用效果显著。

对于不同经济体的研究，大量文献也得到了政府研发资助挤出企业研发投资的结论。Rubenstein 等（1977）研究了法国、德国、日本、英国的工业经理对政府研发与创新激励措施的反应，认为政府相关激励措施被市场解读为创新的延迟引入，并且政府研发资助行为对企业相关决策的影响并不显著。Lach（2002）以1990～1995 年以色列公司为研究对象，发现政府的研发资助对大部分小企业产生了激励效果，但是对大企业的研发投资却呈现挤出效应。Marcus 和 Howard（2003）对日本和韩国的产业政策进行实证研究，认为有选择性的政府研发资助对全国或产业的生产率并未产生显著影响。Nagano（2006）对韩国和中国台湾的研发政策进行了研究，实证结果发现韩国政府的研发资助鼓励了私人研发支出，但是中国台湾公共研发资助却显著减少了电子企业的私人研发支出。Görg 和 Strobl（2007）以爱尔兰企业为研究样本，发现少量的政府研发资助能够增加企业的自主性研发支出，但是当政府研发资助过多时，将可能挤出私人研发投资。

国内文献对于政府研发资助的作用效果多停留于宏观层面或产业层面。许治等（2012）运用系统动力学作为工具，认为政府研发投入会产生杠杆效应带动企业自身研发投入，但企业对政府研发资助的过度依赖则会因挤出效应对企业自主性研发投入产生负面影响；市场竞争度与企业自主性研发存在正相关关系；风险改善能力越强的项目，政府的科技投入越能有效地促进企业自主性研发投入；政府的研发投入受不同产业研发强度的影响。李婧（2013）实证考察了 2000 ~ 2010 年中国高技术产业政府研发资助对国有企业和非国有企业中技术创新的不同影响，结果表明政府的研发资助对国有企业的技术创新有显著的负向影响，对非国有企业的研发资助有显著的正向影响。

2.5.3.4 政府 R&D 资助对企业技术创新决策影响研究

现代决策理论（Decision Theory）是以社会系统论为基础，综合了行为科学、战略决策、系统论等学科的观点，采用运筹学、统筹学、计算机技术等方法而形成的新兴管理学，主要创立者是美国卡内基·梅隆大学的赫伯特·西蒙（Herbert Simon）和斯坦福大学的詹姆斯·马奇（James G. March）。现代决策理论认为，企业决策是企业管理的核心问题，现代管理的实质就是决策，决策贯穿于管理的全过程，正确的决策将是整个管理活动成败的决定性因素。假如决策失误，即使组织的资源再丰富、技术再先进，企业也不能取得成功。因此，在企业技术创新活动中，企业技术创新决策是决定其能否取得成功的关键因素（李瑞茜，2014）。企业技术创新决策是指企业作为创新决策主体对整个技术创新过程中涉及的创新目标选择、研究方向把握、创新方案、控制措施、方案评价、方案落实及监控等作出决定的过程（李垣和汪应洛，1994）。企业是否做出进行技术创新活动的决策往往容易受到政府激励政策的影响（李晓伟，2012）。在很多情况下，企业没有进行技术创新活动并不表示能力不够或者没有机会和条件，而是由于种种原因造成的动力不足（Charles Carter，1981）。然而，政府通过 R&D 资助等激励政策能够影响企业技术创新决策，目前这一领域的研究还较少涉及。Link（1982）采用 1977 年跨部门的 275 个制造企业样本，利用企业利润、多样化和高技术导向等控制变量，发现政府 R&D 资助对企业 R&D 密集度具有正向激励作用；如果将企业 R&D 投入进一步分解为基础研究、应用基础研究和发展研究，研究发现，政府 R&D 资助与企业基础研究密集度存在反向作用，对发展研究的密集度则存在正向影响，政府 R&D 资助与应用研究密集度没有显著关系。Herrera 和 Gonzalez（2013）主要研究政府 R&D 资助对企业 R&D 投入的配置和企业创新报酬的影响。研究发现：政府 R&D 资助对企业加大应用研究和技术开发领域的投资具有正向激励影响，对企业加大基础研究和扩大技术知识前沿等领域的投资没有显著的促进作用。周海涛和张振刚（2016）认为现有研究集中于对杠杆效应、挤出效应及市场绩效的测定，缺乏企业创新决策行为视角的研究。为此，作者从企业创新决策基本模型出发，构建了政府科技经费影响企业自主研发意愿、产学研合作意愿及创新投入意愿的模型，利用1610家企业连续4年的追踪数据，采用面板数据固定效应模型进行实证分析，对比不同生命周期企业的差异性。研究发现：政府科技经费能增强企业自主研发意愿，但引致效应系数较小；能有效引导企业开展产学研合作，但存在滞后性；能有效引导企业加大研发投入，在当期表现为杠杆效应，滞后两期均表现为挤出效应；不同生命周期企业引导效果存在显著差异，成长期和成熟期企业引导效果最好，初创期和衰退期企业次之。总之，政府R&D资助对企业技术创新决策的相关研究目前还比较缺乏，且相关理论尚未成熟，需要在这个领域进行深入探讨。

2.5.3.5 政府R&D资助对企业技术创新投入影响研究

国内外关于政府R&D资助对企业R&D投入影响的研究主要从微观层面和宏观层面两个视角展开，微观视角主要聚焦于政府R&D资助对单个企业研发投入的影响；宏观视角主要侧重于研究政府R&D资助对产业或全社会企业总研发投入的影响（许治和吴辉凡，2006；刘晴，2012）。在这些研究中，一般假设政府R&D资助为外生变量，用政府R&D资助金额与企业R&D支出总量指标或者是企业R&D支出占比等强度指标进行线性回归（许治，2006）。当前学术界对政府R&D资助以及对企业R&D投入行为的影响观点不一，存在引致效应和挤出效应的争论。一般认为宏观层面上政府R&D资助与企业R&D投入存在互补关系，也就是说政府R&D资助会激励企业增加R&D投入。Link（1982）认为，政府R&D资助对企业技术创新投入的影响主要通过直接影响企业R&D预算和间接影响知识共享，采用结构方程模型研究发现政府R&D资助对企业R&D投入存在引致效应，两者之间的引致系数为0.34。Spence（1984）基于封闭经济的情境研究了政府R&D资助对企业R&D活动的影响，结果表明政府R&D资助对企业R&D活动具有正的引致效应，随着竞争对手的数量增多，政府的最优资助率会相应提升。Levin和Reiss（1984）构建了一个结构方程（Structural Equation System）研究政府R&D资助对企业R&D投资强度的影响，各结构方程主要包括R&D强度、产业集中度、筹款状况、技术机会和产业技术特点等变量，结果发现政府R&D资助对企业R&D投资强度具有显著引致效应，政府R&D资助每增加1%将带动企业增加0.74%的R&D投资。Guelec和Van（2000）以1981~1996年的17个OECD国家数据为研究样本，实证检验政府R&D资助对企业R&D行为的影响，研究发现政府R&D资助每增加1%则将带动企业增加0.7%的R&D投入，政府采用直接R&D资金投入资助企业R&D活动和采用税收优惠资助企业R&D活动的作用是相互替代的，政府R&D资助与企业R&D资助率呈倒“U”形曲线，政府R&D资助对企业R&D投入的影响效果刚开始随着资助强度的上升而上升，但是当资助强度达到一个临界点之后，政府R&D资助企业R&D投入的影响效果反而会随着资助率的增加而降低。如果继续增大资助强度超过一定比例时，政府 R&D 资助对企业 R&D 投入的影响则会表现为挤出效应。从微观角度看，国外已有大量学者从企业微观层面研究政府 R&D 资助对企业 R&D 投入的影响，主要代表有 Blank（1957）、Hamberg（1966）、Howe 和 McFetridge（1976）、Higgins 和 Link（1981）、Mansfield 和 Switzer（1984）、Scott（1984），等等。但是，由于实证模型采用的变量、样本数大小、研究时间、数据来源等不同，微观层面上的实证研究尚未形成确切结论，且有待于进一步观察。

Oliviero（2011）基于意大利制造业企业综合数据集，采用非参数的匹配过程估计方法研究政府资助对企业研发投入的影响，结果发现，政府 R&D 资助对企业 R&D 投入具有正向的引致效应。Czarnitzki 和 Fier（2001）对政府 R&D 资助以及对德国服务业的创新能力的影响进行实证研究，以德国服务业数据库的 2541 个观察变量为研究样本，其中有 137 个企业已经获得政府 R&D 资助，并且采用企业技术创新密集度（Innovation Intensity），即企业技术创新投入占销售的比例作为研究变量；公共资助密集度是指在过去 5 年中获得的资助之和占销售收入的比例；从创新密集度中减去资助密集度即为净创新密集度。他们用该指标衡量政府过去资助与当前企业 R&D 投入的相关性，并用一般最小二乘法将净创新密集度对公共创新密集度和其他几个控制变量进行回归分析研究结果发现：①政府 R&D 资助增加 1 单位将促进企业在当年增加 R&D 投入 1.37 单位，在次年增加 R&D 投入 1.26 单位。②由部门动力指标和企业成立时间衡量的竞争程度，引致系数在 1% 水平显著，所以，随着竞争程度的增加，企业 R&D 投入也将随之增加；新企业比老企业更倾向于增加 R&D 投资。③两个就业变量单独不显著，但加起来分析显示具有显著意义。④所有其他变量对创新密集度不存在显著影响。但是，也有一部分学者研究发现，政府 R&D 资助可能对企业 R&D 投入产生挤出效应（Hinng & Link，1981；Nadr & Mamuneas，1996；Goolsbee，1998）。Bosom（1999）以西班牙企业数据为研究样本，实证研究了政府 R&D 资助对企业 R&D 投入及雇用科技人员的影响，结果发现 30% 的企业在获得政府 R&D 资助后减少了自身的 R&D 投入。Wallsten（2000）对美国小企业技术创新研究计划进行实证研究，发现美国小企业技术创新研究计划的拨款资助对企业 R&D 投入产生了将近 1∶1 比例的挤出效应。在政府 R&D 资助企业 R&D 活动的过程中，可能出现政府 R&D 资金挤占企业 R&D 投资资金的情况。其主要原因：一是即使企业没有获得政府的 R&D 资助资金，某些研究项目企业也会投入相应的资金开展研发，这样政府 R&D 资金就部分替代了企业的 R&D 投入；二是随着政府 R&D 资金投入，企业 R&D 活动的成本会相应提高，容易导致企业改变原来的投资组合，导致对企业 R&D 投入产生挤出效应（陈碧琼和王怡，2012）。Mayra 和 Sandonis（2012）

认为由于企业对竞争对手是否得到政府 R&D 资助的情况存在信息不对称的问题，可能会影响政府 R&D 资助对企业 R&D 投资的作用效果，如果政府 R&D 资助的存在是公开透明的，那么政府 R&D 资助甚至可能会使受资助的企业减少 R&D 投资。

国内学者朱平芳和徐伟民（2003）实证检验了政府 R&D 激励政策与大中型企业 R&D 投入及专利产出的关系，研究发现科技拨款和税收减免等政府 R&D 资助政策对大中型工业企业 R&D 投入具有引致效应，但是政府科技拨款对企业专利产出并不存在显著的影响。童光荣和高杰（2004）以 1995 ~ 2001 年我国宏观数据为样本，实证检验了政府 R&D 总投入对企业 R&D 总投入的影响，结果发现政府 R&D 投入对企业 R&D 投入具有显著的引致效应，政府 R&D 资助投入对企业 R&D 投入的引致系数在当期为 1. 25099，在滞后期的引致系数为 2. 05687，说明政府 R&D 资助对企业 R&D 投入的影响滞后期比当期更加有效。许治和师萍（2005）以 1990 ~ 2000 年我国政府 R&D 资助宏观数据为研究样本，实证分析政府 R&D 资助对企业 R&D 投入的影响，研究发现政府 R&D 资助增加 1 单位将导致企业 R&D 投入减少 0. 205 单位；政府对高校增加 1 单位的 R&D 资助将导致企业减少 0. 223 单位的 R&D 投入；政府对科研机构增加 1 单位的 R&D 资助将导致企业减少 0. 696 单位的 R&D 投入。也就是说，政府 R&D 资助对企业 R&D 投入存在挤出效应，政府 R&D 资助对高校和科研机构的 R&D 投入具有引致效应，在这两种影响效应相互抵消之后，可以得到政府 R&D 资助对企业 R&D 投入具有正影响效应的结论。许春和刘奕（2005）构建了技术溢出条件下的政府 R&D 资助对企业 R&D 投入影响的抉择模型，研究发现在研发竞赛条件下，政府 R&D 资助对企业 R&D 投入影响具有正的引致效应，政府 R&D 资助的强度越高，企业 R&D 投入的额度越大。杨洵和师萍（2006）研究发现，政府 R&D 资助对企业 R&D 投入的引致效应比挤出效应来得大，特别是政府对科研机构的 R&D 资助对企业增加 R&D 投入具有较强的引致效应，其引致系数大概为 1. 007。也就是说，如果政府对科研机构的 R&D 活动增加 1 单位的资助金额，将推动企业追加 1. 007 单位的 R&D 投入；政府对企业 R&D 活动进行直接 R&D 资助和对高校 R&D 活动进行资助则会对企业 R&D 投入产生挤出效应，相应的引致系数分别为 -0. 043 和 -0. 132，也就是说政府每向企业 R&D 活动增加 1 单位的研发经费投入，将诱导企业相应减少 0. 043 单位的 R&D 投入；政府每向高校的研发活动增加 1 单位的研发经费投入，将导致企业减少 0. 132 单位的 R&D 投入。赵付民和苏盛安（2006）以 1994 ~ 2002 年我国大中型工业企业 R&D 投入数据为研究样本，分别从短期和长期两个视角研究我国政府 R&D 资助对企业 R&D 投入的影响，研究发现政府 R&D 资助对企业 R&D 投入的短期影响系数为 0. 243，长期影响系数为

0.342；政府 R&D 资助对科研机构 R&D 投入的短期影响系数为 0.148，长期影响系数为 0.209；政府 R&D 资助对高校 R&D 投入的短期影响系数为 0.335，长期影响系数为 0.472。同时，研究还发现企业 R&D 投入会随着政府 R&D 资助强度的改变而改变。如果政府 R&D 资助不稳定，政府 R&D 资助对企业和科研机构的 R&D 投入的影响系数将逐步降低，但是政府 R&D 资助对高校 R&D 投入的影响系数则不会随着政府 R&D 资助强度的变化而发生改变。杜文献和吴林海（2007）研究发现，政府 R&D 资助对企业 R&D 投入的引致效应大于挤出效应，政府每增加 1 单位的 R&D 资助将引致企业追加 0.633 单位的 R&D 投入。师萍等（2007）将政府 R&D 投入分成对企业、对高校和对科研机构的资助三个部分，研究发现政府 R&D 资助对企业 R&D 投入的引致效应大于挤出效应，政府资助高校和科研机构的 R&D 投入可能会对企业 R&D 投入产生挤出效应，同时会导致企业向高校和科研机构委托研发经费减少。张东红等（2009）采用博弈论研究了政府 R&D 投入和企业 R&D 投入的关系，认为在适当的 R&D 资助政策下，政府 R&D 投入能够激励企业加大 R&D 投入。徐晓雯（2010）实证研究发现政府 R&D 投入对工业企业的研发投入具有正的激励作用。白俊红（2011）以 1998 ~2007 年中国大中型工业企业分行业数据为研究样本，发现我国政府 R&D 资助对企业 R&D 投入具有显著的引致效应。李瑞茜和白俊红（2013）实证检验政府 R&D 资助对企业技术创新影响的有效性，结果表明政府 R&D 资助对企业 R&D 投入的影响显著。

在挤出效应方面，姚洋和章奇（2001）对我国政府 R&D 投入的效率进行实证研究，认为政府 R&D 投入占主导地位并不能使 R&D 投入效率达到最优，政府对公共研究机构的 R&D 投入会对企业 R&D 投入效率产生负面效应，这种负效应主要反映在企业减少向公共研发机构委托研发投入经费。杜文献和吴林海（2007）以 1991 ~2004 年我国政府与企业 R&D 投入数据为研究样本，实证分析了我国政府 R&D 投入对企业 R&D 投入影响，研究发现政府 R&D 投入对企业 R&D 投入表现出挤出效应，政府向企业增加 1 单位的 R&D 资助经费，将导致企业减少 0.122 单位的 R&D 投入。此外，张博（2007）实证检验了政府 R&D 资助对企业 R&D 投入所产生的静态、动态挤出效应和溢出效应，另外一些学者则研究政府 R&D 资助政策搭配及如何引导企业开展 R&D 行为，这方面的学者主要有：安同良（2003）、彭纪生和刘春林（2003）、潘士远（2005）、吴延兵（2006）、董雪兵和王争（2007）、郑绪涛和柳剑平（2008），等等。

综上所述，国内外学者关于政府 R&D 资助对企业 R&D 投入影响所持的观点不尽统一，存在引致效应与挤出效应的争论，绝大部分学者认为两者之间表现出显著的挤出效应（Link，1982；Mamuneas & Nadiri，1996；Guelec，2000；朱平芳和徐伟民，2003；许治和师萍，2005；杨洵和师萍，2006），也有部分学者认为两者之间存在显著的挤出效应（Hinng & Link，1981；Lichtenberg，1984；Nadr & Mamuneas，1996；Wallsten，2000；Mayra & Sandonis，2012；姚洋和章奇，2001；杜文献和吴林海，2007），还有另外一些学者研究发现两者之间不存在显著关系（安同良，2003；彭纪生和刘春林，2003；潘士远，2005；吴延兵，2006；董雪兵和王争，2007；郑绪涛和柳剑平，2008）。因此，需要对政府 R&D 资助对企业 R&D 投入影响作进一步探讨，实证研究两者之间的关系。

2.5.3.6 政府 R&D 资助对企业技术创新绩效影响研究

从理论上讲，假如一个企业获得政府 R&D 资金的资助，能够借助政府 R&D 资金推动原先无法实施的研究项目顺利开展，并推动企业进一步增加 R&D 资金投入，进而也有利于企业增加专利申请、新产品产值等创新产出。国内外学者对政府 R&D 投入对企业技术创新绩效的影响已经有众多研究，这些研究主要采用专利申请量、发明专利授权量、新产品产值、新产品销售等指标代表企业技术创新绩效，以政府 R&D 资助金额作为因变量，采用线性回归的方法分析政府 R&D 资助金额对企业专利申请量、发明专利授权量、新产品产值、新产品销售等指标的影响。例如，Charles 和 Pierre（2009）以 2005 年加拿大统计署的创新调查数据为研究样本，运用非参数匹配估计方法对税收抵免与政府 R&D 资助对企业新产品产值的影响进行实证分析，研究结果发现，税收抵免和政府 R&D 资助能够有效促进企业生产出更多的新产品，并推动这些创新产品成功实现产业化和商业化。ShallLP. Andit 等（2011）采用专利和专利引用量作为技术创新绩效指标，研究发现，政府 R&D 资助对企业技术创新绩效具有正向的影响。Bjorn（2012）研究发现，政府 R&D 资助对企业专利申请具有正向的激励影响，与没有受到政府 R&D 资助的企业相比，获得政府 R&D 资助的企业具有更高的概率去进行专利申请，政府 R&D 资助能够将这种可能性从 20% 提升到 40%。

国内学者方面，程华和赵祥（2008）以我国 1999～2005 年的省级面板数据为研究样本，实证研究了政府 R&D 资助、企业 R&D 投入、金融机构贷款对企业 R&D 产出的影响，结果发现政府 R&D 资助对企业 R&D 产出没有固定的线性回归关系，按照东、中、西将样本企业进行区域划分，发现在中部地区，政府 R&D 资助与企业 R&D 产出具有显著的正相关关系；在东部和西部地区，政府 R&D 资助对企业 R&D 产出的影响并不显著。樊琦和韩民春（2011）将政府 R&D 投入分为 R&D 人员投入和 R&D 补贴投入，并分别研究 R&D 人员投入和 R&D 补贴投入对企业专利产生的影响，结果发现，政府每增加 1% 的 R&D 人员投入将诱导企业增加 0.1456% 的专利产出，政府每增加 1% 的 R&D 补贴投入将增加 0.7237% 的专利创新数量。

然而，另外一部分学者对政府 R&D 投入对企业技术创新产生的正向影响持不同意见。Paul Sergius Koku（2010）以制造业行业数据为研究样本，实证检验制造业企业 R&D 投入对企业盈利的影响，主要采用年度规模调整后的研发经费和广告预算作为自变量，结果发现制造业企业创新活动对其市场绩效没有直接影响。Aziz Bakay 等（2011）研究发现政府 R&D 投入与企业绩效之间并不存在显著的线性关系，企业绩效主要是由企业的资本支出决定的。王俊（2010）以我国 28 个行业大中型企业的面板数据为研究样本，实证分析我国政府 R&D 资助对企业 R&D 投入及自主创新的影响，构建了政府 R&D 资助对企业 R&D 投入影响的静态模型和动态模型，研究发现我国政府 R&D 资助对企业 R&D 投入具有显著的引致效应，但是我国政府 R&D 资助对企业专利不存在显著的激励效应。李燕萍（2011）等构建了一个 2003～2008 年我国 30 个省的省级面板数据，实证测量了我国科研投入的产出效率，研究发现我国 R&D 投入对企业创新绩效的影响不显著。

综上，国内外学者关于政府 R&D 资助对企业技术创新绩效影响所持的观点不尽统一，既有认为存在正向引致效应的（Charles & Pierre，2009；ShallLP. Andit et al.，2011；Bjorn，2012；程华和赵祥，2008；樊琦和韩民春，2011），也有认为两者之间不存在显著的线性关系的（Paul Sergius Koku，2010；Aziz Bakay et al.，2011；王俊，2010；李燕萍等，2011），所以需要进行进一步的探讨。

2.5.4 政府研发资助与受资助企业的研发绩效

对于如何衡量研发产出，Lööf 和 Heshmati（2004）指出如果研发支出的目的是早期的科技发展，那么应该运用能够吸引投资并成功进入市场的商业计划书作为衡量研发产出的变量；如果研发投资的目标是新型科学技术，那么可以用专利和版权来衡量研发产出；如果研发投资是为了向特定市场推广新产品，那么可以用创新销售收入来衡量产出。与之一致，已有文献就政府研发资助对企业绩效的影响这一问题的研究也主要从企业的专利产出（新产品推出）、账面绩效（销售收入）、市场绩效等方面进行考察，但是得到的主要结论并不一致：部分文献认为政府研发资助能够显著提高企业绩效，另外一些研究认为政府研发资助并不能显著提高企业绩效。

2.5.4.1 政府研发资助有利于提高企业研发产出效率

从专利产出方面考察政府研发资助的绩效，部分文献得到了政府研发资助有利于促进企业专利数量或专利申请数的增加。Alecke 等（2012）研究了德国政府对私人部门研发资助的影响，运用倾向得分匹配（Propernsity Score Matching，PSM）方法，发现与非资助企业相比，受资助企业研发强度和专利申请概率都更大。平均来说研发强度从 1.5% 上升到 3.5%；专利申请的可能性也从 20% 上升到 40%。Czarnitzki 和 Licht（2006）运用 MIP（Mannheim Innovation Panel）数据，以专利应用刻画研发产出，比较了政府研发资助对东德和西德企业研发产出的影响，认为与东德相比政府研发资助对较完善的西德创新体系的研发生产率促进较大。Branstetter 和 Sakakibara（1998，2000）收集了 1983 ~ 1989 年日本 226 个公司的相关数据，运用在日本和美国所获得的专利数作为衡量研发产出的变量，研究了日本研发联盟（Consortia）对日本企业研发投资的作用。发现由于研发联盟会员能够得到政府相关研发资助，因此研发联盟会员的专利产出显著高于非会员企业，证明相关研发资助将对企业创新产出具有促进作用。Czarnitzki 等（2007）运用配比方法（Matching）以专利作为产出的替代指标，研究了芬兰和德国研发合作组织创新资助对成员企业的影响。德国的创新资助对企业研发投资和专利产出均不存在显著影响，然而芬兰的创新资助显著提高了企业的专利产出。

政府研发资助对于企业创新产出或新产品销售的提高也具有一定的促进作用，说明政府研发资助的绩效较好。Hujer 和 Radic（2005）研究了东德和西德政府资助的 2714 个企业数据，运用新产品和新服务以及对原有产品和服务的改造来衡量创新产出，发现 1999 ~ 2000 年受到政府资助企业的创新产出并没有显著增加，说明德国政府研发资助的产出绩效并不理想。Irwin 和 Klenow（1996）研究了美国 1987 年建立的研究团体（SEMATECH）1970 ~ 1993 年的相关数据，他们认为从盈利能力的角度，SEMATECH 成员企业的成长性更好，然而成员企业与非成员企业的研发投资和劳动生产率两方面并没有显著差异。Charles 和 Pierre（2009）运用加拿大 2005 年的创新调查数据，采用非参数匹配方法，研究了政府研发资助对已经受益于研发税收激励的企业的资助效果，发现与仅受益于研发税收激励的企业相比，同时受到税收抵免和政府研发资助的企业创造出了更多世界一流的创新产品，同时在创新产品商业化方面更加成功。

程华和赵祥（2008）利用我国 1996 ~ 2006 年大中型工业企业分行业的相关数据，研究了政府研发资助、企业自筹研发资金、金融机构贷款等对企业研发产出的影响。同时考察了政府资助强度、企业技术特征等因素对政府研发资助与企业研发产出绩效之间关系的影响。文章的结论是政府研发资助对企业创新产出的促进作用效果明显。王俊（2011）运用中国 1998 ~ 2006 年 28 个制造业数据，综合运用静态模型和动态模型，检验了政府研发资助、企业研发投入的产出弹性。根据研发强度分行业检验发现，政府研发资助中科技型中小企业研发产出弹性最高。李瑞茜（2013）以 1998 ~ 2010 年中国 36 个分行业大中型工业企业的面板数据为样本，研究了政府研发资助对企业技术创新的作用。结果表明政府研发资助对新产品销售收入具有显著的正向作用，证明政府研发资助对企业技术创新提高的有效性。此外，政府研发资助强度、企业规模、企业技术水平和产权类型等变量均与政府研发资助效果呈现倒“U”形的非线性关系。白俊红和李婧（2011）用专利产出和新产品销售收入作为企业研发绩效的评价指标，运用柯布—道格拉斯生产函数形式的随机前沿模型，考察了1998～2007年间政府研发资助对中国大中型工业企业技术创新的效率，研究发现政府研发资助对提升企业技术创新效率有显著的正影响，同时企业自主性研发投入也有利于吸收政府研发资助。白俊红（2011）采用我国1998～2007年大中型工业企业分行业数据，同时运用静态和动态面板模型，也得到政府研发支持对企业创新产出有显著的正向影响这一结论。

2.5.4.2 政府研发资助不能提高企业研发产出绩效

国内的文献对于政府研发资助效果不佳的研究结论较少。主要包括：王俊（2010）运用大中型企业行业面板数据检验了政府研发补贴对企业研发投入及自主创新的影响，研究发现虽然政府研发补贴对企业研发投入具有激励效应，但是如果运用专利产出作为企业创新产出的衡量指标，那么政府研发补贴对企业创新产出的作用不显著，说明政府研发资助对企业自主创新的影响存在不确定性。政府研发资助绩效不佳的原因可能是政府研发资助的约束机制不严格。白俊红等（2009）考察了区域创新系统的研发效率，发现中国研发创新效率仍处于较低水平，政府研发资助对区域研发的投入产出效率具有显著的负向作用。

2.5.4.3 政府R&D资助不同方式对企业技术创新影响研究

第一，直接资助方式。Wallsten（2000）研究美国小企业技术创新研究项目（Small Business Innovation Research Program，SBIR）直接资助对企业技术创新的影响，构建了涉及11个不同的政府资助计划的数据库，并将样本划分为获得资助的企业（共367家）、申请但被拒绝的企业（共90家）和有条件申请但没有申请的企业（共22家）三组样本，时间跨度为1990～1992年。由于数据的限制，样本期间只有2年，因此，Wallsten仅研究短期效果和中期效果。Wallsten构建了三个方程，采用三阶段最小平方法（Three－Stage Least Squares，3－SLS）和工具变量方法，利用小型企业技术创新计划预算作为可能获得资助的工具变量，实证分析美国小企业技术创新研究项目对企业自筹的R&D投入以及企业创新绩效的影响。研究发现，美国小企业技术创新研究项目对企业R&D投入具有显著的挤出效应，政府增加1单位的小企业技术创新研究项目投入将减少0.82单位的企业R&D投入；美国小企业技术创新研究项目对企业绩效有正的但是不显著的关系。此外，针对国有企业可能表现出不同的差异性，Wallsten选择81个国有企业样本进行专门分析，结果发现美国小企业技术创新研究项目对企业R&D投入具有显著的挤出效应，两者之间的替代比例在1∶1左右。Scott（1984）以259个行业的437家企业为样本数据，实证研究政府R&D直接资助对企业R&D投入的影响，主要采用简单线性回归和变量对数后回归两种方法，并在模型中引入企业虚拟变量和产业虚拟变量，研究发现，政府R&D直接资助对企业

R&D 投入具有显著正相关关系。Irwin 和 Klenow（1995）衡量美国半导体制造技术 R&D 联合体项目（SEMATECH）的绩效。1987 年，由美国的 IBM、TI、ATT、DEC、英特尔、摩托罗拉、AMD、LSI LOGIC、国家半导体、Harris、Rockwell 国际、Micro - Tech 和 HP 13 家半导体公司（最初有 14 家企业）共同建立半导体制造技术 R&D 联合体，以促进美国半导体产业发展。为了测量 SEMATECH 的绩效，相关研究人员同时比较了两组样本的物理投资、资产、销售回报率、劳动力增长率、企业成立时间和过去 R&D 强度等指标，没有发现系统差异。研究发现，成员企业与非成员企业相比具有较高的销售增长速度，但是，成员企业 R&D 投入在 1970 ~ 1993 年下降了 1.3%，在 1980 ~ 1993 年下降了 1.8%。在该联合体成员中，企业 R&D 投入总和大约每年降低了 3 亿美元。他们认为该项目最大的成功在于大大降低了重复研究，所以美国半导体制造技术 R&D 联合体项目（SEMATECH）是有效的。朱平芳和徐伟民（2003）实证研究上海市政府的科技激励政策对大中型工业企业自筹 R&D 投入的影响，主要采用面板数据分析中的随机效应模型，并基于动态分布滞后模型实证检验政府的科技激励政策对大中型工业企业自筹 R&D 投入的正向激励作用。

第二，间接资助方式。Dominique 和 Brunof（2003）研究发现，不管是财政直接资助还是税收优惠间接资助都对企业 R&D 支出产生正向的引致效应。Van Pottelsberghe B. 和 Nysten（2004）比较分析税收优惠资助方式与财政补贴资助方式对企业技术创新的影响，他们认为税收激励政策属于一种普惠性的资助方式，具有干预市场较少、政策灵活性较强、管理成本较低等优点，是政府支持企业 R&D 活动的一种重要方式。但是他们进一步研究发现，税收激励政策对企业 R&D 活动的影响不显著。Hinloopen（2000）将政府财政补贴和税收优惠引入到经典的两阶段模型（Ackerman - Jeantand 模型）当中，研究发现政府财政补贴和税收优惠能够促进企业加大 R&D 投入及创新产出。刘楠和杜跃平（2005）构建了事前和事后资助方式对企业技术创新的影响机理模型，实证检验事前资助和事后资助对企业技术创新影响的有效性，研究发现政府事前直接资助对企业技术创新的激励作用并不总是有效的，政府应该更多采用事后资助的方式支持企业技术创新活动。王俊（2010）以 28 个制造行业的企业数据为研究样本，实证检验政府税收减免间接资助方式对高新技术企业 R&D 投入的影响，结果发现政府税收减免间接资助对高新技术企业 R&D 投入具有显著引致效应。

第三，不同资助方式比较。Shah（1995）比较分析公共财政措施和税收激励两种资助方式对私人企业 R&D 投资的影响效果，研究发现两种资助方式都能够显著促进企业 R&D 投入的增加。在发展中国家，政府公共财政支持对企业 R&D 投入的激励作用比采用税收激励更加有效。Mamuneas 和 Nadiri（1996）以美国制造业企业数据为研究样本，将政府 R&D 投入的溢出效应在模型中充分体现出来，实证比较分析了政府直接 R&D 投入和税收刺激两种手段对企业技术创新的影响，研究发现政府直接 R&D 投入和税收刺激两种手段都能够促使企业增加 R&D 投入，但是政府直接 R&D 投入更能够降低产业的生产成本，且存在显著的溢出效应，最终可以促进美国制造业生产率的大幅提高。胡明勇和周寄中（2001）、王娅莉和陈雷（2003）比较分析了政府 R&D 资助政策工具的优劣，比较分析了政府直接 R&D 投入和税收优惠两种政策工具的优劣，以及这两种资助政策对企业技术创新产生的不同影响。郭斌（2006）比较分析了直接给予资金资助与税收优惠、政府采购等间接性政策工具支持软件产业 R&D 活动的优缺点，认为采用直接给予资金资助我国软件产业的 R&D 活动并非是最优效率的做法，税收优惠、政府采购等间接性资助方式更应该得到提倡。程华（2006）比较分析了直接资助与税收优惠两种资助方式对企业 R&D 投入的影响，研究发现直接资助作为一种事前支持方式对企业 R&D 投入具有显著的引致效应，但是其缺点却是容易造成市场之间出现不公平竞争。而税收减免资助方式却能够克服这一缺陷，其政策具有普适性特征，并能够充分发挥市场机制来配置创新资源，维护市场之间的公平竞争，避免出现市场失灵。钱昇和武健（2007）充分考虑了知识溢出条件，比较分析了税收优惠和直接补贴政策对企业 R&D 收益的影响，他们认为政府直接补贴政策对企业 R&D 行为具有显著的激励作用。冯振中（2008）、朱云欢（2010）、马伟红（2011）对财政资助与税收政策的激励效果进行比较研究，他们都认为税收资助方式对企业 R&D 活动的促进作用比财政资助方式更大。邓子基和杨志宏（2011）认为直接补贴与间接补贴对企业技术创新不同阶段的敏感性不同，在研发阶段政府应该更多采用直接补贴的资助方式，在成果转化阶段政府可以交叉使用直接补贴与间接补贴资助方式，在后期产业化阶段政府应该更多采用采购政策等直接资助方式。熊维勤（2011）比较分析了直接补贴与税收优惠对企业 R&D 活动的影响，发现直接补贴是激励中性的，不利于提高和扩大 R&D 活动的效率和规模，而税收优惠政策可以有效地提高 R&D 活动规模。

综上所述，现有研究大多表明税收优惠与财政补贴两种资助政策对企业 R&D 投入都具有引致效应，两种资助方式各有优点和不足，直接资助方式对企业研发活动的作用更加直接，对企业研发活动的起步研发阶段更加敏感、更加有效，但是直接资助方式容易造成市场之间产生不公平竞争，并出现市场失灵的问题；税收优惠间接资助方式是一种普惠性的政策资助方式，对企业研发活动的成果转化阶段更加有效，具有灵活高效、管理成本较低、市场干预较少等优点，能够充分激发市场机制分配创新资源，避免市场失灵问题的出现。但是，对于到底应该选择哪种资助方式支持企业技术创新目前还没有定论，需要采用具体企业样本数据进行更加深入的实证分析。

2.5.4.4 政府R&D资助对不同类型企业影响差异化研究

借鉴产业组织和企业理论关于“企业异质性”的定义，将企业成立年限差异、企业规模大小差异、企业行业特征差异笼统定义为“企业异质性”。为此，从政府R&D资助对不同行业、不同规模、不同成长阶段企业的技术创新影响对文献进行梳理。

第一，政府R&D资助对不同成长阶段企业影响研究。企业成长阶段理论或称为企业生命周期理论是现代企业管理理论的一个重要分支，国内外学者在这个领域进行了大量研究，该理论思想萌芽于马歇尔的企业生命规律研究，经过马森·海尔瑞（Mason Haire，1959）、斯坦梅茨（Steinmetz L. L.，1969）、葛雷纳（L. E. Greiner，1985）等学者的研究，已经成为一个较为成熟的理论。一般学者认为，根据企业生命周期理论，企业成长阶段可以分为婴儿期、发展期、成长期、成熟期、衰退期等几个阶段，不同的成长阶段企业应该采取相应不同的发展战略，政府支持不同成长阶段的企业也应该采取差异化的政策措施。目前，国内外学者关于政府R&D资助对不同成长阶段企业影响研究的有关文献还不多，而且对企业成长阶段的划分标准也不尽相同，一般采用企业的成立年限来简单划分。这方面的学者有：李卫红和白杨（2013）将企业员工人数、成立年数、经营规模、企业发展阶段、行业地位、企业技术水平、企业的技术中心等作为控制变量进行研究，得出企业员工人数、创新重点类型不受创新政策作用影响，而其他变量均受创新政策影响；企业员工人数、经营规模、企业技术创新重点类型不同对企业技术创新能力的不同没有影响，其他变量对企业技术创新能力存在显著差异。周海涛和张振刚（2015）将政府R&D资助政策分为直接方式的科技资金投入政策和间接方式的税收优惠政策，分别研究其与企业创新绩效的关系，引入企业研发资金投入和人力投入两个中介变量，以及企业规模、企业成长阶段、企业控股情况、企业行业属性这四个虚拟变量，探讨政府R&D资助政策对企业创新绩效的不同影响。以1002家高新技术企业微观数据为研究样本进行实证分析，研究表明，政府R&D资助政策对企业创新绩效具有激励作用；政府科技资金投入政策与企业研发资金投入存在挤出效应，税收优惠政策与企业研发资金投入呈现引致效应；小微型、初创型科技企业的创新绩效较高；国有高新技术企业对政府R&D资助政策具有较强的敏感性。

第二，政府R&D资助对不同规模企业影响研究。Folster（1992）以214家瑞典企业调查数据为研究样本，将企业分为135家大企业、79家小企业，研究发现，政府R&D资助对企业R&D投入具有正的引致作用，政府R&D资助对小企业的激励效果比大企业大。Cohen和Klepper（1996）研究发现政府R&D资助对小企业技术创新的影响比大企业有效。Kumar 和 Saqib（1996）以 291 家印度制造企业为样本，实证发现政府 R&D 资助对中等规模企业技术创新更为有效，企业规模与研发的概率呈倒“U”形关系。Toivanen（1998）研究发现，政府 R&D 资助对大企业表现为挤出效应，而对小企业则表现为引致效应。Lach（2002）以 1990～1995 年以色列国家统计局制造业研发统计调查的企业数据为样本，采用一般最小二乘法实证分析了以色列政府 R&D 资助对该国制造业企业 R&D 投入的影响效果。在被补助企业中，平均补助率大约是 30%。电子和化学行业是主要的受资助产业，约占资助的 95%。Lach 以产业特征、人员、销售收入等 5 年的数据合并（Pooled Data），模型增加一年滞后期效应，研究发现，对于全样本，当期政府 R&D 资助的引致系数是负的，并且具有显著意义，说明政府 R&D 资助对企业 R&D 投入有一定的挤出效应；对滞后一期的政府 R&D 资助的引致系数是正的，但是没有显著意义。作者进一步以 300 名员工数为界，将研究样本分为大规模企业和小规模企业两个样本组，并分别进行回归分析，结果发生了变化。对小企业来说，1 谢克尔（以色列货币单位，1 谢克尔约合 4.65 美元）的政府 R&D 资助挤出了企业当期约 3.0 谢克尔的 R&D 投入。但是，滞后一年的回归分析发现，企业 R&D 投入增加了约 14 谢克尔，即小企业 R&D 净增长 11 谢克尔，说明以色列政府 R&D 资助刺激了小企业 R&D 投入。而对于大企业，直接的替代作用大于随后的激励作用，尽管后者不显著。同时，作者指出由于旨在促进中小企业发展的政府 R&D 资助中的 75% 流向了大企业，使得政府 R&D 资助激励企业 R&D 的作用不是很大。Gerhard（2004）以奥地利产业研究发展促进基金会的数据为研究样本，运用固定效应面板数据回归方法进行实证研究，结果发现，政府 R&D 资助对企业 R&D 投入的引致系数大概为 0.4，政府增加 1 单位的 R&D 资助能够引致企业额外追加 0.4 单位的 R&D 投入。政府 R&D 资助对大企业和小企业的影响作用更大，对中型企业的影响不够明显。Daniel Shefer 和 Amnon Frenkel（2005）研究发现企业的规模和企业 R&D 支出之间存在显著负相关关系。

国内研究方面，程华和赵祥（2008）以浙江省民营科技企业的调研数据为研究样本，对企业规模、研究强度、资助强度与政府 R&D 资助绩效之间的关系进行实证研究，结果发现，政府 R&D 资助对企业 R&D 投入的激励效果随企业规模的扩大而提高。刘锦英（2010）选择专利申请数、新产品销售比例及产品新颖程度作为创新绩效的测度指标，实证分析了企业规模与创新绩效之间的关系，研究发现，企业规模与创新绩效关系不能一概而论，需要根据创新绩效的测度方式来具体分析。按新产品销售比例与产品新颖程度衡量创新绩效，企业规模与创新绩效之间呈现出“U”形关系，也就是说大企业与小企业的新产品比例及产品新颖程度都高于中型企业；若按专利申请数衡量企业创新绩效，那么专利申请数会随着企业规模的增加而增加。孙维峰（2013）以2009～2011年中国制造业上市公司数据为研究样本，按规模将研究样本分成两个样本组，实证分析企业规模对企业技术创新及绩效的影响，研究发现，对小企业而言，企业技术创新与企业绩效之间存在显著的正相关关系；对大企业而言，企业技术创新与企业绩效不存在统计上的显著关系。Hamberg（1966）利用企业横截面数据对政府R&D资助对不同行业企业影响进行研究，将政府R&D资助变量定义为总的国防部资助合同占总固定资产的比例，将405个企业分成不同的产业组，用企业R&D员工比例对政府合同和其他变量进行回归分析。同时，采用普通最小二乘法分别对每个行业进行回归分析，以利润、销售额、折旧、总投资和R&D人力资源等为控制变量，研究发现政府R&D资助合同与6个产业存在正相关关系，政府R&D资助对电子器件和通信设备、办公设备、工业化学、其他电子设备4个行业具有显著的引致效应。Bernstein（1991）以加拿大数据为研究样本，实证研究发现，政府R&D资助行业内和行业之间具有溢出效应，对于R&D投资密集的行业，政府R&D资助所带来的私人收益约为11.5%，但是所产生的社会收益比私人收益高25%～115%；而对于其他行业来说，政府R&D资助所带来的社会收益约为25%，社会收益比私人收益高大约72%。Klette和Moen（1998）以1982～1995年挪威816个高科技企业面板数据为研究样本，对政府R&D资助对电子和电气设备行业R&D投入的影响进行实证研究，研究发现政府R&D资助对企业R&D投入没有显著影响，相对于小企业和大企业来说，政府R&D资助对中型企业R&D投入的激励效果更加明显。Becker和Hall（2003）将样本分为高技术密集型产业和中低技术密集型产业两组，将政府资助比例、从事R&D研究的科学家和工程师数量占总就业的比例、净资本投入、国外资本投入、与大学的距离、市场大小（用产业增加值代表）、市场竞争激烈程度（用进口代表）、外汇汇率和长期利率等作为解释变量，研究发现政府R&D资助只对低技术产业R&D活动影响显著，而对高技术产业R&D活动影响不显著。Lee和Hwang（2003）以1980～1999年韩国23个行业515个企业面板数据为研究样本，并将其划分为IT产业和非IT产业两个样本组，比较分析政府R&D资助对这两个产业企业R&D投资的影响。在模型当中引入市场结构、企业规模（用资产代表）、企业内部现金流（用红利占销售的比例代表）、市场前景（用利润增长率代表）和政府R&D资助等作为解释变量，通过回归分析发现政府R&D资助对IT行业企业R&D投资具有显著的引致效应。

国内学者方面，王贻志等（2006）以上海市2003年主要制造业企业的横截面数据为研究样本，应用二级CES生产函数模型对中国制造业R&D投入产出效应进行实证研究，研究发现，政府R&D投入对不同行业企业的产出具有不同的正效应，在资本或技术密集型行业，R&D 人力投入程度能够显著影响企业产出。唐清泉和卢珊珊（2008）以上市公司数据为研究样本，比较分析不同政府 R&D 资助政策对不同行业企业 R&D 行为及市场绩效的影响，他们认为政府间接补贴对竞争性行业更加有效，直接补贴政策对公共品性质的行业更加有效。李博和贾志永（2010）以我国 25 个制造业部门数据为样本，运用具有独立子系统的 C2G2S – ISS 模型对我国 R&D 投入产出效率及创新产出的行业差异进行实证研究，通过对不同制造业部门比较分析发现，我国 R&D 投入的有效性在不同行业之间表现出较大的差异性，研发强度较低的行业的技术创新产出效率反而更高。陈钰芬和李金昌（2011）比较分析了政府 R&D 资助对轻重工业企业创新活动的影响，研究发现政府 R&D 资助对轻重工业企业 R&D 活动的影响不同。

第三，政府 R&D 资助对企业技术创新影响的时滞性研究。国外学者方面，Goldberg（1979）将联邦政府 R&D 资助对当前和滞后一期的企业 R&D 投入影响进行实证研究，研究发现，当期的联邦政府 R&D 投入对企业 R&D 投入具有显著负相关影响，但是在滞后期表现为显著正相关影响。Levy 和 Terleckyj（1983）以 1949 ~ 1981 年美国国家科学基金（NSF）的时间序列数据为样本，采用广义最小二乘法实证分析采用合同资助方式和其他 R&D 资助方式对企业 R&D 支出总额的影响。研究发现，采用合同方式对企业 R&D 投入和生产力具有显著的正向影响，其他资助形式对企业 R&D 支出总额的影响在当期不显著，滞后 3 年表现为显著的正向影响，滞后 9 年对企业生产力表现为显著的负向影响。Mansfield 和 Switzer（1984）以 25 个企业 R&D 主管面谈获得的数据为样本，实证分析政府 R&D 资助对企业 R&D 投入的影响，研究发现，政府 R&D 资助增加 1 美元，前两年能够增加企业 6 美分的 R&D 投入，之后就没有显著关系；而如果政府 R&D 资助减少 1 美元，在前两年将减少 25 美分的企业 R&D 投资，在第三年又减少 19 美分的企业 R&D 投资。Michael F. 和 Winthrop（2002）对航天航空领域进行研究发现，企业创新产出的滞后效应主要来自两方面原因：一是从研究到论文发表或专利授权需要经过一段时间；二是财政年和自然日历年之间的差异导致 3 个月的滞后期。在航天航空领域的 R&D 投入的滞后期为 1 ~ 5 年。Francesco Bogliacino（2009）研究发现，以欧洲制造行业为例，政府科技经费对企业创新绩效影响的滞后周期为 3 ~ 4 年。国内学者方面，姜宁和黄万（2010）以 2003 ~ 2008 年我国高技术产业中的五个细分行业面板数据为样本，研究发现，政府 R&D 资助对企业 R&D 投入影响效果大小与政府补贴率有关。政府 R&D 资助对企业 R&D 投入具有引致效应，但是这种效应在当期不明显，在滞后一期非常显著。徐凯和高山行（2008）研究发现，政府 R&D 资助对企业科研产出呈现倒“U”形关系，这种趋势要滞后 5 年才能够明显地表现出来。政府 R&D 投入对当年企业的专利申请数和论文发表数的影响不明显，但是随着时间的推移，这种影响效果会慢慢显现出来，在第三年达到峰值之后慢慢消失。李武威（2011）采用格兰杰因果关系分析方法，实证分析国内研发投入、技术转移与创新绩效的相关关系，研究发现，国内政府 R&D 投入对企业创新绩效的影响一般要滞后 2 年。此外，韩晶（2010）、陈修德和梁彤缨（2010）、盛磊（2010）等认为不考虑滞后效应并不会影响研究结果的可信度，因此可以不用做滞后效应处理。

2.6 政府研发资助与企业研发投资作用机制

2.6.1 企业研发活动的外部性特征

企业的研发活动通常是具有外部性的，即研发活动企业面临的私人边际成本与社会边际成本，以及企业的边际收益与社会边际收益的不平衡。当外部性存在时，经济主体行为活动的合理性可能面临挑战。当企业研发活动影响了其他企业或个人却没有为之承担相应的成本或获得应有报酬时，存在研发活动的外部性。外部性分为正外部性和负外部性：其中私人边际成本大于社会边际成本或私人边际收益小于社会边际收益时，经济主体未获得应有报酬而产生正外部性；私人边际成本小于社会边际成本或私人边际收益大于社会边际收益时，经济主体未承担相应成本而产生负外部性。因此，正外部性常常会导致经济主体减少投入、产能不足，负外部性会使经济主体增加投入与生产，造成产能过剩。企业的技术创新活动可能面临环保（或社会成本）以及技术创新两方面的问题。一方面，技术创新过程中耗能排污的环境问题具有负外部性特征；另一方面，技术创新本身的溢出效应又具有正外部性特征。企业研发活动的负外部性和正外部性如图 2－1、图 2－2 所示。

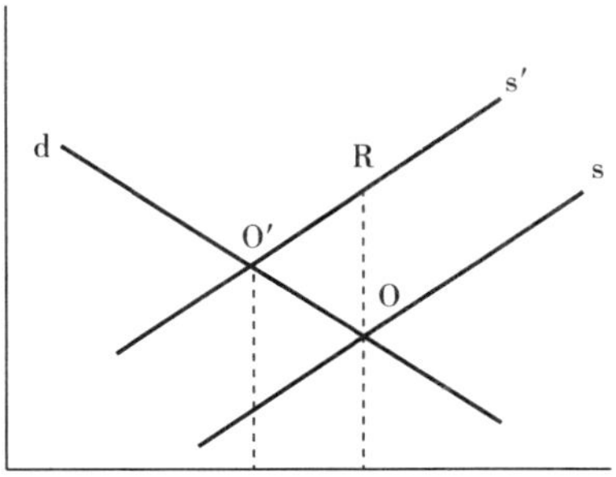

图 2－1 企业研发活动的负外部性

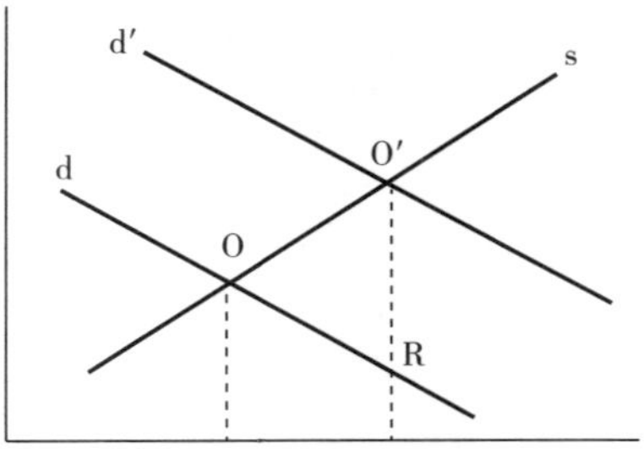

图 2-2 企业研发活动的正外部性

企业技术创新的负外部性表现在：对企业而言，生产的边际收益（d 线）与边际成本（s 线）相交平衡于 O 点，但企业在生产中存在公共能源消耗及污染排放现象，造成社会边际成本（s′线）大于私人边际成本，而社会收益并未增加，仍保持在 d 线，因而社会最优效率均衡点应为 O′点，三角形 ORO′即为负外部性造成企业过量生产的社会福利损失。企业技术创新的正外部性表现在：对企业而言，进行技术创新活动产生的溢出效应使得社会边际收益（d′线）高于私人边际收益（d 线），而社会边际成本仍等于私人边际成本，s 线保持不变，因而社会最优效率均衡点 O′点高于企业均衡点 O 点，三角形 ORO′为正外部性造成企业技术创新不足产生的社会福利损失。因此，为实现社会最优效率均衡点，政府研发资助政策通过政府分担部分技术创新投入成本使 s 线上移至 R 点处。

2.6.2 企业研发投资与市场失灵

2.6.2.1 *研发活动与市场失灵*

根据前文分析，企业研发活动的正外部性，可能降低企业创新活动的收益，最终使得私人最优投资水平低于社会最优投资水平，研发活动投入存在市场失灵。研究开发活动往往需要投入大量资金，投资回收时间长，却难以占有自身创造的知识溢出和消费剩余，这就会导致企业研发活动投入不足，企业没有足够的动力去从事研究开发活动。如果完全由市场决策，与技术知识或信息生产相关的资源投入就会表现不足，低于社会最佳水平。因此，利用政府支持将技术创新的私人边际收益率提高到社会边际收益率是解决技术溢出带来的投资不足问题的办法之一。政府资助能够有效降低企业技术创新成本，从而弥补技术创新成果带来的私人收益与社会收益之间的差额。从政府研发资助项目的选择角度来讲，应该选择具有广泛技术溢出效应的项目进行资助。

2.6.2.2 *企业研发活动与融资约束*

创新活动的高风险及信息不对称特征是企业从事研究开发活动的融资约束的

主要原因。研发项目所特有的信息高度不对称、投资收益高度不确定，并且高度偏态分布以及缺乏担保价值等特征决定了其难以获得债务融资。研发投入往往具有独一无二性，在一般情况下也不存在一个有组织的交易市场来有效传递 R&D 相关信息，投资者很难推断企业 R&D 价值及其生产能力等方面的信息，企业研发活动信息不对称的逆向选择问题是融资约束的主要来源。由于存在逆向选择行为，即使在融资方承诺较高的预期收益时，研发项目也难以从金融市场融到资金。即使是擅长提供风险资本的资本所有者，也难以发挥缓解研发投资融资约束的作用。信息不对称引发的道德风险会阻碍高风险的商业活动（如创新活动）获得外部融资。逆向选择和道德风险造成高成长小公司的投资（包括 R&D）获得融资的主要途径就是内部资金。逆向选择和道德风险问题决定了技术创新活动难以从企业外部融资，导致研发活动投入不足。因此，企业研发活动面临的融资约束导致企业的研发投入水平低于金融市场不存在摩擦情况下的最优投资水平。政府资助研发活动可以降低研发活动的融资约束。

2.6.3 政府研发资助与信号传递

政府资助通常需要经过严格的筛选程序，通过专家对项目进行评估确定资助对象，政府资助项目的质量通常较高，因此政府资助行为本身很可能成为私人投资的信号。企业研发活动具有高度不确定性，企业内外部信息不对称性难以靠资本市场本身解决，而政府资助行为发挥了甄别企业质量和企业项目技术优势的作用。因此能够获得政府资助的企业，得到银行等金融机构的外部融资的可能性也较高，这有利于企业的规模和业绩增长。

市场失灵导致企业最优研发投入低于社会最优水平，融资约束则使企业研发投入水平低于无市场摩擦时的企业最优投入水平。因此，需要通过政府直接参与研发活动，或者通过政府资助 R&D 活动来矫正“市场失灵”，政府资助向金融市场传递关于研发活动质量的信号，缓解研发投入融资约束进而将研发活动投入提高到社会最优水平。政府对研发投资提供激励的主要方式为税收优惠和政府补贴。政府直接资助能够保证政府控制资助的研发项目类型并实现政府目标，且相对于非直接的财政支持措施，政府直接资助的效果更容易衡量。同时，政府资助不受具体税制结构的影响，并且政府资助一般都偏向具有较高社会收益的项目。

2.6.4 政府研发资助效果

2.6.4.1 刺激效应

私人收益与社会收益之间的差距要求政府干预研发活动，而政府期望通过降低私人研发投资成本或者帮助企业把握科技发展机会促进企业创新。如果政府资助政策有效，则公共资金和私人投资互补，进而提高研发投入水平和创新规模，政府资助对私人投资具有刺激效应。在没有政府干预的市场中，企业的投资行为主要由投资的预期收益、风险和可能受到的融资约束等因素决定。当投资项目风险较高，投资期较长，并且企业无法独占投资成果的收益时，企业就没有动力开展此类投资项目。事实上，研发投资就属于这类情况。为了提高研发投入水平，加大科技创新力度，需要政府通过资助等方式降低企业研发投资的成本和风险，进而提高预期收益。因此，政府资助将刺激企业研发投资的积极性，提高企业研发的均衡投资量。

2.6.4.2 挤出效应

挤出效应可能是政府资金对私人投资的简单替代，也可能是通过影响供求关系对研发投入产生影响。政府为研发活动提供资金存在替代私人投资的风险。挤出效应也可能通过价格机制，表现为政府资助通过增加研发活动的需求进而提高其成本。科技创新企业的创新研发行为性质有差异，有些研发项目能够在相对低的风险水平上得到较高的收益，有些研发项目虽然风险较大但是是科技创新企业发展过程中的关键因素，对科技创新企业提高市场占有率和改善竞争格局的意义重大。对于此类研发项目，即使缺乏政府研发资助科技创新企业也会自主性地进行投资。如若政府对类似的研发项目也给予创新资助，势必将相应地减少科技创新企业自主性研发投入而产生挤出和替代的作用。

2.6.5 影响企业技术创新效率的因素分析

对于企业创新的研究一直以来都是专家、学者们所关注的焦点，企业创新效率的提升以及影响企业创新效率的因素等一直都是专家、学者们所研究的重点。研发活动为不断的技术创新提供了坚实的物质和技术支撑，是技术创新的主要来源。企业技术创新是一个漫长而复杂的过程，且受到诸多因素的制约。在这个过程中，企业的创新效率主要受到以下因素的影响：

R&D 经费的投入。R&D 经费的投入是国际上用于衡量一个国家或地区科技创新方面的重要指标，技术创新是一个长期而又具备不确定性的过程，很难在短期中成功乃至获利，一定的资金投入是创新产出的必要过程，因此，进行技术创新需要大量资金的投入。一般来说，投入越多，产出越强，其效率越高。

R&D 人员投入密度。企业的长期发展需要有创新技术，缺乏创新技术的企业，很容易被社会所淘汰，技术创新的投入需要一定的人力支持，人才是促进企业技术创新的主体，R&D 人才的投入才能促进企业拥有竞争力。一般认为高新技术人才参与越多，人员投入力度越大，产出越大，投入产出的效率越高。

政府支持。地方政府在科技政策制定以及资金调配方面拥有很大的权力，如果不考虑地方政府的影响，各地区的创新效率水平可能被低估。地方政府通过发布相关政策（比如税收减免）或给予直接性的补贴鼓励高新技术产业的创新发展。众多学者在研究创新效率时也将其考虑在内，政府 R&D 资助为企业研发活动提供了资金上的支持，是企业提升产业生产率和竞争力的重要投入要素。政府补助使企业获得了技术资金的支持，鼓励企业采用新的技术运作，可以促进企业创新效率的提高。

企业规模。企业规模是研究企业创新效率时不可忽视的因素，一般来说，企业规模越大，经济实力越雄厚，企业越愿意拿出资金用于创新与改革。

2.6.6 政府 R&D 资助对高新技术企业技术创新效率影响的作用机制

在具体研究政府 R&D 资助对高新技术企业技术创新效率影响时，我们同样可以参照上文从 R&D 经费投入、R&D 人员数量投入、政府资金支持和企业规模四个角度探讨政府 R&D 资助对高新技术企业技术创新效率影响的作用机制。在高新技术企业成长初期，主要是通过生产要素的大量投入来推动企业的成长，此时的企业着重于企业厂房设备的更新、人才的聘用、员工规模的扩大等。随着企业规模的日益扩大，企业会注重向高质量发展，开始注重对于高技术人才的引进、高新技术的进步和创新能力、国家发展政策等新型传导机制。

政府直接资助体现在政府直接给予企业资金支持来促进企业的技术创新研究活动的开展，主要包括企业产品研发经费的补贴、科学技术创新资金的补助、扶持资金和研究开发及技术更新专项资金等。从现有的研究和理论来看，政府直接资助对企业技术创新效率的影响主要体现在以下五个方面：

第一，政府 R&D 资助可以降低企业因创新研发活动可能失败造成的潜在损失。企业在进行 R&D 活动之前，并不清楚研发成功的概率以及创新的程度效果、研发是否可以成功以及成功所需要的时长。在一般情况下，创新程度与不确定性呈正向关系，技术创新程度越高，研发过程存在的不确定性往往会越大。另外，市场与收益存在未知性。企业创新的最终目标是实现新产品产出的市场化，但由于信息不对称的存在往往增加了企业新产品是否可被市场接纳的不确定性。对未来新产品的市场份额与销售收入企业也没有十分的信心，加上产品创新的外部效应到底对产品效益会有多大影响，企业最终能占有多大收益，去掉研发成本是否能有盈利这一切都存在很大的不确定性。企业在得到政府补贴资金后会在一定程度消除不确定影响，加大自身 R&D 活动资金的投入，继续开展之前因资金不足放弃但发展前景良好的创新项目，即企业将获得更多的资金投入到技术创新活动中去，进而提高资源配置能力。

第二，政府向企业提供直接资助在一定程度上是在向外界释放信号，不管是优惠政策的制定还是任何资助项目的确定，政府都是通过组织特定行业专家与专业机构进行全方位、长时间的讨论研究与专业评估才会最后敲定，表明受到政府资金补贴的企业所拥有的研发项目是具有投资价值的，是对该企业经营质量和研发能力的肯定，为投资者提供重要的参考价值，这将会缓解创新市场中因信息不对称带来的逆向选择问题，一方面可以为企业吸引到更多的其他渠道的社会投资，另一方面能够增强企业与看好该企业创新项目的相关机构的合作关系，如高等院校和研究机构等，最终加快企业技术创新研发项目的运行进程，从而提高科技成果的转化效率。

第三，政府对申请资助的企业有一些硬性要求，如条件之一是企业营业收入要在多少万元以上，这不但会倒逼企业通过优化流程提升内部管理水平，而且增强企业进行自主创新的紧迫感，使得企业有更强的责任感去开展研发活动和提高各相关要素的使用效率。

第四，当企业对政府补贴形成过度依赖时，会使企业缺乏创新组织和管理方式的动力，将政府补贴多用于弥补亏损或扩大生产规模而非改善经营和改革创新，从而挤出企业私人创新活动，降低企业研发的规模效率。

第五，当前中国市场经济制度仍不完善，有政治关联的企业更愿意通过寻租来寻求获取经济资源，在获得更多的政府补助后，这些企业并不会将资金用于创新研发活动，其原因主要在于政治关联与市场竞争存在的替代效应会使政治关联的存在缓解市场竞争的压力，加上政府行为的示范效应会使企业在较低的创新水平下保持较高的产品市场占有率，这样会减轻企业的创新压力。高新技术企业从事高科技业务，并且面临较强的市场竞争压力，它们一般会将眼光放得长远一些，在得到政府资金扶持后更大的可能性是利用资助资金继续强化创新优势，资金约束和融资压力的缓解也会进一步激发其创新活力和动力。

政府资助的选择具有偏好性，并非所有企业都可以获得政府资助，只有满足相关条例才能成为政府资助的对象。白俊红（2011）认为很多因素如企业自身知识存量、企业规模等都可能影响政府甄选决策。例如政府在选择资助企业时，所关注的一个重要问题是资助资金能否得到有效利用；另外，在企业得到政府资助后，其投入 R&D 对技术创新的影响，也不是靠单一的这个资金能发挥作用，需要考虑各种控制变量，如企业规模、R&D 人力投入、出口等。因此本书在建立政府 R&D 资助与高新技术企业技术创新效率模型中，将企业规模、企业 R&D 人力投入、资产回报率、企业出口总额作为控制变量纳入到模型当中。

2.7 研究评述

关于政府研发资助对科技创新企业融资和研发投资作用效果的相关研究，在以下几个方面还有待于进一步研究：

第一，关于科技创新企业的特征与政府研发资助关系的研究。政府在确定研发资助对象时，为了最有效地带动企业自主性研发投资和社会科技进步，往往对受资助企业进行较为详细的甄别，从中选择激励效果最佳的资助对象。已有文献鲜有对受资助科技创新企业具体特征的分析，并且较少充分考虑导致政府研发资助效果差异的科技创新企业异质性内在特征。科技创新企业的内在特征，如科技人员规模、自主性研发投资规模、盈利能力、股权结构等因素，直接影响其能否获得政府研发资助以及受资助后的科技促进效果。Lach（2002）指出政府研发资助对于小企业研发投资起到了刺激作用，对大企业研发投资却呈现负的作用效果。Busom（2000）认为政府研发资助在总体上起到了刺激作用，但是30%的企业研发投资也被政府研发资助完全挤出。Cohen 等（2002）认为政府对企业研发投资的影响对于大型企业或初创企业要更大一些。这一系列研究说明，政府研发资助对企业研发投资的影响方向和程度受到企业自身的特定因素的影响，而已有研究没有充分考虑到企业异质性因素。本书的后续章节将针对科技创新企业的特征，深入探讨政府研发资助与科技创新企业特征的内在联系。

第二，已有成果较少地深入研究政府研发资助对科技创新企业外部融资的作用。科技创新企业的信息不对称性是造成其融资难的主要原因，政府研发资助可能向外部资金提供者释放企业价值的信号，从而有助于解决企业融资难的问题。Rubenstein 等（1977）研究了法国、德国、日本、英国的相关数据，认为政府激励政策对市场能够起到信号作用。本书后续章节将针对政府研发资助对科技创新企业外部融资的影响进行实证检验，从而深入研究政府研发资助在缓解信息不对称方面可能产生的信号作用。

第三，已有研究对具有内生性特征的政府研发的处理方法存在一定差异。政府选择的研发资助对象往往不是随机的，通常受到企业特征的影响，因此运用获得政府研发资助的企业数据进行分析将会面临样本选择偏误的影响。已有文献试图运用多种方法解决政府研发资助的内生性问题，通常的做法是工具变量法（例如 Wallsten，2000）、双向差分法（例如 Lach，2002）或倾向得分匹配法（Propensity Score Matching，例如 Klette et al.，2000；Gonzales et al.，2008）。以上方法的关键是找到适合的工具变量或构造适合的控制组进行对比研究。然而由于政府研发资助的内生性问题，难以找到适当的工具变量或用于双向差分的控制组。

第四，已有研究的研究层次、数据性质具有一定差异。Hall 和 Van Reenen（2000）以及 David 等（2000）等相关研究将政府研发资助分为宏观、行业和企业等多个层次。中国市场缺乏公司金融方面的微观数据，因此关于政府研发资助的相关研究多停留在宏观层面或行业层面上，较少对企业层面进行深入的研究。本书通过收集科技创新企业相关数据，通过企业微观视角细致地对政府研发资助对科技创新企业融资、研发投资的作用效果进行研究。

3　科技创新企业融资、研发投资与政府研发资助现状分析

3.1　科技创新企业融资与研发投资现状①

3.1.1　科技进步与研发总体情况

近年来科技发展在经济发展中的作用越来越重要，为了保持竞争力，全球主要发达国家都将发展科技作为经济发展的战略重点。研究与试验发展（研发，R&D）在国家科技进步方面起到至关重要的作用，因此各国都十分重视研发投资。与此同时，我国的科技发展也在逐步加速，从总量上看我国从科技贡献、研发投入等方面都进入了较快发展的阶段。

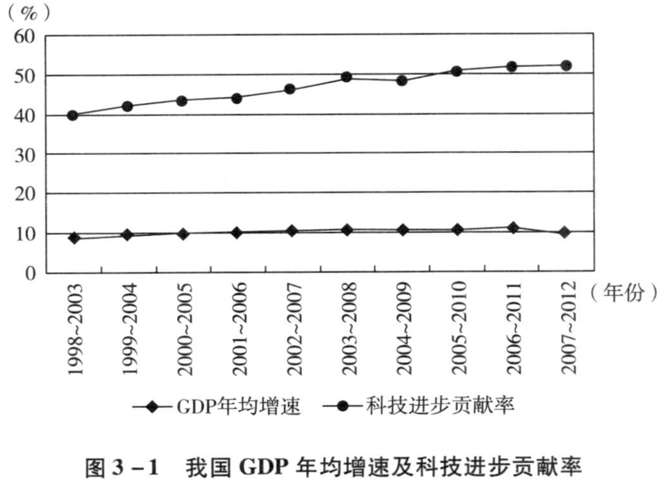

图 3－1　我国 GDP 年均增速及科技进步贡献率

① 本节相关数据来源：《中国科技统计年鉴》和《中国金融年鉴》。

如图 3 - 1 所示，1998 ~ 2012 年我国科技进步对 GDP 增长的贡献率逐年稳步增长，由 1998 ~ 2003 年的 39.7% 增长到 2007 ~ 2012 年的 52.2%。科技进步贡献率十年间增长超过了 1.3 倍。科技增长贡献率增加的主要原因是全国对科技发展的相关投入逐年增加。

从 R&D 人员投入来看，2012 年全国 R&D 人员 4617120 人，比上年增长 14.92%。全国 R&D 人员全时当量①由 2000 年的 92.21 万人年增长到 2012 年的 324.68 万人年，平均增速达到 13.4%，如图 3 - 2 所示。

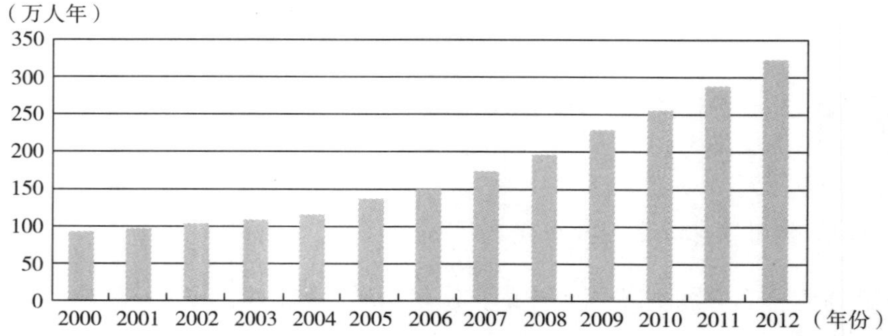

图 3 - 2　R&D 人员全时当量

从 R&D 投入来看，2010 ~ 2012 年全国 R&D 经费内部支出总额分别为 7062.58 亿元、8687.01 亿元和 10298.41 亿元，比上年分别增长 21.7%、23% 和 18.5%，如图 3 - 3 所示。

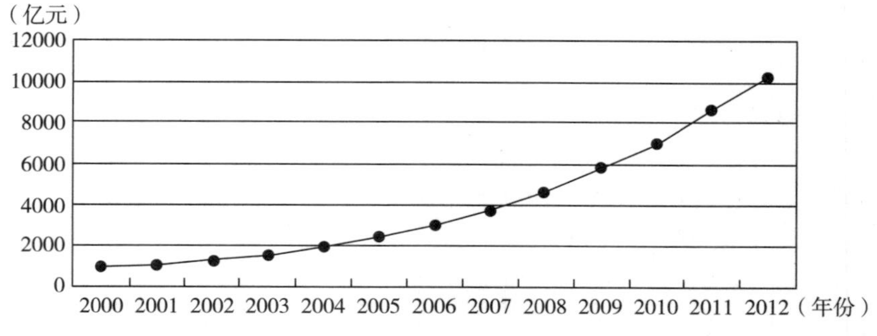

图 3 - 3　全国 R&D 经费内部支出总额（2000 ~ 2012 年）

① R&D 人员全时当量是指 R&D 全时人员（全年从事 R&D 活动累计工作时间占全部工作时间的 90% 以上人员）工作量与非全时人员按实际工作时间折算的工作量之和。该指标能够反映自主创新人力的投入规模和强度。

3.1.2 科技创新企业融资与研发投资现状

企业是经济发展的主要力量，企业的研发投资不仅决定着企业自身未来的生存和发展，而且对我国经济能否持续健康发展也具有重要作用。我国科技创新企业在研发投资方面增长迅速，全面带动了科技创新企业的发展，并主要表现在研发人员、研发经费支出、研发活动以及研发成果等方面。

3.1.2.1 科技创新企业发展情况

我国科技创新企业在企业总数量方面基本保持平稳的趋势。2008～2012 年高技术企业数平均值超过 25000 个。在企业数量保持平稳的同时，主营业务收入以及利润等方面呈现逐年增长的趋势。2008～2012 年高技术企业主营业务收入由 55728.9 亿元增长到 102284 亿元，平均增长速度为 12.9%；利润由 2725.1 亿元增长到 6186.3 亿元，平均增长速度为 17.8%。

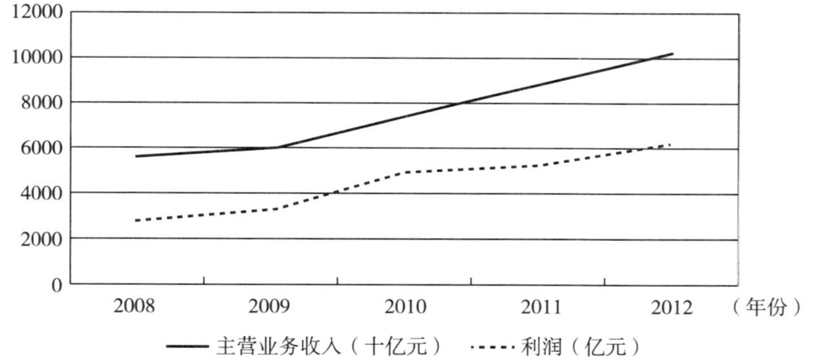

图 3-4 科技创新企业主营业务收入与利润（2008～2012 年）

3.1.2.2 科技创新企业研发人员

我国对科技发展的重视程度不断提高，不断增强对研发的投入力度，特别重视对科学技术人才的培养，研发人员数量和全时当量增长速度较快。2009～2012 年我国研发人员从 3183687 人上升到 4617120 人，增幅超过 45%，其中企业研发人员从 2185241 人上升到 3366426 人，分别占全国研发总人口的 68.6% 和 72.9%，涨幅达到 54.05%。从能够反映研发人力投入规模和强度的 R&D 人员全时当量指标来看，2012 年我国 R&D 人员全时当量为 324.68 万人年，其中企业 R&D 人员全时当量为 248.64 万人年，占比 76.58%。2008～2012 年科技创新企业 R&D 人员全时当量由 28.5 万人年增长到 52.6 万人年。说明作为国家科技发展的主力军，企业在研发人力投入方面贡献较大，而科技创新企业则呈现平稳增长，增长速度还存在进一步提高的空间。2008～2012 年，我国整体和企业部门 R&D 人员全时当量的增长情况如图 3－5 所示。

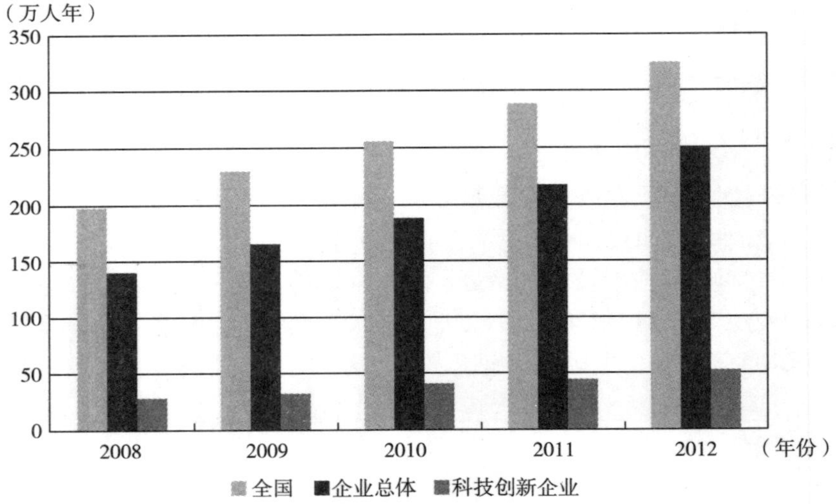

图 3－5　2008～2012 年 R&D 人员全时当量

根据图 3－5 可见，2008～2012 年全国以及企业部门的 R&D 人员全时当量呈现快速增长势头，然而科技创新企业 R&D 人员全时当量的增长速度未能与企业总体增长速度匹配，科技创新企业的研发人力投入仍需进一步提高。从企业占全国 R&D 人员全时当量的比重来看，2008 年企业占全国 R&D 人员全时当量的比重为 71%，2012 年这一比重已经上涨到 76.58%，然而科技创新企业与企业总体的这一比重的增长不明显，基本维持在 20% 左右，如图 3－6 所示。

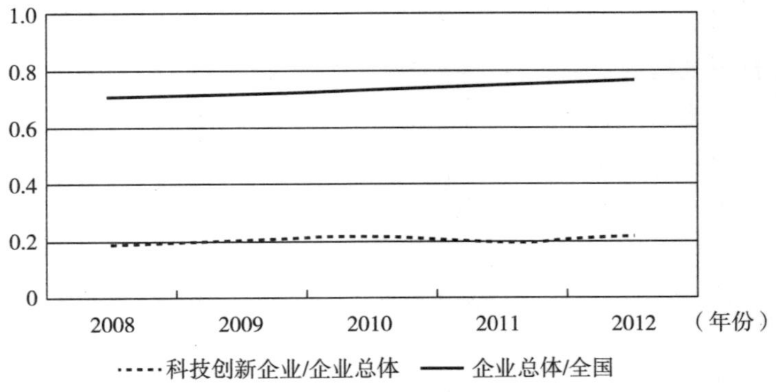

图 3－6　企业占 R&D 人员全时当量比重分析

3.1.2.3 科技创新企业融资

由于市场是非效率的，造成企业由于信息不对称而面临融资约束问题。特别地，与其他企业类型相比，科技创新企业在经营范围、产品特征以及技术信息等方面的信息更加不透明，因此科技创新企业面临的融资约束程度更大。针对这种情况，政府采取了一系列政策和金融措施加强对科技创新企业的金融支持，在构建多元化的融资渠道，改进和完善对科技创新的金融服务等方面取得了积极成效。

通过加大金融机构对科技创新的资金支持，开发多元化的科技创新融资产品，在改善科技创新企业的融资约束方面取得了一定的成效。然而与科技创新企业融资需求相比，融资缺口仍然较大。以银行面向科技创新企业的贷款为例，2012 年全国金融机构贷款总量为 641398.88 亿元，其中对科技创新企业较集中的制造业、信息传输、软件、信息技术服务业、科学研究和技术服务业等行业的贷款总额为 125573.66 亿元，仅占贷款总量的 19.58%。[①]

企业融资优序理论认为，企业融资的顺序应为内部融资先于债务融资，债务融资优于股权融资，然而由于信息不对称、委托代理等问题造成了企业大多依赖股权融资来满足融资需求。标准普尔数据显示，2013 年底我国非金融类公司的债务总额共有 12 万亿美元，然而发行企业债券的绝大部分主体集中在机械、造船、地产、建材和钢铁等行业，而科技创新企业通常企业年龄较短、风险较大，难以在企业债券市场中得到充足的资金供给。

股权融资方面，科技创新企业需要经历较长的创建阶段，并且可能存在风险大、经营不稳定等问题，因此科技创新企业的融资主要依赖内源融资，能够满足上市融资的企业数量较少。2012 年科技创新企业总数为 24636 个，其中能够通过股权融资的科技创新企业寥寥无几。

3.1.2.4 科技创新企业研发支出

研发经费内部支出主要包括由于研发活动的直接支出，以及间接用于研发活动的管理费、服务费、与研发有关的基本建设支出以及外协加工费等，用于反映研发资金投入力度。从研发经费内部支出来看，我国研发经费内部支出由 2003 年的 1539.6 亿元增长到 2012 年的 10298.41 亿元，十年间增长超过 8 倍。企业研发经费内部支出占全国整体支出的比率也逐年稳步增加，2003 年企业 R&D 经费内部支出占全国比率为 60.11%，2012 年这一比率已经增加到 74.04%，说明企业作为全社会科技进步的主力军，在研发经费支出方面，影响力日益增大。2008 ~2012 年企业整体研发支出中，科技创新企业的研发支出占比平均为 40%，

① 数据来源：《中国金融年鉴》（2013）。

说明在企业整体和全社会研发创新活动中，科技创新企业起到了至关重要的作用。图3－7描述了企业研发支出在全社会研发支出中所占的比重，以及科技创新企业在企业整体研发支出中的占比情况。同时从图3－7可以看到科技创新企业的研发支出呈现平稳增长的趋势。

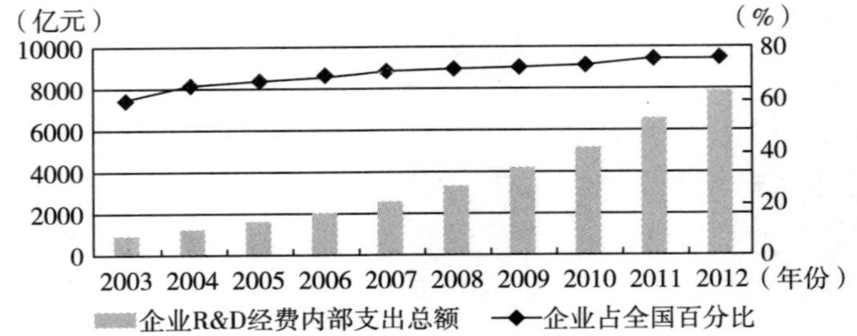

图3－7　2003～2012年全国R&D经费内部支出情况

从企业研发经费支出的构成上来看，2012年工业企业研发经费内部支出中日常性支出为6352.40亿元，占总支出的88.22%，其中人员劳务费为1920.87亿元，占日常性支出总额的30.24%；资产性支出总额为848.25亿元，其中仪器和设备支出为821.53亿元。从企业研发经费支出构成可以看到，企业研发活动投入的主要组成部分为难以形成被市场认可的有形资产，大部分投入以日常支出的形式消耗，这也充分体现出研发投资的高风险性。2012年工业企业研发经费支出构成比例如图3－8所示：

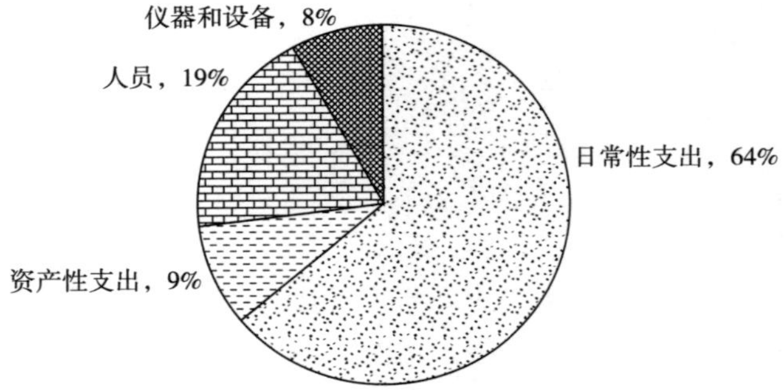

图3－8　2012年企业R&D经费支出构成

3.1.2.5　企业研发投资活动

规模以上企业研发活动情况如表3－1所示。从企业研发投资活动来看，

2009 年、2011 年、2012 年规模以上企业研发项目数量分别为 194400 项、232158 项和 287524 项，有较大幅度增长；规模以上企业研发经费内部支出由 2000 年的 417.6 亿元增长到 2012 年的 6230.6 亿元，研发经费内部支出占企业主营业务比较低，2011 年和 2012 年分别为 0.71% 和 0.77%，说明企业对研发投资力度不足，但呈现平稳增长态势；2004 年、2008 年和 2012 年全国总体规模以上企业总数中，研发活动企业数分别为 17075 家、27278 家和 47204 家，占全国规模以上企业总数比例有所上升，分别为 6.2%、6.5% 和 13.7%。科技创新企业的研发投资活动中新开工项目数呈现快速增长的趋势，2008 年新开工研发项目数量为 6220 项，2012 年增长到 10223 项；2008 年科技创新企业新增固定资产为 3160.5 亿元，2012 年增长到 8377.1 亿元，平均增长率为 21.53%。

表 3-1 规模以上企业研发（R&D）活动情况

年份	R&D 项目数（项）	R&D 经费内部支出（亿元）	R&D 经费内部支出与主营业务比（%）	有 R&D 活动企业数（家）	占全国规模以上企业总数比例（%）
2000	65298	417.6	0.58	17272	10.6
2004	53641	921.2	0.56	17075	6.2
2008	143448	2902.0	0.61	27278	6.5
2009	194400	3185.9	0.69	36387	8.5
2011	232158	5052.0	0.71	37467	11.5
2012	287524	6230.6	0.77	47204	13.7

资料来源：根据《中国科技统计年鉴》整理。

3.1.2.6 科技创新企业研发投资成果

从科技创新企业研发投资所获得的成果来看，2008～2012 年专利申请数量分别是 39656 件和 97200 件，有效发明专利数量分别为 23915 件和 97879 件，二者均有较大幅度增长，说明科技创新企业研发活动成效显著。从通过单位新产品开发经费所获得的有效发明专利数来看（有效发明专利/新产品开发经费），科技创新企业研发投资绩效显著提高。科技创新企业研发投资成果数量分布情况如表 3-2 所示。

表 3－2　科技创新企业研发投资成果

年份	新产品开发经费（亿元）	专利申请数（件）	有效发明专利（件）
2000	117.8	2245	1443
2005	415.7	16823	6658
2008	798.4	39656	23915
2009	925.1	51513	31830
2010	1006.9	59683	50166
2011	1528.0	77725	67428
2012	1827.5	97200	97879

资料来源：根据《中国科技统计年鉴》整理。

由以上分析可以看到，近年来我国企业特别是科技创新企业的研发活动在各方面呈现快速增长趋势，表现在如下几方面：第一，科技创新企业研发是经济整体科技发展的主力军，在人员、资金投入、成果贡献等方面都起到举足轻重的作用；第二，以人员数量和全时当量表现的科技创新企业研发人力资源投入增长速度较快；第三，科技创新企业研发资金投入增长幅度较大，在全国研发资金投入中的比重逐步加大；第四，科技创新企业研发成果显著，有效专利数量、新产品数量以及新产品销售收入均呈现显著增长趋势。

同时我国科技创新企业研发投资也面临着一系列问题：

第一，从全球研发资金投入强度来看，虽然我国研发投入增长迅速，但与其他发达国家相比投入力度仍显不足。图 3－9 显示了中国、美国、日本、韩国研发经费占 GDP 的比重。以 2011 年为例，我国研发投入强度为 1.84%，而美国和日本的这一比例接近 3%，韩国超过了 4%。

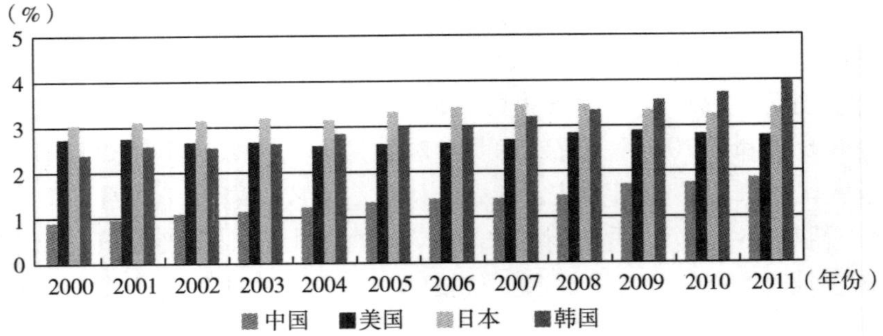

图 3－9　各国 R&D 经费占 GDP 的比重

第二，开展研发投资活动的企业占企业总数的比例偏低。从上文可以看到，2004 年、2008 年以及 2012 年全国进行研发活动的规模以上企业占同类企业总数的比例分别为 6.2%、6.5% 和 13.7%。如果将中小企业加入考察范围，这一比例将进一步下降。特别地，在开展研发活动的企业中，经费支出不足（2011 年和 2012 年这一比例分别为 0.71% 和 0.77%）。

第三，科技创新企业研发新产品产出收益较低，因此可能降低企业研发投资的积极性。科技创新企业研发活动承担了巨大的风险，但是为企业创造的利润十分有限，说明市场对科技创新企业研发产品的认可程度较低，其中的原因可能是新产品的外部性，另外也反映了科技创新企业研发新产品科技含量不高。

第四，科技创新企业研发支出大，政府研发支出力度不够。研发活动的高风险性和研发产品的外部性特征降低了企业研发投资的积极性，这就需要通过政府加以干预和刺激。图 3－10 反映了中国、美国、日本、英国、法国、德国政府研发支出和企业研发支出的比例关系，可以看到与其他国家相比，我国研发投资经费来源中企业比重偏大，政府在研发投资过程中起到的作用有待提高。

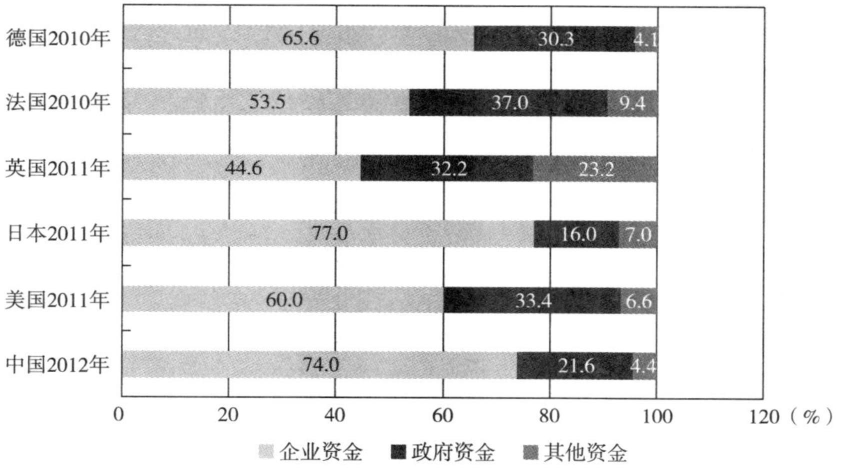

图 3－10　各国 R&D 投资经费来源比较

通过以上分析可以看出，一方面，我国科技创新企业研发投资发展较快，人力、资金等方面投入力度逐渐增加；另一方面，科技创新企业研发投资风险较大，真正投入研发活动的企业数量有待增加，并且科技创新企业研发投资所取得的经济效益不高。这就需要政府对科技创新企业融资和研发投资等活动进一步加大支持，以降低科技创新企业研发投资的风险和成本，从根本上激励全社会科技进步。

3.2 我国政府对企业技术创新影响的制度背景分析

3.2.1 我国科技计划[①]

我国科技计划的主要目的是充分发挥政府科技投入对社会科技资源能力的带动作用，动员全国科技力量，促进国家科技的快速发展。我国科技计划体系主要有重大专项和基本计划组成。重大专项是围绕国家战略目标而设立的专项计划，由政府支持并组织实施的重大战略产品开发、关键共性技术攻关工程建设项目组成；通过实施重大专项，达到攻克具有全局性的重大关键技术，开发世界先进水平的重大战略产品和技术系统，培育战略性产业和具有国际竞争力的企业等战略目的。

基本计划是国家财政稳定持续支持，以提供公共科技产品为主的计划。主要包括主体计划和政策引导类计划。主体计划包括国家基础研究计划、国家高技术研究发展计划（863 计划）、国家科技支撑计划和国家科技基础条件平台建设。政策引导类计划包括星火计划、火炬计划、技术创新引导工程、国家重点新产品计划、区域可持续发展科技促进行动、国家软科学研究计划等。此外还包括一些专项工作和基金，如国际科技合作计划、科技型中小企业科技创新基金、农业科技成果转化基金、科技富民强县专项行动计划、国家工程技术研究中心、国家重点实验室建设计划、科技基础性工作专项等。

其中对企业科技发展具有重大直接影响的国家科技计划有：

3.2.1.1 国家科技支撑计划

国家科技支撑计划以公益技术及产业关键技术研究开发与应用为重点，着力攻克关键技术，突破瓶颈制约，提升产业竞争力。国家科技支撑计划根据任务性质的差异，采取不同的支持方式和实施机制，对于具有明确产品导向和产业化前景的项目，通过企业带动的方式，积极引入和采用资本金注入、风险投资、后补助等投融资方式，加强对企业技术创新的引导和支持；对于目标明确的公益研究项目，由应用单位牵头，动员各方力量共同参与。

3.2.1.2 国家高技术研究发展计划（863 计划）

863 计划坚持战略性、前沿性、前瞻性原则，强调军民结合，统筹军民两用前沿技术的研发，主要解决事关国家长远发展和国家安全的战略性、前沿性和前

① 资料来源：《中华人民共和国科学技术部 2007 年年度报告》。

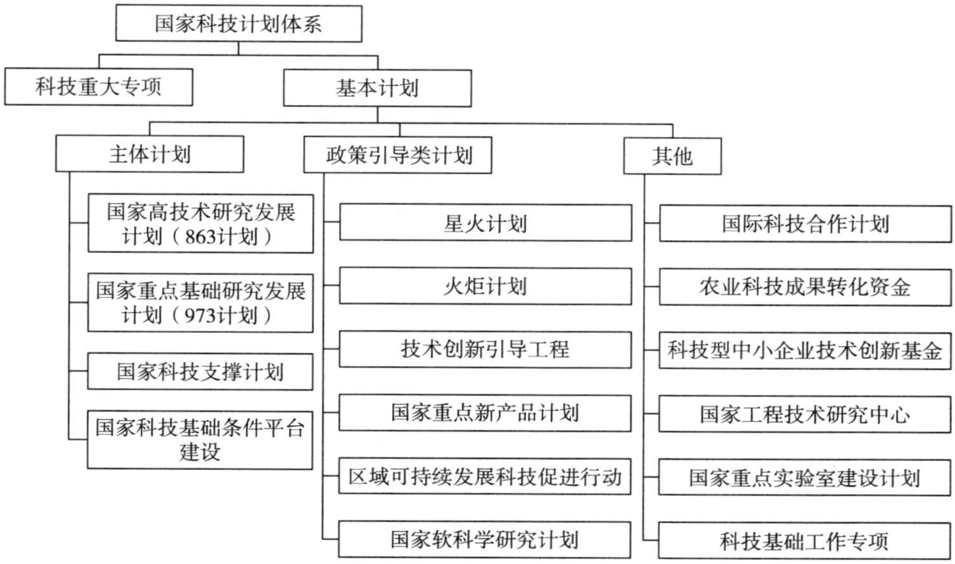

图3-11 国家科技计划体系

瞻性高技术问题，发展具有自主知识产权的高技术，统筹高技术的集成和应用，引领未来新兴产业发展的计划项目。863计划注重发挥部门、地方在重大项目组织管理中的作用，对一些面向重大战略产品和重大战略产业的前沿技术集成项目，鼓励并支持有条件的企业和高等院校、科研院所共同承担。

3.2.1.3 国家基础研究计划

国家基础研究计划是国家设立的以认识世界为驱动的自由探索性基础研究计划与以国家发展和安全战略需求为驱动的导向性基础研究计划。包括国家自然科学基金计划项目和国家重点基础研究发展计划项目（973计划）。973计划是具有明确国家目标、对国家的发展和科学技术的进步具有全局性和带动性的基础研究发展计划，旨在解决国家战略需求中的重大科学问题，以及对人类认识世界将会起到重要作用的科学前沿问题，提升我国基础研究自主创新能力，为国民经济和社会可持续发展提供科学基础，为未来高新技术的形成提供源头创新。

3.2.1.4 政策引导类计划

政策引导类计划是国家基本计划的重要组成部分，是加强地方科技工作、引导地方科技发展和企业技术创新的重要政策手段。政策引导类计划以增强自主创新能力，促进产学研结合，推进科技成果的应用示范、辐射推广和产业化发展，加速高新技术产业化、促进区域可持续发展为宗旨。政策引导类计划以中央财政投入作为引导性消费，主要通过财政、税收、金融和产业政策措施相结合，加快体制和机制创新，大力引导科技要素向农村、企业聚集。主要包括星火计划、火炬计划、国家重点新产品计划等。

（1）星火计划。星火计划主要服务农民、农村企业、农村专业化合作组织，服务农村科技成果转化应用及其环境建设，服务县域，发展县域经济，促进农民增收和新农村建设。星火计划的主要内容是支持利用农村资源、投资少、见效快，先进适用的技术项目；建立科技先导型示范企业，引导乡镇企业健康发展，为农村产业和产品结构的调整作出示范；开发适用于农村、适用于乡镇企业的成套设备并组织批量生产；发展高产、优质、高效农业，推动农村社会化服务体系的建设和农村规模经济发展。

（2）火炬计划。火炬计划的主要内容是建设和发展高新技术产业开发区、高新技术创业服务中心，以及火炬计划项目等。高新技术产业开发区是以智力密集和开放环境条件为依托，主要依靠我国自己的科技和经济实力，通过软硬环境的局部优化，最大限度地把科技成果转化为现实生产力而建立起来的、面向国内外市场、发展我国高新技术产业的集中区域。

高新技术创业服务中心是在汲取了国外企业孵化器成功发展经验的基础上，结合中国国情而建立起来的一种新型的社会公益型科技服务机构。其宗旨是创造局部优化环境，培育新的经济生长点，促进高新技术成果的商品化，从而孵化高新技术企业，为高新技术企业提供综合服务。

火炬计划项目是以国内外市场需求为导向，以国家、地方和行业的科技攻关计划、最新技术研究开发计划成果以及其他科研成果为依托，以发展高新技术产品、形成产业为目标，择优评选并组织实施的高科技产业化项目。通过火炬计划项目的实施，造就高新技术企业和企业集团。从“九五”开始，火炬计划通过认定重点火炬计划项目、认定重点高新技术企业（集团）、建立国家火炬计划软件产业基地等举措促进了企业特别是高新技术企业的科技发展。

（3）国家重点新产品计划。国家重点新产品计划是国家科技计划体系中科技产业化环境建设的重要组成部分，政策性引导和扶持，促进新产品开发和科技成果转化及产业化，加速科技产业化环境建设，推动企业的科技进步和提高企业技术创新能力，带动我国产业结构优化升级和产品结构调整，增强我国产品国际竞争力。新产品计划重点支持创新性强、技术含量高，拥有自主知识产权，对行业共性技术有较大的带动作用，积极研究、制定或采用国际标准、国内外先进技术标准的新产品开发和试制工作，特别加强对装备制造业和能够促进解决农业、农村、农民问题的新产品的支持。

3.2.2 我国科技计划执行情况

3.2.2.1 我国科技计划项目执行数量

从2003年到2012年我国经济建设经历了“十五”“十一五”“十二五”三个五年规划阶段，在此期间国家科技计划和中央财政支持促进了科技项目的实施。“十五”期间国家科技计划项目总数为46120项，“十一五”期间这一数字上升到51904项。“十二五”的前两年中，2011年国家计划安排课题14557项，其中重大专项657项，政策引导类计划及专项13597项，重大科技创新基地建设项目79项；2012年国家科技计划项目总数15591项，其中国家科技重大专项项目613项，国家重点基础研究发展计划、863计划、科技支撑计划、国际科技合作计划1136项，政策引导类计划4978项，重大科技创新基地建设项目35项，其他专项项目8829项。

表3-3 我国科技计划项目数量① 单位：项

年份	国家重点基础研究发展计划	863计划	科技支撑计划	国际科技合作计划	星火计划	火炬计划	重点新产品计划	科技型中小企业技术创新基金	国家科技计划项目总数
2003	27	1296	—	88	1264	1532	1503	—	9633
2004	31	1070	—	143	1692	1428	1595	—	9411
“十五”期间	143	6473	—	—	6811	7146	7548	—	46120
2006	72	2841	147	276	2249	3515	1800	1905	14110
2007	81	2520	259	170	1834	1850	1485	2113	11896
2008	79	1220	140	233	1645	1876	1645	2470	11060
2009	123	110	111	292	454	131	337	5855	11702
“十一五”期间	497	8216	729	1462	57087	7409	6461	15920	51904
2011	191	82	233	352	2167	2108	1384	6545	14557
2012	187	229	391	329	1473	2139	1206	7436	15591

资料来源：根据《中国科技统计年鉴》整理。

① 国家科技计划项目总数包括国家科技重大专项项目、国家重点基础研究发展计划、863计划、科技支撑计划、国际科技合作计划、政策引导类计划、重大科技创新基地建设项目、其他专项项目，表格里列示的是其中对企业R&D投资具有较大影响的项目，因此表格里的各分项项目之和不等于项目总数。

通过表 3－3 可以看到，我国科技计划在项目执行方面存在着连贯性不强、随意性大的问题。例如“863 计划”中 2008 年之前各年项目数均超过 1000 项，特别是 2006 年和 2007 年的“863 计划”项目数超过 2000 项，而 2009 年的“863 计划”项目数急剧下降到 110 项，2011 年仅有 82 项；科技支撑计划在 2003～2012 年也呈现上升、下降再上升的趋势（2006 年 147 项，2007 年上升为 259 项；2008 年和 2009 年分别下降为 140 项和 111 项；2011 年和 2012 年又分别上升为 233 项和 391 项）；2007 年国际科技合作计划和重点新产品计划突然下降为 170 项和 337 项。虽然这种年度之间科技计划不连续的原因可能是经济周期的影响，但是必将影响科技主体创新的连续性和积极性。

3.2.2.2　我国科技计划资金投入情况

表 3－4 显示，政府对科技计划的资金投入逐年增多，但也显示出一定的波动性。与企业 R&D 活动相关的科技计划，如国家重点基础研究发展计划、863 计划、科技支撑计划、国际科技合作计划、星火计划、火炬计划、重点新产品计划和科技型中小企业技术创新基金在 2009 年政府分别投入资金 127.15 亿元、51.15 亿元、50 亿元、4.67 亿元、2.19 亿元、2.28 亿元、2 亿元和 34.84 亿元。2011 年除国家重点基础研究发展计划政府拨款大幅下降到 45 亿元外，其他项目均稳步上升。但是 2012 年政府在国家重点基础研究发展计划、国际科技合作计划、星火计划、火炬计划、重点新产品计划等项目上的投资均有所下降。

表 3－4　我国科技计划资金投入　　单位：亿元

年份	国家重点基础研究发展计划	863 计划	科技支撑计划	国际科技合作计划	星火计划	火炬计划	重点新产品计划	科技型中小企业技术创新基金	基本计划项目总额
2006	13.54	37.95	30	—	2.97	1.08	—	—	115.06
2007	16.4	44.4	54.41	4	1.5	1.39	1.4	12.56	170.63
2008	19	55.92	50.66	4	2	1.52	1.5	14.62	175.75
2009	127.15	51.15	50	4.67	2.19	2.28	2	34.84	217.91
2010	—	—	—	15.9	2	—	—	—	—
“十一五”期间	—	240.61	—	28.02	8.71	8.46	8.29	—	93.28
2011	45	51.15	55	12.5	3	3.2	3	46.4	279.46
2012	40	55.15	64.26	7	2	2.2	2	51.14	296.83

资料来源：根据《中国科技统计年鉴》整理。

3.2.2.3 我国科技计划成果情况

表3－5显示，以专利数量和产值等指标衡量的科技计划主要成果在2007～2012年呈现先增后降的趋势。2008年和2009年科技计划所申请和授权的专利数量达到最大值，特别是2009年科技计划新增产值、净利润、缴税等指标均达到峰值。然而在2011年和2012年，无论是以专利表示的还是以产出表示的，科技计划产出均呈现下降趋势。这说明我国科技计划所产生的成效有所衰减，探讨如何使有限的政府投入获得更高的经济效益十分有必要。

表3－5 我国科技计划成果①

年份	申请专利（项）	授权专利（项）	新增产值（亿元）	净利润（亿元）	缴税（亿元）
2007	9725	2733	3992.74	478.7	279.9
2008	20514	5701	4309.66	500.5	276.16
2009	25881	8341	4370.56	490.84	281.56
2011	16523	6792	5470.13	528.24	308.45
2012	19705	7446	4848.77	475.96	257.64

资料来源：根据《中国科技统计年鉴》整理。

3.3 我国政府研发资助企业创新投资现状分析

本节主要分析政府研发资助对企业创新投资的基本情况。由于已有文献、年鉴以及研究报告中并未将科技创新企业从企业总体中分离，因此缺乏科技创新企业的直接数据。但是通过上节分析可知，科技创新企业的研发投资在企业研发总投资中占比较大，因此分析政府对企业总体的研发资助情况可以间接说明政府研发资助对科技创新企业的作用效果。近年来我国政府对企业的研发资助逐渐增加，目的是通过提高企业科技创新的积极性，扩大企业研发投资规模来提高整个社会的科技进步速度，借此更有效地带动经济发展。根据《国家科技计划年度报告》公布的数据，2011年我国中央财政投入新启动项目中，企业承担经费占总经费的72%，说明政府十分重视对企业的科技投入支持。

① 其中申请专利和授权专利总数主要包括973计划、重大科学研究计划、863计划、科技支撑计划等；新增产值、净利润和缴税总额主要统计科技支撑计划、火炬计划和星火计划的成果总额。

3.3.1 我国政府研发资助企业情况分析

从各个分项科技计划来看，按照在研课题的比重来看，863 计划企业占比由 2008 年的 13.5% 增长到 2012 年的 38.6%。具体分布如图 3－12 所示：

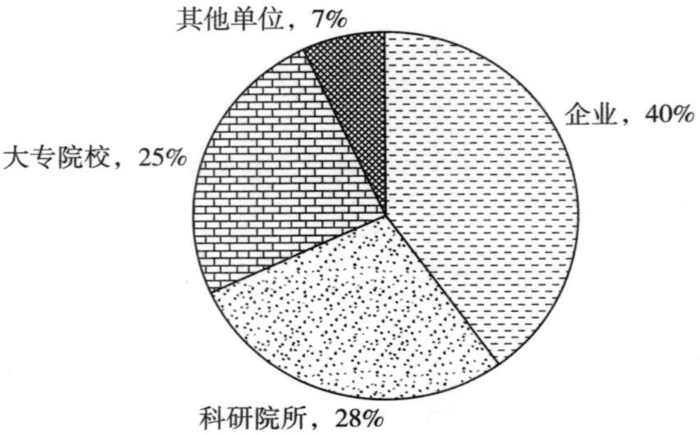

图 3－12　2012 年国家支撑计划政府经费按承担单位性质分布图

按照在研课题经费依托单位分布情况来看，863 计划政府对企业经费投入由 2008 年的 24.4% 上升到 42.8%，增长速度较快。国家科技支撑计划中 2012 年经费中企业占比为 39.7%。

星火计划按项目承担单位分布 2008 年企业占比 60.1%，2009 年企业占比 61.5%，2011 年和 2012 年这一比例提高到 64.3% 和 71.8%，呈现稳定增长趋势，如图 3－13 所示。2012 年，国家重点新产品计划重点围绕培育和发展国家战略性新兴产业，加大对拥有自主知识产权、技术含量高的创新产品支持，引导和鼓励企业增加新产品研发投入，提高企业技术创新能力，推动科技成果转化和产业化。2012 年共支持经费 2 亿元，其中战略性创新产品获得经费支持 39 项，平均支持 200 万元/项；重点新产品获得经费支持 249 项，平均支持 49.6 万元/项。

我国政府研发资助企业的实施成效显著，以我国新产品计划为例。首先，政府研发资助培育了一批具有自主创新标志性的新产品和创新型企业通过对战略性创新产品的引导，推动了新兴产业的发展，显著带动了行业的技术进步和区域创新发展；其次，培育了知名品牌和优势产业，提高了出口创汇规模，增加了企业经济效益和产品的美誉度，并且形成一批有较强市场竞争力、具有自主知识产权、知名品牌的产品，推动了产业结构和产品结构的升级；再次，引导企业增强自主创新意识，促进企业提高技术创新能力；最后，调动企业开发新产品，加强研发的积极性，吸引和鼓励企业不断加大科技投入力度。

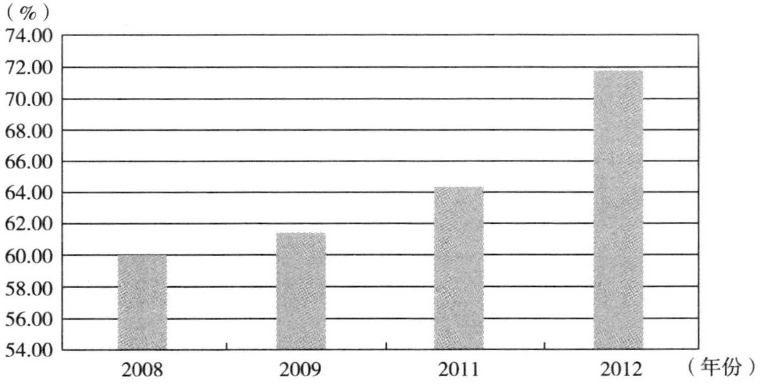

图 3-13 2012 年星火计划政府经费按承担单位性质分布图

3.3.2 R&D 经费内部支出和 R&D 经费外部支出现状

3.3.2.1 不同区域 R&D 经费内部支出水平分析

R&D 经费内部支出是指在研究与开发过程中所使用资产的折旧、消耗的原材料、直接参与开发人员的工资及福利费、开发过程中发生的租金以及借款费用等，用企业研发总支出减去政府 R&D 支出后的余额来表示，由于个别省份数据不连续和存在缺失，这里我们选取 25 个省份（见表 3-6）。

表 3-6 R&D 经费内部支出情况 单位：万元

序号	省份	平均值	最小值	最大值
1	湖北	153410. 2	63541. 9	230799. 2
2	陕西	118926. 4	49067	182135. 7
3	山东	108300. 5	14997	248126
4	江苏	36468. 8	17298	80761
5	四川	35334. 51	10337	73215. 2
6	北京	30440. 38	7585. 3	42928
7	贵州	26462. 22	9857. 8	57556. 2
8	河北	24201. 8	4460	39630
9	上海	23421. 78	13175	28974. 7
10	天津	20317. 33	1171	63346. 2
11	广东	11234. 53	1006	31497
12	甘肃	9764. 681	264. 3	17068. 5

续表

序号	省份	平均值	最小值	最大值
13	湖南	8974.288	305.7	41526
14	河南	8473.763	1532	15965
15	吉林	5814.025	265	13861
16	辽宁	5264.938	293	23824
17	山西	5251.188	139.5	18328
18	广西	4887.575	475.1	7986
19	江西	4869.225	168.5	14790
20	云南	4401.512	85	10966.9
21	黑龙江	4178.4	61	17846.1
22	海南	3923.012	198	6575
23	重庆	3264.713	442	6518.7
24	浙江	2981.725	735.1	7734
25	福建	1965.188	296	2972.6

资料来源：根据中国科技部、中国国家统计局和中国国家发展和改革委员会、EPS 数据库整理所得。

表 3－6 是 25 个省份在 2009～2015 年 R&D 经费内部支出的整体情况，由表可知，湖北、陕西、山东、江苏、四川、北京、贵州、河北、上海和天津 R&D 经费内部支出位列前 10，R&D 经费内部平均支出分别是 153410 万元、118926 万元、108301 万元、36469 万元、35335 万元、30440 万元、26462 万元、24202 万元、23422 万元和 20317 万元，且各个省份 8 年的平均 R&D 内部支出的相差也比较大；山东最大的 R&D 经费内部支出高达 24.8 亿元，湖北紧接其后，达到了 23 亿元。甘肃、湖南、河南、吉林、辽宁、山西、广西、江西、云南、黑龙江、海南、重庆、浙江和福建 R&D 经费内部平均支出均低于 1 亿元，重庆、浙江和福建 R&D 经费内部平均支出最低，仅分别为 3265 万元、2982 万元和 1965 万元。与全国平均 R&D 经费内部支出相比，仅有 7 个省份（湖北、陕西、山东、江苏、四川、北京、贵州）超过了平均值，有 18 个省份的 R&D 经费内部支出低于平均值。

3.3.2.2 不同区域 R&D 经费外部支出水平分析

R&D 经费外部支出是指政府及其相关部门为支持企业研发活动而进行的经费支出，一般来说是指国家财政预算内安排的科研支出，用企业研发总支出减去企业内部研发支出后的余额来表示，即政府研发资助＝企业研发总支出－企业内部研发支出。同样，由于个别省份数据不连续和存在缺失，这里我们选取 25 个省份，所有样本数据均来自于中国科技部、中国国家统计局、中国国家发展和改革委员会和 EPS 数据库，数据结果由 stata 处理得到（见表 3－7）。

表 3－7 R&D 经费外部支出情况 单位：万元

序号	省份	平均值	最小值	最大值
1	江苏	7086.725	419	23183.6
2	黑龙江	7041	7041	7041
3	陕西	4120.863	333	9040
4	四川	2511.475	55	7810.2
5	山东	2439.225	476	5236
6	湖北	1931.488	138	5153
7	北京	1755.575	77.9	3880
8	上海	1380.025	107	5418.5
9	甘肃	1358	700	2016
10	河南	902.425	255	2819.6
11	河北	734.0625	27	1956.1
12	广东	542.45	5	1185
13	贵州	384.8625	14.5	1223
14	山西	276.1625	25	581
15	天津	251.95	3	895.6
16	海南	189.3857	85	321
17	江西	159.1571	3.6	414.9
18	云南	155.5625	2	498.2
19	湖南	138.4714	23	519.1
20	广西	113.7	8	359
21	重庆	84.3875	10.6	210
22	浙江	68.2	11	95
23	吉林	15	15	15
24	福建	11.125	5	28
25	辽宁	7.25	0.5	14

资料来源：根据中国科技部、中国国家统计局和中国国家发展和改革委员会、EPS 数据库整理所得。

表 3－7 是 25 个省份 R&D 经费外部支出情况，由表可知，江苏、黑龙江、陕西、四川、山东、湖北、北京、上海、甘肃和河南 R&D 经费外部支出位列前 10，R&D 经费外部平均支出分别是 7087 万元、7041 万元、4121 万元、2511 万元、2439 万元、1931 万元、1756 万元、1380 万元、1358 万元和 902 万元，差距

较大；与全国平均 R&D 经费内部支出相比，仅有 9 个省份（湖北、陕西、山东、江苏、四川、北京、甘肃、黑龙江、上海）超过了平均值，有 16 个省份的 R&D 经费内部支出低于平均值。另外，值得注意的是，重庆、浙江、吉林、福建和辽宁 R&D 经费外部支出（分别为 84 万元、68 万元、15 万元、11 万元和 7 万元）均处于较低水平，均不足 100 万元。与全国平均 R&D 外部支出水平相比，更是相差甚远。整体来看，我国对于各个地区资助 R&D 活动的经费存在很明显的差异特征，从平均值来看，政府对于江苏研发活动的资助数目是辽宁的 977 倍、福建的 637 倍、吉林的 472 倍。

3.3.2.3　R&D 经费内、外部支出所有变量年度数据的分析

表 3 – 8 是 R&D 经费内部支出和 R&D 经费外部支出所有变量历年支出情况，政府资助方面，2009 ~ 2016 年政府资助平均金额分别为 761.9545 万元、1184.238 万元、2071.493 万元、1355.81 万元、1817.489 万元、1312.875 万元、3143.41 万元和 2952.75 万元；企业研发支出方面，2009 ~ 2016 年企业研发平均金额分别为 19972.15 万元、25078.61 万元、31986.15 万元、38567.62 万元、20941.65 万元、20533.98 万元、27699.97 万元和 28585.98 万元，平均水平远高于政府资助金额。政府对企业研发活动的资助远低于企业自身的研发投入，也就是说企业自主创新能力的提高不能只是单独地依靠政府的扶持，更多还需要自身的研发投入，包括资金、人员、材料等各方面。从时间上看，企业 R&D 经费外部支出在 2009 ~ 2012 年是逐年上升的，2013 年、2014 年有所回落，2015 年、2016 年继续上升。R&D 经费内部支出整体上是增加的，除在 2012 年、2014 年、2016 年有所回落外。2016 年 R&D 经费内部支出是 2009 年的 1.4 倍，而 R&D 经费外部支出是 2009 年外部支出的 3.9 倍，可见，我国政府近些年对国家创新能力的提高非常重视，对国内高新技术企业给予的 R&D 资助增长非常明显。

表 3 – 8　R&D 经费内部支出和 R&D 经费外部支出所有变量年度描述性统计分析

单位：万元

年份	支出	政府资助
2009	19972.15	761.9545
	61	6
	146043	3242
2010	25078.61	1184.238
	139.5	0.5
	159980.3	6761

续表

年份	支出	政府资助
2011	31986.15	2071.493
	226	5
	234016	27085
2012	38567.62	1355.81
	198	8
	248126	7041
2013	20941.65	1817.489
	293	3
	171658	19254
2014	20533.98	1312.875
	462	2
	168404	18853
2015	27699.97	3143.41
	211.1	3.6
	230799.2	23183.6
2016	28585.98	2952.75
	168.5	20
	215204.3	22376.3

注：单个表格内从上到下依次为 R&D 外部经费支出金额与政府资助金额平均值、最小值、最大值。

3.3.3 政府 R&D 资助和高技术产业研发产出数据的分析

3.3.3.1 不同区域高技术产业研发产出水平分析

表 3－9 是不同区域高技术产业研发产出水平情况，本书的研发产出用高新技术企业拥有的发明件数来衡量产业研发产出水平，湖北、陕西、江苏、山东、北京、四川、上海、黑龙江、贵州和天津高技术产业研发产出位列全国前 10，研发产出均值分别为 854 件、455 件、383 件、300 件、183 件、178 件、128 件、79 件、78 件和 73 件，且各个省份 8 年的平均 R&D 产出相差也比较大；湖北最大的 R&D 活动研发产出水平高达 2045 件，陕西紧接其后，达到了 999 件。值得注意的是，广西、浙江、甘肃、江西和福建研发产出（分别为 9.5 件、9 件、6.6 件、6.2 件和 6 件）处于非常低的水平，均不足 10 件，这些地方的政府要抓紧找到本地区研发产出水平不高的原因，对当地高新技术企业的发展多加关注，

尽快完善相关鼓励政策大力激发当地技术创新的活跃度，增加自主创新能力，提高技术创新产出。与全国平均的研发产出水平相比，仅有 7 个省份（湖北、陕西、江苏、山东、北京、四川、上海）超过了平均值，这些省份研发产出水平较高的原因与之较高的 R&D 经费研发支出有密切关系，有 18 个省份的研发产出水平低于全国平均值，从本章第一节的分析中就可以发现低于平均研发产出水平的这些省份 R&D 经费研发支出也较低。

表 3-9　不同区域高技术产业研发产出水平情况　　单位：件

序号	省份	平均值	最小值	最大值
1	湖北	853.875	361	2045
2	陕西	454.5	89	999
3	江苏	383	75	967
4	山东	300.25	180	568
5	北京	182.875	19	448
6	四川	177.75	25	452
7	上海	127.5	47	325
8	黑龙江	78.66	11	116
9	贵州	78	8	226
10	天津	73.28	7	310
11	云南	48	2	175
12	重庆	45.875	3	155
13	湖南	43.875	1	164
14	广东	40.875	9	81
15	河北	40	1	125
16	河南	35.125	4	81
17	山西	15.42	1	43
18	辽宁	12.8	3	23
19	海南	11	11	11
20	吉林	10.75	1	21
21	广西	9.5	3	16
22	浙江	9	1	23
23	甘肃	6.6	1	12
24	江西	6.2	2	18
25	福建	6	1	14

资料来源：根据中国科技部、中国国家统计局和中国国家发展和改革委员会、EPS 数据库整理所得。

3.3.3.2 不同区域高技术产业人力投入水平分析

表3－10是不同省份高技术产业R&D活动人员投入情况，陕西、湖北、山东、江苏、四川、河北、贵州、北京、上海和天津高技术产业人力投入规模位列全国前10，R&D活动人员投入均值分别为5127人、4501人、1905人、1707人、1655人、1608人、1429人、895人、676人和608人，各省份之间的差异也比较大；辽宁、云南和福建的R&D活动人员投入（分别为82人、80人和50人）处于较低水平，均低于100人。与全国平均的R&D活动人员投入情况相比，仅有7个省份（陕西、湖北、山东、江苏、四川、河北、贵州）超过了R&D活动人员投入平均人数935人，再看看这些省份的研发产出水平除了河北省，均位列全国前9，可以判断研发产出水平与R&D活动人员投入情况也有着密切关系，有18个省份的R&D活动人员投入人数低于全国平均人数，从表3－10中也可以发现低于R&D活动人员平均投入人数的这些省份研发产出水平也大部分低于全国平均研发产出水平。

表3－10 不同区域高技术产业人力投入水平情况 单位：人

序号	省份	平均值	最小值	最大值
1	陕西	5126.799	3523.3	6669
2	湖北	4501.494	3394.4	5621.8
3	山东	1904.574	794	3815
4	江苏	1706.999	338.6	2462
5	四川	1654.863	743	2985
6	河北	1607.771	532.4	3025.2
7	贵州	1429.041	584.5	3513
8	北京	895.4175	348.74	1402
9	上海	676.2025	465.8	899
10	天津	607.8297	58	2234.8
11	河南	532.547	103	917
12	广东	398.9033	18.4	981
13	江西	391.7358	18.8	1155
14	山西	293.85	35	1189
15	黑龙江	267.5714	12	699
16	甘肃	251.3143	9.2	325
17	重庆	193.951	29	458.1
18	广西	163.2214	39	448.571
19	浙江	150.0283	70	255

续表

序号	省份	平均值	最小值	最大值
20	海南	148.9375	31	208
21	吉林	132.9676	1.5	352
22	湖南	128.5225	19.4	381
23	辽宁	81.97533	3	178.6
24	云南	80.02857	15	158
25	福建	50.0155	15.5	107.524

资料来源：根据中国科技部、中国国家统计局和中国国家发展和改革委员会、EPS数据库整理所得。

3.3.3.3 企业投入等所有变量年度数据的分析

表3-11是2009~2016年政府资助、产出、资产收益率、出口、人力和企业规模情况，数据结果由stata处理得到，单个表格内从上到下依次为平均值、最小值、最大值。政府资助方面，2009~2016年政府资助平均金额分别为5.46万元、5.74万元、5.66万元、5.92万元、5.73万元、5.15万元、6.18万元和6.41万元，除2011年、2013年、2014年有所下降外，整体上政府R&D活动资助金额是增加的；产出方面，2009~2016年企业产出平均金额分别为56.1万元、65.52万元、101万元、152.04万元、119.95万元、177.05万元、219.86万元和282.35万元，只有2013年企业产出金额下降32.09万元，剩余年份的产出均有所增加；资产收益率方面，2009~2016年资产收益率分别为182%、9%、9%、9%、8%、8%、7%和7%，呈现出逐年下降趋势；出口方面，2009~2016年出口金额均值分别为4.92万元、5.31万元、5.45万元、5.93万元、6.22万元、6.47万元、6.78万元和6.75万元，每年都有所增加；人力资本方面，2009~2016年企业人力平均人数分别为871人、1109人、971人、1168人、901人、950人、1096人和844人，总体上有轻微波动，但是波动范围不算大。

表3-11 所有变量年度数据的统计性分析

年份	政府资助	产出	资产收益率	出口	人力	企业规模
2009	5.46	56.1	1.82	4.92	871.49	0.87
	1.79	1	0.02	0	5.7	0.67
	8.08	361	14	10.34	4267.3	0.95
2010	5.74	65.52	0.09	5.31	1109.28	0.87
	-0.69	1	0.03	0.69	35	0.67
	8.82	404	0.18	10.79	4423.45	0.96

续表

年份	政府资助	产出	资产收益率	出口	人力	企业规模
2011	5.66	101	0.09	5.45	971.22	0.78
	1.61	1	0.04	0.00	5	0.60
	10.21	779	0.21	11.11	4562	0.88
2012	5.92	152.04	0.09	5.93	1168.08	0.80
	2.08	1	0.04	1.10	41	0.67
	8.86	616	0.24	11.35	5165	0.90
2013	5.73	119.95	0.08	6.22	900.64	0.80
	1.10	1	0.00	0.00	3	0.72
	9.87	614	0.21	11.57	5652	0.90
2014	5.15	177.05	0.08	6.47	949.5	0.79
	0.69	2.00	0.01	0.00	15	0.70
	9.84	967	0.21	11.78	6669	0.96
2015	6.18	219.86	0.07	6.78	1095.73	0.79
	1.28	9	0.01	0.00	18.4	0.65
	10.05	1325	0.24	11.93	6121.2	0.96
2016	6.41	282.35	0.07	6.75	843.5	0.79
	3.00	2	0.02	0.00	1.5	0.70
	10.02	2045	0.26	11.86	6175.2	0.94

注：单个表格内从上到下依次为 R&D 外部经费支出金额与政府资助金额平均值、最小值、最大值。

3.3.4 我国政府研发资助企业存在的问题

1990～2013 年政府财政科技支出从 139.12 亿元增长到 1.21 万亿元，按复率计算年增长率达到 2.99%。政府对企业研发资助的主要目的是通过研发资助带动企业科技投入，并最终提高全社会产出。然而逐年增长的政府科技支出并未显著提高全社会 R&D 的支出。2010 年全社会研发支出占 GDP 的比重为 1.76%，比 1990 年研发占 GDP 比重的 0.68% 增长了 2.6 倍，20 年中平均增长 0.13 倍，至 2011 年这一比例上升到 1.8% 以上，但仍没有达到国际上 2% 这一创新驱动的标志，与西方发达国家的 3% 左右的研发投入差距明显（顾晓敏、民建，2012）。

此外，虽然政府对科技的财政投入呈现持续增长的趋势，但是全社会的科技产出并未显著增加。以我国高技术产品出口额为例，2007 年研发投入的高技术出口额为 94%，至 2010 年这一数字下降为 69.7%。2009 年我国发明专利授权数为每亿元研发投入授权22.14件，至2010年下降为19.13件。从反映科技成果转化指标的技术市场成交额来看，2006年我国技术市场成交额占研发总额的60.5%，2010年这一指标下降到55.3%。说明政府科技投入的增加，并未达到理想的产出效果。

政府研发投入效果有待于提高，其原因可能是：首先，政府R&D投入过度追求明确的产出目标。企业的科技创新活动具有不确定性，科技含量越高，投入的风险越大。如果出于科技投入的成功率等原因，政府研发资助的目标是前景相对确定、风险相对较小的科技项目，那么政府财政对科技的投入不但不能引导企业增加科技投入，反而由于政府财政科技投入使得企业减少了研发经费，产生了政府研发投入的挤出效应。

其次，政府对企业的科技资助往往偏重于研发的上游，而非产品的末端市场，这样就不能通过拉动市场、提高市场需求来促进企业加大科技投入，即传统的政府研发资助大多采用供给政策。如果政府在对企业研发资助时不注重对需求的拉动，则可能会造成企业的惰性，甚至通过政府资金进行寻租。

最后，政府研发科技投入还存在着体制机制的障碍，由于科技创新不仅仅牵涉到科技部门，还牵涉到政府的其他部门甚至整个社会。政府财政科技投入可能造成企业重复立项以及资金的重复投入。

4 政府研发资助与科技创新企业特征

本章主要分析政府研发资助与科技创新企业所具备的特征，即科技创新企业的哪些性质能够影响其获得政府研发资助的可能性及资助规模。根据已有文献可以看到，理论上流动性、规模、盈利能力、研发创新水平、国有股比例等方面对科技创新企业是否能够得到政府研发资助都具有重要的影响作用。

4.1 理论分析与研究假设

4.1.1 流动性

在完善市场环境中，企业的一般投资决策仅仅取决于风险和投资收益。然而当企业进行的投资决策与研发和科技创新相关时，则研发投资决策将不仅取决于投资本身，还可能受到企业融资情况的影响。其原因是研发投资所产出的产品或服务具有公共品特征且风险大、期限长，企业难以通过外部融资解决资金问题，此时创新研发投资将不得不转而利用内部资金进行投资。当企业内部资金紧张、面临流动性压力时，研发投资将会受到严重的影响。为了解决在研发投资过程中面临的融资约束问题，政府可能根据流动性情况对企业进行研发资助。

Fazzari 等（1988）对美国制造业上市公司进行分析，发现具有较高融资约束的公司其现金流水平对投资的影响更大。此后大量研究 Hoshi 等（1991）、Kashyap 等（1994）、Hu 和 Schiantarelli（1998）等利用不同的样本和融资约束分类标准均证实了企业投资与流动性的紧密关系。企业研发投资是企业投资的重要组成部分，政府研发资助的目的之一就是要降低企业研发投资过程中可能面临的融资约束，拉动企业研发创新能力，进而带动全社会的科技发展。企业内部流动性越强、资金越充裕，由于融资约束抑制研发投资的可能性越小，政府就越没有必要对其进行研发资助；相反企业流动性越弱、内部资金越紧张，越有可能由于融资约束而降低其研发创新投资，此时政府就有必要提供研发资助以提高企业研发投资。特别地，对科技创新企业而言，其风险大、信息不对称程度高等特性决定了外部融资的交易成本较大，因此科技创新的研发投资就可能更依赖于内部资金，因此本书提出如下假设：

假设1：科技创新企业流动性与政府研发资助负相关。

4.1.2 盈利能力

科技创新企业研发投资的主要特点是高风险、长周期以及创新产出的公共品特征。科技创新企业的盈利能力状况直接影响其在风险环境下对自身发展状况的评估。较高的盈利能力可能增加科技创新企业抵御风险的能力，因而愿意进行研发投资，然而为了保持盈利能力的高水平，科技创新企业也可能降低研发投资以避免其高风险性而对盈利能力的影响；反之，盈利能力较低的科技创新企业可能愿意承担高风险的研发项目以换取未来高增长，也有可能因为盈利能力水平低，缺乏创新能力和条件而降低研发投资。

Khanna 和 Iansiti（1997）通过对世界各主要国家大型计算机业的实地考察，发现当企业拥有更多资源时，更倾向于进行更多的技术创新和研发投资。盈利能力较强的企业科技水平较高，在研发投资上具有较大优势，往往不需要政府资金扶持也能够进行充足的研发投入；而盈利能力较弱的企业技术含量低，缺乏创新投资所需要的资源，此时需要政府进行资金干预。鉴于此，本书提出如下假设：

假设2a：科技创新企业盈利能力与政府研发资助负相关。

另外，Bowman（1980）则认为处于高盈利水平企业的决策者不愿意进行高风险投资行为；处于低盈利水平的企业决策者则愿意采取高风险投资行为。盈利能力较弱的企业创新动力可能反而较强，期望通过创新投资提高盈利能力，此时不需要政府资金支持也能增加研发投入；而盈利能力较强的企业，为了维持现状其创新动力反而不足，此时需要政府的资金支持。因此提出假设2a的备择假设：

假设2b：科技创新企业盈利能力与政府研发资助正相关。

4.1.3 企业规模

科技创新企业研发投资决策是企业研发能力与研发意愿共同作用的结果，具有研发投资所需要的资源禀赋是科技创新企业研发投资的基本条件，但是当科技创新企业规模逐渐增大时，其在市场中的优势地位将降低其研发意愿，进而可能产生降低研发投资的结果。多项研究发现企业研发投资与企业规模的关系并不一致，而是随着企业规模的变化而变化。柴俊武和万迪（2003）认为企业研发投入最初与企业规模呈正相关关系，而后随着企业规模的增大而减少。金玲娣和陈国宏（2001）发现企业研发投入与规模首先呈现负相关关系，然后转变为正相关关系，最后转变为负相关关系。在企业规模和研发投资关系复杂且不断变化的过程中需要政府的研发激励政策进行调节。通常情况下政府在执行研发资助策略时，会将支付的资助能否带来进一步的社会效应这一问题作为决策的主要依据。科技创新企业规模代表了企业的社会影响力，对于规模较大的科技创新企业进行研发资助，往往会带动更多的社会创新活动。因此本书提出如下假设：

假设3a：科技创新企业规模与政府研发资助正相关。

然而，Soete（1979）分析了1975～1976年美国700家大公司的数据，发现R&D投入强度与企业规模呈现正相关关系，且正相关性在员工超过5000人的大企业中尤为明显。王任飞（2005）也发现企业研发支出规模与企业规模显著正相关。当企业因规模变大而增加研发投入时，不需要政府的激励政策，因此提出备择假设3b：

假设3b：科技创新企业规模与政府研发资助负相关。

4.1.4 国有股比例

通常上市公司产权具有多样化的特点，而多种产权中唯有国有资本最容易产生主体虚置的问题，从而造成企业国有股比例越高越容易出现委托代理问题。国家股的所有者是国家，无法落实到具体的自然人或法人上，国家股权只能委托国家股代表或代理人代为行使权力。而作为国家股的代理人并不具有企业资产或收益的所有权或受益权，不受产权约束，并且缺乏监督激励机制，这便从根本上形成了国有股的委托代理问题。国有股比例越高，可能形成的委托代理问题越严重。而科技创新企业研发投资具有较高的风险性和信息不对称性，委托代理问题严重的科技创新企业，无法保证政府研发资助所期望达到的预期效应。因此本书提出下列假设：

假设4：科技创新企业的国有股比例与政府研发资助负相关。

4.1.5 政治联系

企业所面临的市场环境较差时，如市场化程度低、金融体制不健全、法制不健全等问题，企业的政治参与或政治联系的意愿越强（Faccio，2006）。通过政治联系，科技创新企业可以在资源配置过程中获得更多的稀缺资源。Bai等（2006）认为在转型期，企业可能通过高管或大股东政治联系向政府争取更多的资源。对于企业研发等科技创新的财政补贴可能成为企业谋求政治联系的寻租对象。吴文锋等（2009）认为如果企业高管具有政府层级背景，那么企业更有可能获得相关政府部门的认定和审批。当然由于研发投资的信息不对称性，具有政治联系的企业可能更容易释放信号（Zheng，2008），从而获得更多的政府研发资助。因此提出如下假设：

假设5：科技创新企业的政治联系与政府研发资助正相关。

4.1.6 自主性研发投资规模

政府研发资助的主要目的是激励自主性研发投资，进而带动全社会创新投资。在执行研发资助决策时，当然需要考虑科技创新企业自身的研发投资能力。科技创新企业自主性研发投资规模较大时，说明企业研发创新的意愿较强，政府创新资助在降低研发成本和研发风险情况下，能够有效带动自主性研发投资，此时政府研发资助与科技创新企业研发规模呈正相关关系；而当自主性研发投资规模达到一定水平时，政府通过研发资助以带动科技创新企业创新活动的必要性就大大减少，此时自主性研发规模越大，所获得的政府研发资助将越少。因此本书提出如下假设：

假设6：政府研发资助与科技创新企业自主性研发规模呈现先递增后递减的倒“U”形关系。

4.2 研究设计

4.2.1 样本选择与数据来源

4.2.1.1 样本选择

按照中国证监会《上市公司行业分类指引》(2012年修订)，上市公司的行业应分为农林牧渔业、采掘业、制造业、电力煤气及水的生产和供应业、建筑业、交通运输、仓储业、信息技术业、批发和零售贸易、金融和保险业、房地产业、社会服务业、传播与文化产业、综合类等19个门类。本书选取了2008年以前上市的科技创新企业较为集中的电子、医药和生物制造、信息技术、机械设备仪表四个行业的A股上市公司为样本，其中电子、机械设备仪表以及医药和生物制造均属于制造业行业大门类。样本期间为2008~2013年。

4.2.1.2 数据来源

(1) 政府研发（R&D）资助数据通过中国证券监督管理委员会指定的上市公司数据披露网站巨潮资讯网（http：//www. cninfo. com. cn/）所披露的上市公司年报中手工整理得到。政府资助主要包括与资产相关和与收益相关两个主要类型。其中，与资产相关的政府资助用于购建或以其他方式形成企业长期资产；与收益相关的政府资助是除与资产相关之外的政府资助。根据上市公司相关会计政策规定，会计期末公司符合政府资助政策相关规定并且预计能够收到相应政府资助资金的，按应收金额确认。除此之外，政府资助应在实际收到时确认。与资产相关的政府资助，首先确认为递延收益，并应在相关资产使用寿命内平均分配计入当期损益；与收益相关的政府资助，如用于补偿已发生的相关费用或损失的，直接计入当期损益，否则应确认为递延收益，并在确认相关费用的期间，计入当期损益。为了得到企业当期实际收到并用于补偿当期损益的政府研发资助，本书通过手工搜集科技创新上市公司年报全文以及附注中披露的“营业外收入”中的“政府补助明细”的各个政府补助项目，选择其中披露的对于企业“研发项目”“科技项目”“专利资助”“科研奖励”等项目的政府资助总和确认为特定年度得到的政府研发资助。对于不同年度披露数据不一致的情况，则根据较晚年度上市公司年报披露的数据进行修正。

（2）其他变量数据从国泰安信息技术有限公司（GTA）的 CSMAR 数据库收集得到，并进一步对相应变量取值与公司年报中披露的数据进行复核和补充。

4.2.2 变量选择

4.2.2.1 被解释变量：政府研发资助

解维敏等（2009）对政府研发资助变量的数据收集方法是根据与政府研发资助有关的“政府补助”和“专项应付款”两个会计科目进行确认。然而“政府补助”在上市公司财务报表中的“营业外收入”中披露属于当期损益，而“专项应付款”则属于递延收益。根据证监会对政府补助会计处理的相关规定，当政府补助与资产相关时，首先确认为递延收益，并在相关资产使用寿命内平均分配，同时计入当期损益。这就造成了政府研发资助在当期损益和递延收益两项中被重复计算的情况。因此本书的政府研发资助变量仅根据上市公司年报及附注中“营业外收入”“政府补助明细”中披露的符合“政府研发资助是国家为了促进企业技术创新而给予的补贴”这一原则的各项加总而得到。这样避免了政府研发资助被重复计算的情况。

4.2.2.2 解释变量

（1）现金流变量。Fazzari 等（1988）、Hoshi 等（1991）、Kashyap 等（1994）、Hu 和 Schiantarelli（1998）等研究利用不同的样本和融资约束分类标准证实了融资约束下企业存在投资—现金流敏感性，即融资约束的企业其投资受到现金流量的影响。研发投资是科技创新企业投资的重要组成部分，研发投资水平不仅受研发产出成果的公共品特征的影响，也受到企业现金流是否充足的影响。政府研发资助就是要降低企业研发投资过程中可能面临的融资约束。现金流变量可以在一定程度上反映企业所面临的融资约束，现金流充足时企业面临的融资约束情况较少，反之现金流紧张反映了企业难以得到充足的研发投资资金支持。因此企业现金流情况可能影响政府研发资助决策。

（2）盈利能力变量。企业盈利能力是反映企业经营效率的指标，在考虑营业成本的情况下，企业盈利能力越强，企业管理者获取利润的能力就越强。政府在执行研发资助政策时，可能会考虑研发资助的短期效应，因此倾向于对盈利能力较高的科技创新进行研发资助。本书选取反映企业盈利能力的两个指标经营利润率变量和资产收益率变量。

（3）企业规模变量。企业规模用总资产的自然对数值表示。企业规模在一定程度上反映了企业的社会影响力，企业规模越大，其创新投资对整个社会的带动作用可能越大。此外公司规模影响技术创新，与小企业相比，大企业更具有创新的积极性（熊彼特，1979），而小公司在技术创新方面可能更具有灵活性优势（解维敏，2009）。政府在研发资助时可能会考虑科技创新的企业规模这一因素。

（4）市场价值变量。科技创新企业研发投资决策受到企业市场价值的影响，市场价值高的科技创新企业为了保持市场认可度即使得不到政府激励依然持续进行创新性投资，同时由于研发投资高风险的特征也有可能偏向保守从而减少研发投资，此时则需要政府资助；相反，市场价值低的企业也有可能受到不同动因的影响而进行截然相反的研发投资决策。这需要政府在执行研发资助决策时进行具体甄别，因此科技创新企业的市场价值可能成为影响政府研发资助的重要因素。

（5）国有股比例变量。我国正处于转型经济时期，市场机制无法充分发挥资源配置的作用，政府在资源配置的过程中发挥了重要的调节作用。国有企业与政府之间的联系往往使其在资源配置过程中具有禀赋优势，同样在政府研发资助环节可能比其他类型的企业更具优势。随着我国股权分置改革，虽然国有上市公司的比例降低，但是国有股比例在一定程度上仍可能会影响政府研发决策。

（6）高管政治联系变量。在转型期政府调节市场的背景下，企业可能通过高管或大股东政治联系向政府争取更多的资源（Bai et al.，2006）。Chen 等（2005）、Faccio（2006）等研究也说明了企业所面临的市场环境越差（包括市场化程度低、政府管制多、金融体制不健全等），企业的政治参与或政治联系动机越强。因此，高管政治联系也可能是影响政府研发资助的主要因素。

4.2.3 模型设计

针对科技创新上市公司可能存在的没有对政府研发资助进行充分披露，以及在数据收集过程中的偏误问题，本书首先将被解释变量“政府研发资助”设定为哑变量。当科技创新企业披露政府研发资助时取值为 1，否则为 0。当被解释变量为哑变量时，可以选择 Logit 和 Probit 回归模型。考虑到本书解释变量中连续性变量较多，在此选择对样本数据进行 Probit 回归。

$$\Pr(gov\_dum_{it}=1)=\Phi(X_{it}\beta_i)$$
$$=\Phi(cf_{it},\ state_{it},\ profit_{it},\ roa_{it},\ size_{it},\ poli\_dum_{it},\ Tobin'sQ_{it},\ rd\_ratio_{it}) \quad (4-1)$$

政府在执行研发资助决策时，往往具有一定的前瞻性，这就存在并非科技创新上市公司自变量的当期值影响政府研发资助，而是存在滞后期的自变量影响政府研发资助的情况。为了不损失过多的自由度，这里运用自变量滞后一期进行回归，如模型（4－2）所示：

$$\Pr(gov\_dum_{it}=1)=\Phi(X_{it-1}\beta_i)$$
$$=\Phi(cf_{it-1},\ state_{it-1},\ profit_{it-1},\ roa_{it-1},\ size_{it-1},\ poli\_dum_{it-1},\ Tobin'sQ_{it-1},\ rd\_ratio_{it-1}) \quad (4-2)$$

其中，Φ（·）表示标准正态分布函数；gov_dum 为政府研发（R&D）资助哑变量，当上市公司得到政府研发（R&D）资助时取值为 1，否则取值为 0；现金流变量 cf 用“经营活动现金流”自然对数值表示；state 用上市公司国有股与发行股总数之比表示；profit 为经营利润率；资产报酬率 roa 代表样本公司盈利能力；企业规模 size 用总资产的自然对数值表示；政治联系 poli_dum 为哑变量，当上市公司前十大股东存在政治关联时取值为 1，否则取值为 0；Tobin'sQ 为企业的市场价值与资本重置成本之比；rd_ratio 为上市公司研发投资占总资产的比率。

4.3 描述性统计及相关性分析

4.3.1 描述性统计

表 4－1 列示了样本科技创新企业 2008～2013 年各变量的总体特征。可以看到：①政府研发资助变量 ln_gov_{it} 在样本间差距较大，平均值在 10000000 元水平上，而最大值达到了上亿元人民币且标准差较大。由于本书的研究样本选择的是研发创新较为集中的电子、医药和生物制造、信息技术、机械设备仪表四个行业的科技创新企业，因此说明政府在选择具体企业执行研发资助政策时，具有一定的选择性，政府对科技创新企业的研发资助不具有普惠性。②科技创新企业的经营现金流的对数值 cf_{it} 平均为 18.63，中值为 18.50，标准差为 1.61，说明科技创新企业经营现金流分布较为集中，但是也存在一定的差距，这从最大值 23.94 和最小值 7.01 上可以体现。③样本科技创新上市公司股权性质 $state_{it}$ 有一定的差异，国有股比例最高为 0.81。④科技创新上市公司盈利能力方面，经营利润率

$profit_{it}$情况较好，均值为 18.48，而资产收益率 roa_{it} 差距较大，最大值为 20.79，最小值为 -64.82。⑤科技创新企业的规模 $size_{it}$ 分布较集中，中值为 21.54，均值为 21.61。⑥Tobin'sQ_{it} 值反映了市场对科技创新企业的认可程度，同时也反映科技创新企业的投资机会，样本 Tobin'sQ_{it} 值差异较大，最大值达到 14665.54，最小值仅为 -7.67。⑦样本科技创新上市公司的研发投资比率 rd_ ratio 差距较大，最大值达到 1.61，而平均研发投资率仅为 0.028。

表 4-1　变量描述性统计

变量	中值	均值	标准差	最小值	最大值
gov_{it}	1687000	1.01e+07	6.04e+07	0	2.15e+09
cf_{it}	18.50	18.63	1.61	7.01	23.94
$state_{it}$	0	0.08	0.16	0	0.81
$profit_{it}$	18.70	18.48	1.59	11.92	24.45
roa_{it}	0.041	0.03	1.34	-64.82	20.79
$size_{it}$	21.54	21.61	1.24	10.84	26.65
Tobin'sQ_{it}	1.73	12.86	362.11	-7.67	14665.54
rd_ ratio	0.02	0.028	0.06	0	1.61

表 4-2 和图 4-1 显示了分年度统计的政府研发资助和科技创新企业研发投资自然对数值得到的年度平均值。可以看到 2008 ~2013 年政府研发资助和科技创新企业研发投资均逐年增长，并且二者的增长速度呈现了一致性特征。

表 4-2　政府研发资助和科技创新企业研发投资年度分析

变量	2008 年	2009 年	2010 年	2011 年	2012 年	2013 年
ln_gov_{it}	14.0304	13.88139	14.19642	14.52691	14.54201	14.56755
ln_rd_{it}	16.73733	16.76285	17.03297	17.57005	17.88601	18.11965

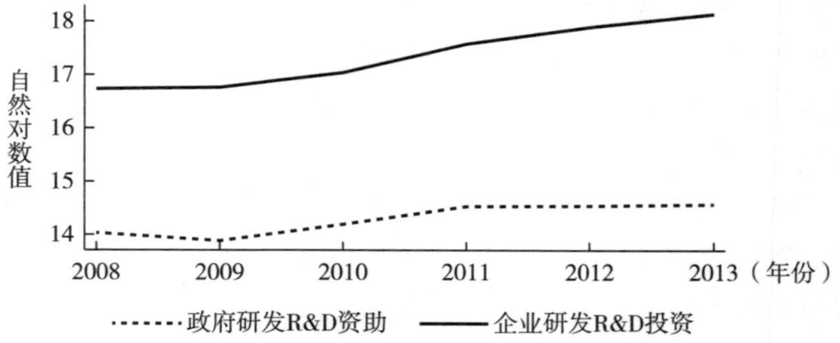

图 4-1　政府研发资助与科技创新企业研发投资时序图

资料来源：笔者绘制。

4.3.2 变量相关性分析

表4－3列示了政府研发资助与各解释变量的Pearson相关性分析结果。可以看到企业现金流变量与政府研发资助的自然对数呈现显著的正相关关系，显著性达到1%；此外，科技创新企业经营利润以及企业规模也在1%的显著性水平下与政府研发资助呈正相关关系。科技创新企业Tobin'sQ值与政府研发资助在10%的水平下呈显著负相关关系，科技创新企业国有股比例与政府研发资助呈现负相关关系但不显著。

表4－3 政府研发资助与解释变量相关性分析

	ln_gov_{it}	cf_{it}	$state_{it}$	$profit_{it}$	roa_{it}	$size_{it}$	$Tobin'sQ_{it}$	rd_ratio
ln_gov_{it}	1	0.228*** (0.000)	−0.040 (0.142)	0.226*** (0.000)	0.008 (0.770)	0.349*** (0.000)	−0.048* (0.073)	0.007 (0.814)
cf_{it}	0.228*** (0.000)	1	0.034 (0.202)	0.653*** (0.000)	0.264*** (0.000)	0.663*** (0.000)	−0.034 (0.210)	−0.002 (0.938)
$state_{it}$	−0.040 (0.142)	0.034 (0.202)	1	0.052* (0.060)	−0.038 (0.154)	0.051* (0.057)	−0.178*** (0.000)	0.011 (0.704)
$profit_{it}$	0.226*** (0.000)	0.653*** (0.000)	0.052* (0.060)	1	0.576*** (0.000)	0.724*** (0.000)	0.040 (0.146)	−0.005 (0.867)
roa_{it}	0.008 (0.770)	0.264*** (0.000)	−0.038 (0.154)	0.576*** (0.000)	1	0.002 (0.931)	0.498*** (0.000)	0.086*** (0.003)
$size_{it}$	0.349*** (0.000)	0.663*** (0.000)	0.051* (0.057)	0.724*** (0.000)	0.002 (0.931)	1	−0.289*** (0.000)	−0.082*** (0.004)
$Tobin'sQ_{it}$	−0.048* (0.073)	−0.034 (0.210)	−0.178*** (0.000)	0.040 (0.146)	0.498*** (0.000)	−0.289*** (0.000)	1	0.048* (0.094
rd_ratio	0.007 (0.814)	−0.002 (0.938)	0.011 (0.704)	−0.005 (0.867)	0.086*** (0.003)	−0.082*** (0.004)	0.048* (0.094)	1

注：***、**、*分别表示1%、5%、10%的显著性水平。

4.4 实证结果分析

4.4.1 Probit模型实证结果与分析

模型（4－1）的回归结果如表4－4中第（1）、第（2）列所示，模型（4－

1）对样本科技创新企业自变量当期值和政府研发资助哑变量进行回归。从第（1）列可以看到科技创新企业现金流 cf_{it} 在模型（4－1）中对政府研发资助的影响方向为负，但是无法通过显著性检验，假设 1 得到部分验证；国有股比例 $state_{it}$ 的系数在 5% 的显著性水平下为－1.03，这意味着政府对科技创新企业进行研发资助时并不会因为国有股比例高而增加研发资助，反而会因为国有股比例高而减少对其创新资助的规模。许小年和王燕（2000）的研究发现企业业绩与国有股比例呈负相关关系，特别地，股权结构中没有国有股的企业绩效优于有国有股的企业，主要股东不包括国家的企业绩效，显著比主要股东包括国家的要好。白俊和王生年（2009）也认为国有股比例增加并逐渐成为控股股东时，由于其政治干预程度的增加，对企业业绩产生负面影响。由于国有股的产权主体虚置，而影响了科技创新企业的创新能力和研发投入意愿，政府的研发资助可能难以达到期望的创新拉动作用，因此国有股比例与政府研发资助呈现显著负相关关系，假设 4 得到验证。

样本公司经营利润 profit 对政府研发资助的影响方向为负，但是没有通过显著性检验。资产收益率 roa 的系数为－4.939916，并且在 5% 的显著性水平上显著，说明在其他条件不变的情况下，资产收益率增加 1 个百分点获得政府研发资助的概率将减少近 5 个百分点。roa 衡量单位资产创造的净利润，资产收益率越高说明企业单位资产的获利能力越高，进而可能刺激科技创新企业进行研发投入，那么政府通过研发资助激励企业创新投资的必要性就会大大减少。戴小勇、成力为（2013）运用门槛面板数据模型研究了企业研发投入强度对企业绩效的非线性影响，发现研发强度在一定范围时，研发对资产收益率的促进作用最明显，资产收益率的提高在某种程度上有益于促进科技创新企业的研发活动。因此当企业资产收益率提高时，政府应减少对其研发资助以避免对企业资助创新投资的挤出作用，假设 2a 得到验证。

政府研发资助与企业规模 size 在 1% 的显著性水平上呈现正相关关系，系数为 0.974，说明政府对科技创新企业的研发资助受到企业规模的影响，企业规模越大，政府为鼓励其研发投资而支付的研发资助的可能性越大。不同企业研发效率的差异或源于规模效率的差异（成力为等，2011），反过来政府对科技创新企业的研发资助决策也可能在充分考虑企业规模的情况下进行。企业规模在一定程度上代表着社会影响力，在其他情况相同的情况下，大企业研发投入带动的整体社会创新效果可能越大，验证了假设 3a。

高管政治联系哑变量 poli_dum 对政府研发资助的影响方向为正，反映了科技创新企业高管具有政治层级背景，可能容易获得政府创新性资助，但是这一变量关系没有通过显著性检验。余明桂等（2010）认为企业受制度落后的影响，可能难以保护其产权，也难以获得发展所需的包括资金在内的稀缺生产要素，因此建立政治联系可以克服企业发展面临的落后的制度环境的弊端，帮助企业发展。Cull 和 Xu（2005）认为企业政治联系表明企业具有更好的发展前景或社会贡献，Zheng（2008）也认为在信息不对称条件下，政治联系可能发挥企业发展前景和社会声誉良好的信号作用，因此政治联系有利于企业获得更多的政府补贴（余明桂等，2010）。然而政府补贴的项目较多、目的多样化，不仅包括研发创新补贴，还包括增值税返还、所得税返还、财政综合补贴等。因此政治联系对财政补贴的正向影响作用可能没有完全反映到研发创新资助方面，这可能是 poli_ dum 系数为正却不显著的主要原因。

Tobin'sQ 值对企业获得政府研发资助的影响为正，系数为 0.181 且通过了 5% 的显著性检验。说明政府创新资助决策充分考虑了市场对科技创新企业的定价，科技创新企业的 Tobin'sQ 值高意味着投资机会良好、市场认可度高，这有助于企业获得政府研发资助。然而 Bae（2003）考察了美国、德国、日本三国企业的研发数据，发现企业市场价值与研发投资正向关系显著，Connolly（2005）也得到类似结论，那么政府对科技创新企业的高水平研发资助是否会挤出企业自主性研发投资，这一问题将在下一章进行研究。

政府研发资助受到科技创新企业研发投资率 rd_ ratio 显著为正的影响，系数达到 14.24534 并且在 5% 的显著性水平上通过检验。当科技创新企业研发投资率增加 1 个百分点时，获得政府研发资助的概率增加则超过 14 个百分点。考虑到科技创新企业研发投资可能具有一定的内生性，模型（4－2）进一步将企业研发投资率滞后一期变量与政府研发资助进行 Probit 模型回归，得到的系数取值水平和显著性水平并未发生较大变化，说明政府研发资助决策过程中确实将企业自身研发能力纳入考虑因素之中。

从表 4－3 政府研发资助与解释变量相关性分析中可以看到，现金流变量 cf 和盈利能力变量 profit 与其他自变量具有较大的显著相关性，这可能导致模型的多重共线性，因此在本书中对模型（4－1）进行了进一步的回归，去掉了 cf 和 profit 两个变量，结果列示在表 4－4 的第（2）列。可以看到，去掉两个相关性较大的因素后，模型整体并没有产生较大的变化，各变量的系数及其显著性也呈现出高度的一致性。

此外，政府的研发资助决策可能具有一定提前量，这意味着政府研发（R&D）资助并非受到自变量当期值的影响。在模型（4－2）中，运用自变量的滞后期数据进行了政府研发资助的 Probit 模型回归，结果分别列在表 4－4 的第（3）、第（4）列。可以看到，企业现金流变量系数为－0.757，并且模型（4－1）的无法通过显著性检验变为在 1% 的显著性水平下通过检验，这说明当企业缺乏现金流时将得到更多的政府创新资助。资产收益率 roa、企业规模 size 以及研发投资率 rd_ratio 的系数值和显著性水平均未发生显著变化。

表 4-4 政府研发（R&D）资助影响因素 Probit 回归结果

gov_dum_{it}	模型（4-1）		gov_dum_{it}	模型（4-2）	
自变量	（1）	（2）	自变量	（3）	（4）
cf_{it}	-0.0888331 (-0.84)		cf_{it-1}	-0.7573388*** (-2.74)	
$state_{it}$	-1.031322** (-2.25)	-1.039305** (-2.27)	$state_{it-1}$	-0.5507471 (-0.76)	-0.1597479 (-0.23)
$profit_{it}$	-0.558745 (-0.66)		$profit_{it-1}$	1.83198 (0.92)	
roa_{it}	-4.939916** (-2.01)	-6.418474*** (-3.61)	roa_{it-1}	-7.150058* (-1.75)	-7.430677*** (-2.89)
$size_{it}$	0.9742745*** (5.91)	0.8964844*** (6.79)	$size_{it-1}$	1.694004*** (4.33)	0.833105*** (4.48)
$poli\_dum_{it}$	0.1176997 (0.63)	0.1046206 (0.57)	$poli\_dum_{it-1}$	-0.1830403 (-0.62)	-0.2644356 (-0.96)
$Tobin'sQ_{it}$	0.1812774** (2.29)	0.1723022** (2.20)	$Tobin'sQ_{it-1}$	0.1600093 (1.49)	0.1344741 (1.34)
rd_ratio_{it}	14.24534** (2.50)	14.83061*** (2.64)	rd_ratio_{it-1}	15.54077* (1.93)	14.17825* (1.86)
常数项	-17.29692*** (-6.19)	-17.21416*** (-6.17)	常数项	-19.70861*** (-4.20)	-15.34532*** (-3.97)
Log likelihood	-121.98845	-122.50545	Log likelihood	-57.281103	-62.802842
χ^2 值	81.80*** (0.0000)	80.77*** (0.0000)	χ^2 值	45.87*** (0.0000)	34.83*** (0.0000)
Pseudo R^2	0.2511	0.2479	Pseudo R^2	0.2859	0.2171
样本数量	1240	1240	样本数量	709	709

注：***、**、*分别表示1%、5%、10%的显著性水平，括号内为z值。

4.4.2 稳健性检验

根据4.4.1节的模型（4-1）和模型（4-2）的分析，已经在一定程度上保证了 Probit 模型的稳健性。本节将对变量进行多变量回归，进一步检验政府研发资助影响因素的稳健性。政府对科技创新企业的资助通常包括增值税和所得税返还、财政综合补贴、贷款贴息、新产品和创新奖励、研发项目补贴、专利补贴等。通过对样本上市公司财务报表及附注的手工整理，将“营业外收入”中披露的政府资助明细的关于新产品和创新奖励、研发项目补贴、专利补贴等符合国家创新资助的项目金额加总，得到政府研发资助变量，进一步运用多变量回归模型检验模型（4－1）和模型（4－2）的稳健性。

$$gov_{it} = f(cf_{it}, state_{it}, profit_{it}, roa_{it}, size_{it}, poli\_dum_{it}, Tobin's Q_{it}, rd\_ratio_{it}) + \sum year + \sum Ind + \varepsilon_{it} \quad (4-3)$$

其中，gov_{it}为政府研发资助的自然对数值，其余变量定义同模型（4－1）。为了考察政府研发资助与企业规模 size 之间的关系是否单调，在模型（4－3）的基础上还加入了 $size^2$ 项，具体见表4－5第（2）列。此外，为了反映管理层政治背景和企业国有股比例对政府研发资助的相互关系，在模型（4－3）的基础上加入二者的交互项，具体见表4－5第（3）列。

表4－5 政府研发资助多变量回归结果

变量	(1)	(2)	(3)	(4)
cf_{it}	-0.0715 (-1.61)	-0.0723 (-1.63)	-0.0712 (-1.60)	-0.065 (-1.48)
$state_{it}$	-1.02*** (-2.06)	-1.02*** (-2.26)	-1.23*** (-2.46)	-1.04*** (-2.12)
$profit_{it}$	-0.5043 (-0.79)	-0.5188 (-0.81)	-0.5028 (-0.78)	-0.6162 (-0.97)
roa_{it}	1.458 (0.94)	1.652 (1.06)	1.449 (0.94)	0.9541 (0.62)
$size_{it}$	0.9129*** (11.29)	0.905*** (11.01)	0.9133*** (11.29)	0.9548*** (11.89)
$poli\_dum_{it}$	0.0043 (0.04)	0.0152 (0.15)	-0.0163 (-0.15)	-0.0119 (-0.12)
$Tobin'sQ_{it}$	0.1274*** (2.72)	0.1227*** (2.62)	0.1279*** (2.73)	0.124*** (2.67)
rd_ratio_{it}	1.110* (1.81)	1.056* (1.72)	1.125* (1.83)	9.784*** (4.93)
$size^2_{it}$		-0.0643* (-1.62)		

续表

变量	(1)	(2)	(3)	(4)
$state_{it} \times poli\_dum_{it}$			0.2960* (1.57)	
$rd\_ratio_{it}^2$				−9.38*** (−4.58)
常数项	−4.25*** (−2.81)	−6.53*** (−2.94)	−4.25*** (−2.82)	−5.30*** (−3.52)
Ind/year	控制	控制	控制	控制
R^2 − between	0.3187	0.3206	0.3198	0.3458
Wald chi2	237.76	240.48	238.29	265.56
样本数	1204	1204	1204	1204

注：***、**、*分别表示1%、5%、10%的显著性水平，括号内为z值。

首先对模型（4－3）进行了Hausman检验，卡方（chi2）值为10.99，不能拒绝原假设，表明模型应运用随机效应。Hausman（1978）等研究也认为由于固定效应模型将个体影响设定为跨截面常数过于简单，并且估计“宽而短”的面板数据时固定效应模型将损失较多的自由度，因此随机效应模型在一定程度上优于固定效应模型。

通过表4－5可以看到，多变量回归结果与Probit模型回归结果具有较高的一致性。Probit模型中影响政府研发资助概率的主要变量在模型（4－3）回归结果中依然显著。国有股持股比例state、企业规模size、托宾Q值Tobin'sQ、研发投资率rd_ratio等变量对政府研发资助规模具有显著影响。

第（2）列在模型（4－3）中加入企业规模平方项，其系数为－0.064且在10%的显著性水平上显著。这意味着政府研发资助并非随着企业规模增减而单调变化，而是当企业规模增加时政府也增加创新资助，但是当企业规模过大时政府则降低研发资助规模。可能的原因是与大企业规模和可能的研发投资相比，政府研发资助规模较小，难以起到拉动创新的作用，因此政府可能更注重对规模适度的企业的创新引导。

第（3）列在模型（4－3）的基础上加入国有股比例和管理层政治背景交叉项$state_{it} \times poli_dum_{it}$，这一交叉项的系数0.296在10%的显著性水平上通过检验。这意味着管理层的政治背景通过国有股比例对政府研发资助产生影响。前文已经分析政府的创新资助随着国有股比例的增加而降低，但是企业管理层具有政府层级时将减弱国有股比例对政府研发资助的负向作用。

为了验证假设6，第（4）列回归中特别加入了研发投资率平方项 $rd\_ratio_{it}^2$。可以看到研发投资率平方项系数为负且在1%的水平上显著，这说明企业自身研发投入对政府研发资助的影响确实为先增后减的倒“U”形。

4.5 本章小结

本章从科技创新企业的财务特征出发，对政府研发资助的影响因素进行了理论分析，并基于Probit模型和多元回归模型进行了进一步的实证研究。影响政府研发资助的企业微观变量主要有：

（1）国有股比例影响政府对科技创新上市公司的研发资助。Probit回归模型下国有股比例系数为-1.03，说明政府对科技创新企业的研发资助决策时考虑股权结构中国有股比例这一因素，但是并不是国有股比例越高研发资助越多，反而会因为科技创新企业国有股比例高而减少对其创新资助规模。其原因可能是国有股的产权主体虚置，从而影响政府的研发资助对创新的拉动作用。多元线性回归模型基本验证了这一结论，国有股比例对政府研发资助的影响系数是-1.02且同样通过了1%显著性检验。多元线性回归模型的结果反映了国有股比例对政府研发资助的影响也受到管理层政治背景的影响，管理层政治背景在一定程度上减弱了国有股比例对政府创新资助的负向影响。

（2）科技创新企业资产收益率影响政府研发资助。资产收益率的Probit回归系数为-4.939916并且在5%的显著性水平上显著。在其他条件不变的情况下，科技创新企业资产收益的增加反而将降低其获得政府研发资助的概率。资产收益率代表着科技创新企业单位资产的获利能力，资产获利能力对科技创新企业研发投入能够产生影响，因此对于资产收益率高的科技创新企业，政府没有通过研发资助激励自主性创新投资的必要性。因为当科技创新企业资产收益率提高时，政府将减少相应的研发资助以避免对企业创新投资的挤出作用。在多元线性回归模型中，资产收益率对政府研发资助的影响系数变得不显著。这说明资产收益率对企业是否能够获得政府创新资助的概率有显著影响，但对政府研发资助的规模数量无法产生相应的影响。

（3）科技创新企业规模的影响。政府研发资助与企业规模具有显著的正相关关系，相关系数为0.974。说明科技创新企业规模影响政府研发资助决策，科技创新企业规模越大越容易获得政府的研发资助。不同规模的科技创新企业研发效率有一定的差异，政府对科技创新企业的研发资助决策可能在充分考虑规模的情况下进行。此外，企业规模在一定程度上代表着社会影响力，在其他情况相同的情况下，大企业研发投入带动的整体社会创新效果可能越大，这也影响了政府创新资助决策。多元线性模型基本验证了这一结论，此外当加入企业规模平方项后，政府创新资助表现为受到企业规模的先增后减的影响。

（4）科技创新企业市场价值与重置成本之比的影响。托宾 Q 值对科技创新企业获得政府研发资助的概率产生正影响且通过了 5% 的显著性检验。政府创新资助决策过程中充分考虑了市场对科技创新企业的定价，Tobin'sQ 高意味着科技创新企业投资机会良好、市场认可度高，这有助于其获得政府的研发资助。多元线性回归模型显示，托宾 Q 值不仅影响科技创新企业获得政府研发资助的概率，而且显著影响获得政府研发资助的规模，影响系数为 0.127 且通过了 1% 的显著性检验。

（5）政府研发资助受到科技创新企业自主性研发情况的影响。自主性研发投资率的回归系数显著，其值为 14.24534。当科技创新企业研发投资率增加 1 个百分点时，获得政府研发资助的概率增加超过 14 个百分点。并且自主性研发投资率滞后一期值的 Probit 模型回归的系数取值水平和显著性水平并未发生较大变化，说明在考虑到科技创新企业自身研发资助内生性的情况下，政府研发资助决策过程中确实考虑到了企业自身研发投入这一因素。

5 政府研发资助与科技创新企业外部融资

本章主要研究政府研发资助对科技创新企业外部融资情况所产生的影响。科技创新企业外部融资的主要障碍之一是信息不对称，政府研发资助可能帮助科技创新企业向外界释放企业信誉信号或企业发展的信号。这对缓解科技创新企业融资困境将起到显著的促进作用。

5.1 理论分析与研究假设

5.1.1 理论分析

根据MM定理，在完全有效市场中企业内外部资金不存在差异，企业可以根据其发展需求自行确定其融资结构。Keynes（1936）认为在完美市场中，企业能够从外部获得充足的资金而完全不依赖内部资金。然而在实际市场环境中，企业往往由于信息不对称的影响而面临外部融资约束。Meyers 和 Majluf（1984）认为在信息不对称的情况下，由于对资金用途风险认识的差异，外源融资存在较高的交易成本，从而形成了企业的融资约束。Fazzarri（1988）发现了投资现金流敏感现象，即当企业面临融资约束时，其投资受内部现金流的显著影响，不受融资约束的企业不存在投资现金流敏感现象。由于企业所处经济环境和制度的差异，不同国家的企业所受到的融资约束程度存在差异。Asli Demirguc - Kunt 和 Vojislav Maksimovic（1998）指出由于各国的法律制度对投资者保护程度不同，企业所面临的影响信息不对称程度有较大差异，最终导致不同国别的企业面临着不同的融资约束。

目前中国正处于经济转型时期，一方面，经济由高速增长转变为中高速增长，市场资金供给和需求量存在较大结构差异；另一方面，企业发展良莠不齐，市场有效性较低，信息不对称程度较大。科技创新企业面临的融资约束情况差异较大，部分科技创新企业融资约束情况较为严峻。钱震杰（2006）将中国企业按照所有制情况进行划分，认为不同所有制企业面临的融资约束有较大差异，其中国有老企业不存在融资约束，而非国有新企业则面临显著的融资约束。

由于科技创新企业的融资约束差异是其所面临的信息不对称程度差异的客观结果，因此如果能有效解决信息不对称问题，或向信息不对称市场释放某些信号，则可能会解决科技创新企业面临的融资约束。张纯、吕伟（2007）研究了机构投资者对于解决企业融资信息不对称问题的作用，认为机构投资者的介入能够有效降低企业的信息不对称程度，从而降低民营企业所受融资约束。何贤杰等（2012）考察了企业社会责任信息披露是否有效地降低了企业的信息不对称程度，进而缓解了融资约束。结果表明企业的信息披露质量越高，其融资约束程度越低。于蔚等（2012）研究了政治关联缓解企业外部融资约束的作用机理。研究结果显示，政治关联能够起到信号发送功能，从而有效缓解企业融资约束。

政府资助是政府通过财政手段，对那些符合经济发展战略、对经济发展具有促进作用的科技创新企业进行资金扶持，表明了国家对科技创新企业发展的支持和认可。政府研发资助是政府对具有科技创新能力、能够对社会科技发展产生推动作用的企业进行资金支持的资助项目。因此政府研发资助本身就是有效地解决信息不对称的信号。那么政府研发资助能否对科技创新企业解决融资约束问题产生一定的作用，是本章研究的重点内容。

5.1.2 理论研究假设

5.1.2.1 债务融资

政府研发资助对解决科技创新企业信息不对称，从而促进科技创新企业解决债务融资问题方面具有双重作用：一方面，政府研发资助反映了企业信息披露的水平，在一定程度上解决了科技创新企业信息不对称。Lunawat（2009）、Dhaliwal 等（2011）以及 Chen（2011）等研究发现提高披露水平可以提升公司的声誉。从而有助于吸引外部资金提供者，特别是银行等金融机构。叶康涛等（2010）通过研究发现，我国银行在进行贷款决策时会考虑到借款人的声誉。John（1998）以美国企业为样本进行研究，也发现信息不对称程度与企业对银行贷款依赖程度相关性较大。Goss 等（2011）认为如果企业披露关于社会责任的信息，那么就可能以较低的利率、较长的期限获得银行贷款。另一方面，科技创新企业获得政府研发资助标志着企业在同行业中的地位和发展能力，这也从侧面说明了企业的债务偿还能力。因此提出如下假设：

假设 1a：政府研发资助有助于促进科技创新企业获得债务融资。

然而，政府面向科技创新企业提供的创新及研发方面的资助，也可能预示着科技创新企业所从事的投资项目风险较大。而债务人对企业高风险项目的超额收益并不具备追索权，反而可能由于企业风险过大而蒙受债务无法偿还的损失。考虑到以上情况，当科技创新企业得到政府研发资助时，债务资金提供者可能不愿提供资金。因此提出备择假设：

假设1b：政府研发资助不利于企业获得债务融资。

5.1.2.2 股权融资

与假设1相似，科技创新企业获得政府研发资助有助于向资本市场释放信号，进而获得股权融资优势。何贤杰等（2012）认为企业社会责任等相关信息披露有助于其进行股权再融资。Richardson（2001）对加拿大企业进行研究发现，企业社会责任相关信息的披露有助于降低信息不对称和风险从而降低权益资本成本。Dhaliwal（2001）等研究也发现企业信息披露能够降低信息不对称，从而降低资本成本。此外对于股东来说，获得政府研发资助可能预示着本企业与政府的良好关系，可能获得某种资源的优惠（于蔚等，2012），这增强了股权投资者的信心，便于科技创新企业获得股权融资。因此提出假设2：

假设2：政府研发资助有利于科技创新企业获得股权融资。

5.1.2.3 外部融资

综合来看，根据假设1、假设2相关分析思路，政府研发资助可能有助于解决信息不对称问题，因此有利于企业进行外部融资。具体提出假设3：

假设3：政府研发资助能够促进科技创新企业外部融资。

5.2 研究方法与模型设计

5.2.1 研究方法

在通常情况下，可以运用普通最小二乘法等方法研究政府研发资助对企业融资的影响问题。然而这样可能由于样本存在内生性而使OLS方法的估计结果是有偏的。其原因是每个样本只可能存在一种状态，即得到政府研发资助或没有得到政府的研发资助，因此无法观测到其他情况不变而此样本没有得到政府研发资助的状态。Rosebaum和Rubin（1985）提出倾向得分匹配（Propensity Score Matching）方法可以有效解决样本的内生性问题。随后Angrist（1998）、Dehejia和Wahba（1999）以及Lechner（2000）等对此方法进行了拓展和应用。

试将得到政府研发资助的样本企业定义为测试组，考察政府研发（R&D）资助对企业融资是否产生影响的问题可以用方程（5-1）表示：

$$E(\alpha_{TT}) = E(Y^T \mid gov\_dum = 1) - E(Y^C \mid gov\_dum = 1) \qquad (5-1)$$

其中，Y^T 和 Y^C 为结果变量，在本书中 Y^T 指得到政府研发资助对科技创新企业融资情况的影响结果，Y^C 表示没有得到政府研发资助对科技创新企业融资情况的影响结果；gov_dum 为二分变量，取值为 1 时表示得到政府研发资助，取值为 0 时表示没有得到政府研发资助；我们需要研究的对象为 E（α_{TT}），即如果测试组没有得到政府研发资助其融资情况的差异。问题是 E（Y^C | gov_dum = 1）是无法被观测到的，因为政府对企业的研发资助是一个非此即彼的状态，即如果样本企业得到政府研发资助，我们就不可能观测到其没有得到政府研发资助的状态。

普通最小二乘法 OLS 等方法是通过考察得到政府研发资助的科技创新企业（测试组）融资状况与没有得到政府研发资助科技创新企业融资状况的差别来研究此类问题。也就是用方程（5－2）代替方程（5－1）：

$$E(\alpha_{TT}) = E(Y^T \mid gov\_dum = 1) - E(Y^C \mid gov\_dum = 0) \tag{5-2}$$

然而这种研究方法是有偏的，因为得到政府研发资助的样本与没有得到政府研发资助的样本是不同的，即：

$$E(Y^C \mid gov\_dum = 1) \neq E(Y^C \mid gov\_dum = 0) \tag{5-3}$$

为了解决这一问题，Rubin（1997）引入了条件独立假设（Conditional Independence Assumption，CIA）。CIA 假设存在外生变量 X 能够影响样本企业是否得到政府研发资助，而与其融资行为独立。在这样的假设下我们能够观测到一组与测试组极为接近的样本（控制组），使得方程（5－4）成立：

$$E(Y^C \mid gov\_dum = 1, X) = E(Y^C \mid gov\_dum = 0, X) \tag{5-4}$$

通过观测控制组的融资情况，进而研究测试组与控制组的融资差异，就可以得到政府研发资助是否影响科技创新企业融资这一结论，如方程（5－5）所示：

$$E(\alpha_{TT}) = E(Y^T \mid gov\_dum = 1, X = x) - E(Y^C \mid gov\_dum = 0, X = x) \tag{5-5}$$

Rosenbaum 和 Rubin（1983）运用倾向得分作为测试组和控制组匹配的标准，提出了倾向得分匹配模型（Propensity Score Matching，PSM）。

5.2.2 分析过程及模型设计

运用 PSM 模型选择控制组并分析政府研发资助对科技创新企业融资的影响问题的过程如下：

（1）建立政府研发资助的 Probit 选择模型（5－6），因变量是科技创新企业是否得到政府研发资助的二分变量：

$$\begin{aligned} Pr(gov\_dum_{it} = 1) &= \Phi(X_{it}\beta_i) \\ &= \Phi(roa_{it}, profit_{it}, Tobin'sQ_{it}, growth_{it}, size_{it}) \end{aligned} \tag{5-6}$$

根据第 4 章内容，在 Probit 模型中选取了影响政府研发资助的变量。其中，

roa_{it}为资产报酬率；$profit_{it}$为经营利润率；Tobin'sQ_{it}为市场价值与重置成本之比；$growth_{it}$为营业收入增长率，表示企业发展能力；$size_{it}$为企业规模，用总资产的自然对数值表示。

（2）估计 Probit 模型之后，对每一个观测值计算单一维度的倾向性得分，用以为测试组匹配控制组。首先，按样本是否得到政府研发资助进行分组；其次，对得到政府研发资助的样本（观测组），以及没有得到政府研发资助的样本按 Probit 模型逐一计算其倾向性得分；最后，对于观测组的每一个倾向性匹配一个与之最接近的样本组成控制组。观测组和控制组匹配成功的标志是二者在得到政府研发资助的概率上不存在显著差别。

（3）运用观测组和控制组共同组成样本，研究其融资行为是否受到政府研发资助的影响，如模型（5－7）所示：

$$\left\{\begin{matrix} Debt_{it} \\ Equity_{it-1} \\ Exog_{it} \end{matrix}\right\} = f(gov\_dum_{it-1},\ size_{it-1},\ fix_{it-1},\ ceo_{it-1},\ tobinq_{it-1},\ lev_{it-1}) + \varepsilon_{it} \tag{5-7}$$

其中，$\left\{\begin{matrix} Debt_{it} \\ Equity_{it} \\ Exog_{it} \end{matrix}\right\}$为企业的三种融资情况：$Debt_{it}$为企业债务融资比率（实证研究部分运用银行贷款规模作为替代变量），$Equity_{it-1}$为企业股权融资比率，$Exog_{it}$为企业外源融资比率。对于债务融资和大部分外源融资，决策往往是提前进行的，同时为了避免自变量的内生性，因此选取了自变量滞后一期值进行回归；而股权融资的投资者往往根据当期的企业状况进行决策，因此股权融资方程运用了自变量和因变量的同期值进行回归。

各变量及其含义如表 5－1 所示：

表 5－1　变量情况一览表

变量类型	变量名称	变量代码	变量含义及说明
被解释变量	债务融资比率	$Debt_{it}$	银行长期借款变化量占总资产比例： （长期借款$_t$－长期借款$_{t-1}$）／总资产$_t$
	股权融资比率	$Equity_{it}$	股权融资变化量占总资产比例： [（股本＋资本公积）$_t$－（股本＋资本公积）$_{t-1}$]／总资产$_t$
	外源融资比率	$Exog_{it}$	筹资活动现金流净额占总资产比例： 筹资活动$_t$／总资产$_t$

续表

变量类型		变量名称	变量代码	变量含义及说明
解释变量	实验变量	政府研发（R&D）资助	gov_dum_{it}	政府研发（R&D）资助二分变量： 得到政府研发（R&D）资助取值为1，否则为0
	控制变量	企业规模	$size_{it}$	企业总资产的自然对数值
		固定资产比例	fix_{it}	固定资产$_t$/总资产$_t$
		管理层持股比例	ceo_{it}	管理层持股数量$_t$/总股数$_t$
		托宾 Q	$tobinq_{it}$	上市公司市场价值$_t$/总资产$_t$
		企业财务杠杆	lev_{it}	负债$_t$/资产$_t$

当gov_dum系数显著时，意味着在观测组和控制组组成的样本中，政府研发资助确实对企业融资产生了影响。因此能够证明在规避了样本选择偏误和内生性的前提下，政府的研发资助对科技创新企业融资影响显著。

5.3 PSM模型匹配结果及样本统计分析

5.3.1 Probit回归模型的样本选取及描述性统计

筛选第4章的实证研究样本中在深圳证券交易所上市的样本共308个观测值。为了与前文研究进行对照，选取非金融类深圳A股没有得到政府研发资助的上市公司为样本筛选控制组。研究窗口依然选取2008~2013年。剔除ST、PT上市公司后共包含4940个企业—年份观测值。数据来源为：政府研发资助变量通过上市公司年报手工整理，其他数据来自国泰安（CSMAR）数据库。PSM模型中Probit回归各变量描述性统计如表5-2所示：

表5-2　Probit回归变量描述性统计

变量	中值	均值	标准差	最小值	最大值
roa_{it}	0.029959	0.0269518	0.2184337	-7.285112	7.108938
$profit_{it}$	0.0514205	-0.6780267	24.35385	-1388.696	16.86534
$Tobin'sQ_{it}$	1.309422	2.261692	16.9881	0.440403	955.4158
$growth_{it}$	0.0923175	1.358164	29.67624	-45.55225	1579.813
$size_{it}$	21.35061	21.39675	1.205934	13.07597	25.82311

可以看到 $profit_{it}$、$Tobin'sQ_{it}$ 和 $growth_{it}$ 等变量离群值差异较大，因此在后续研究中进行了缩尾处理，去掉了1%和99%的极大极小异常值。表5-3是Probit回归的各变量相关性分析：

表5-3 Porbit 回归变量相关性分析

	gov_dum_{it}	roa_{it}	$profit_{it}$	$Tobin'sQ_{it}$	$growth_{it}$	$size_{it}$
gov_dum_{it}	1	0.0365**	0.082***	-0.053**	-0.108***	0.1104***
roa_{it}	0.0365**	1	0.0800***	0.1487***	-0.0048	0.0772***
$profit_{it}$	0.082***	0.0800***	1	-0.0085	0.0199	0.0623***
$Tobin'sQ_{it}$	-0.053**	0.1487***	-0.0085	1	0.0022	-0.2225***
$growth_{it}$	-0.108***	-0.0048	0.0199	0.0022	1	-0.0399**
$size_{it}$	0.1104***	0.0772***	0.0623***	-0.2225***	-0.0399**	1

注：***、**、*分别表示1%、5%、10%的显著性水平。

表5-3的变量相关性初步分析结果显示，各解释变量与政府研发资助哑变量具有显著的关系。其中资产收益率、企业经营利润率和企业规模与政府资助哑变量呈正相关关系；托宾Q和企业增长率与政府研发资助呈负相关关系。

5.3.2 多元回归模型的样本描述性统计

根据PSM模型进行样本的一对一匹配后共得到616个样本，其中308个样本为得到政府研发资助的观测样本，其余308个样本为没有获得政府研发资助但与观测样本具有相同的获得此类资助概率的控制样本。模型（5-7）各变量的描述性统计如表5-4所示：

表5-4 变量描述性统计

变量	中值	均值	标准差	最小值	最大值
$Debt_{it}$	0	0.0406917	0.3954656	-2.717276	4.070625
$Equity_{it}$	0	0.1618309	0.8162972	-1.99301	12.56652
$Exog_{it}$	-0.0312329	0.052745	0.8528343	-5.235355	9.819204
$size_{it-1}$	21.86764	21.93973	0.9634029	19.04034	25.247
fix_{it-1}	0.2266414	0.2701223	0.1667076	0.0025879	0.8620244
ceo_{it-1}	0	0.000095	0.000372	0	0.0052931
$tobinq_{it-1}$	1.320269	1.675688	1.004437	0.5642	9.370687
lev_{it-1}	0.5083275	0.497989	0.1843117	0.055853	1.16124

通过表 5 -4 可以看到，样本企业债务融资、股权融资以及外源融资具有较大的差别。总体来看科技创新企业更倾向于股权融资：股权融资比例平均值为 0.162，而债务融资和外源融资的平均值仅为 0.041 和 0.053。从变量的最大值和最小值可以看到，样本的债务融资、股权融资以及外源融资的差异较大。从自变量的统计描述来看，样本的管理层持股比例水平较低，大多数样本并没有通过管理层持股激励手段来降低可能产生的委托代理问题。

进一步地，表 5 -5 对科技创新企业融资及各影响因素进行了相关性分析，可以看到多数自变量与科技创新企业债务融资、股权融资以及外源融资具有显著的相关性。

表 5 -5　变量相关性分析

	$Debt_{it}$	$Equity_{it}$	$Exog_{it}$	gov_dum_{it}	$size_{it-1}$	fix_{it-1}	ceo_{it-1}	$tobinq_{it-1}$	lev_{it-1}
$Debt_{it}$	1	0.016	0.291 ***	0.072 *	0.301 **	0.025 *	-0.025	-0.048	0.061
$Equity_{it}$	0.016	1	0.462 ***	0.025	0.003	-0.142 ***	0.092 *	0.061	-0.106 **
$Exog_{it}$	0.291 ***	0.462 ***	1	0.044 *	0.056 *	-0.015	0.090 *	-0.061	0.028
gov_dum_{it}	0.072 *	0.025	0.044 *	1	-0.011	-0.356 ***	-0.037	0.243 ***	-0.140 ***
$size_{it-1}$	0.301 **	0.003	0.056 *	-0.011	1	0.067 *	0.019	-0.222 ***	0.189 ***
fix_{it-1}	0.025 *	-0.142 ***	-0.015	-0.356 ***	0.069 *	1	-0.031	-0.236 ***	0.106 ***
ceo_{it-1}	-0.025	0.09 *	0.090 *	-0.037	0.019	-0.031	1	0.055	-0.054
$tobinq_{it-1}$	-0.048	0.061	-0.061	0.243 ***	-0.222 ***	-0.236 ***	0.055	1	-0.319 ***
lev_{it-1}	0.061	-0.106 **	0.028	-0.140 ***	0.189 ***	0.106 ***	-0.054	-0.319 ***	1

注：***、**、*分别表示 1%、5%、10% 的显著性水平。

5.4　实证结果分析

5.4.1　倾向得分匹配（PSM）模型结果及分析

根据 PSM 分析过程，首先对政府研发资助进行 Probit 模型分析。第（1）列列示的是模型（5 -6）因变量和自变量的同期值进行 Probit 分析的结果；第（2）列列示了因变量对滞后一期自变量进行 Probit 回归的结果。变量系数及显著性结果列示在表 5 -6 中。

表 5 -6 的结果显示，样本企业的资产收益率 roa_{it}、经营利润率 $profit_{it}$ 以及企业规模 $size_{it}$ 在企业获得政府研发资助方面具有显著为正的促进作用，其系数分别

为0.835、0.233和0.222。意味着样本企业的资产收益越高、经营利润越好、规模越大的科技创新企业将在政府创新资助决策中更受青睐。运用自变量的滞后一期值进行回归得到相似结论。为了避免样本数量降低，在PSM匹配过程中运用第（1）列的结果进行测试组和控制组的匹配。

表5-6 Probit模型回归结果

	(1) gov_dum_{it}	(2) gov_dum_{it+1}
roa_{it}	0.8351243 *** (2.92)	0.8962437 *** (2.88)
$profit_{it}$	0.2329684 * (1.87)	0.3446256 *** (2.62)
$Tobin'sQ_{it}$	-0.0016625 (-0.29)	-0.0010427 (-0.17)
$growth_{it}$	-0.0162161 (-0.74)	-0.039976 (-1.04)
$size_{it}$	0.2216506 *** (6.96)	0.1715631 *** (4.52)
常数项	-6.235906 *** (-9.05)	-5.308103 *** (-6.49)
LR chi2	83.27	55.21
Log likelihood	-1043.0053	-780.142
样本数	3989	3675

注：***、**、*分别表示1%、5%、10%的显著性水平，括号内为z值。

根据表5-6第（1）列的回归结果，计算每一个样本的匹配得分（Pscore），之后选取与观测组最匹配的控制组，具体结果列示在表5-7中。可以看到匹配得分Pscore对政府研发资助具有显著的解释力。

表5-7 PSM匹配结果

gov_dum	系数	z值
Pscore	4.986752 ***	7.38
常数项	-1.838855 ***	-28.03
LR chi2	52.30 ***	
Log likelihood	-1058.4878	

注：***、**、*分别表示1%、5%、10%的显著性水平，样本数为3989。

根据 Pscore 的结果以 1:1 的比例为测试组选择与之匹配的控制组。测试组样本为 308 个，控制组样本为 308 个，总样本数为 616 个。为了检验 PSM 匹配的有效性，运用 pstest 检验两组样本间 Probit 回归的自变量是否具有显著差异，结果如表 5-8 所示：

表 5-8　PSM 有效性检验

变量	均值		t 值	P 值
	测试组（308）	控制组（308）		
roa_{it}	0.05754	0.05094	1.38	0.167
$profit_{it}$	0.08928	0.10285	-0.83	0.405
$Tobin'sQ_{it}$	1.9195	1.8318	0.62	5.50
$growth_{it}$	0.25091	0.24866	0.03	0.974
$size_{it}$	21.929	21.95	-0.28	0.782

表 5-8 报告了 PSM 匹配结果的有效性。通过检验测试组和控制组中各 Probit 回归自变量均值的差异，发现两个样本组在以上公司特征方面不具有显著差异。说明控制组在获得政府研发资助的可能性方面能够代表测试组。

5.4.2　实证研究结果分析

5.4.2.1　政府研发资助对债务融资的影响

首先对模型（5-7）中政府研发资助对债务融资的影响部分进行分析。政府对科技创新企业的研发资助可能起到信号作用，政府研发资助代表政府对科技创新企业行业地位和发展能力的肯定，同样预示着科技创新企业与政府具有某些联系。

表 5-9　政府研发（R&D）资助对债务融资的影响

	（1）	（2）
gov_dum_{it}	0.1982088** (2.41)	
$size_{it-1}$	0.095578** (0.24)	0.055558 (0.27)
fix_{it-1}	0.6050649** (2.36)	0.4894643* (1.91)

续表

	(1)	(2)
ceo_{it-1}	483.5 (1.10)	538.6976 (1.21)
$tobinq_{it-1}$	0.0350531* (1.63)	0.0234958* (1.11)
lev_{it-1}	0.2390565 (1.26)	0.2179395 (1.13)
常数项	−0.7221817 (−0.79)	−0.1735649 (−0.19)
R^2 − within	0.1585	0.1439
R^2 − between	0.1889	0.1379
Wald chi2	13.67**	7.68

注：***、**、*分别表示1%、5%、10%的显著性水平。

这样的信号作用对于银行产生了某些隐性担保的作用。因此政府研发资助能够促进科技创新企业获得债务融资。通过表5－9第（1）列可以看到gov_dum的系数显著为正，说明获得政府研发资助能够显著提高科技创新企业的债务融资水平。假设1a得到证明，同时证伪了假设1b。虽然债务资金提供者对科技创新企业的超额收益不具有收益权，然而政府的资助可以有效降低研发项目的风险从而增加了科技创新企业的偿债能力，因此债务人更愿意对得到政府研发资助的科技创新企业提供资金。第（2）列回归中去除了gov_dum对其他自变量进行回归。结果显示模型解释能力下降，同时其他变量的系数和显著性未发生重大变化，说明模型具有一定的稳健性。

5.4.2.2 政府研发资助对股权融资的影响

表5－10列示了模型（5－7）中政府研发资助对科技创新企业股权融资的影响结果。第（1）列显示的是模型（5－7）中各自变量对科技创新企业股权融资比例的回归结果，第（2）列显示的是剔除了实验变量gov_dum的回归结果。

表5－10　政府研发（R&D）资助对企业股权融资的影响

	(1)	(2)
gov_dum_{it}	−0.0658591 (−0.70)	

续表

	(1)	(2)
$size_{it-1}$	0.0225726 (0.52)	0.0261973 (0.61)
fix_{it-1}	-0.7522805*** (-2.66)	-0.6936815** (-2.56)
ceo_{it-1}	181.152* (1.64)	183.7947* (1.66)
$tobinq_{it-1}$	0.0131169 (0.32)	0.012174 (0.30)
lev_{it-1}	-0.3969817* (-1.73)	-0.3748796* (-1.65)
常数项	0.0549388 (0.06)	-0.0950348 (-0.10)
R^2 - within	0.1820	0.1828
R^2 - between	0.1374	0.1370
Wald chi2	15.81**	15.34***

注：***、**、*分别表示1%、5%、10%的显著性水平。

在通常情况下，如果政府研发资助对资本市场释放的信号有助于股权资金提供者增强投资信心，那么 gov_dum 系数应该显著为正。而表 5-10 的结果显示，政府研发资助无益于科技创新企业进行股权投资。可能的原因是市场上关于科技创新企业投资价值的信息多种多样，而相对于企业收益情况、增长情况、资金情况等重要信息，政府研发资助信息在资本市场上的影响力较弱。与之相对的是银行等金融机构可能更注重此类信号，这解释了为什么政府研发资助对债务融资具有显著促进作用而对股权融资的作用不显著。第（2）列剔除了 gov_dum，将其他自变量对股权融资比例进行回归。变量的系数和显著性未发生重大变化，这说明模型具有一定的稳健性。

5.4.2.3　政府研发资助对外源融资的影响

表 5-11 列示了政府研发资助对科技创新企业外源融资的影响。可以看到，科技创新企业获得政府资助与否显著影响其外源融资水平，且影响程度高于其对债务融资比例的影响（二者系数分别为 0.776 和 0.189）。说明政府研发资助对科技创新企业获得外源融资具有显著的促进作用。假设 3 得到验证：

其余变量的系数及显著性基本与已有研究相符。企业规模对外源融资具有积极意义，系数为 0.189；固定资产比例能够促进企业获得外源融资，系数为 1.212；托宾 Q 值对外源融资也具有显著正影响，系数为 0.028。表 5-11 第（2）列结论与第（1）列基本一致。

表 5-11 政府研发资助对科技创新企业外部融资的影响

	(1)	(2)
gov_dum_{it}	0.7758159*** (3.91)	
$size_{it-1}$	0.1892656** (2.06)	0.1930046** (1.98)
fix_{it-1}	1.211996** (2.03)	0.7520208 (1.24)
ceo_{it-1}	556.3227 (0.54)	578.8274 (0.54)
$tobinq_{it-1}$	0.0284129** (1.52)	0.077738* (1.14)
lev_{it-1}	0.6225962 (1.44)	0.4922096 (1.10)
常数项	-5.459491*** (-2.60)	-5.32974** (-2.39)
R^2 - within	0.1175	0.1529
R^2 - between	0.1049	0.0175
Wald chi2	21.08***	16.89***
样本数	190	190

注：***、**、*分别表示 1%、5%、10% 的显著性水平。

5.5 本章小结

在信息不对称的市场环境中，由于交易成本较大可能使企业面临融资约束问题。我国正处于经济转型时期，金融市场发展还有待完善，法律制度也并不健全，因此科技创新企业可能面临较为严重的融资约束。政府通过财政手段，对那些符合经济发展战略的研发项目提供资金扶持，不但能够降低项目风险和成本、增加收益，而且代表着国家对资助企业发展的支持和认可。因此政府研发资助可能产生信号作用，从而有效解决企业的信息不对称问题。本章研究了政府研发资助是否有助于解决科技创新企业的融资约束问题。

为了避免普通最小二乘法等回归方法可能产生的样本选择偏误和内生性问题，本书运用了倾向得分匹配法（PSM）对政府研发（R&D）资助在解决科技创新企业融资约束问题重点作用问题进行了研究。PSM 方法首先建立政府研发资助的 Probit 二元选择模型，然后计算样本观测值的倾向性得分，用以匹配控制组。

根据 PSM 匹配得到的样本，运用多元回归模型检验了政府研发资助对三个融资维度的影响：债务融资、股权融资以及外部融资。首先，实证检验结果显示，在避免了样本选择偏误和内生性的情况下，政府研发资助能够显著促进科技创新企业的债务融资。原因是政府研发资助对银行等金融机构释放了科技创新企业市场地位和政府关系的信号，这增强了债权人对企业债务融资还款能力的信心。其次，对于科技创新企业的股权融资情况，政府的研发资助并未显示出显著的影响作用。可能的原因是政府研发资助信号对资本市场的影响较小。与其他较重要的企业信息相比，政府研发资助信息并未引起股权资金提供者的注意。最后，政府研发资助对外部融资具有显著的促进作用。

6　政府研发资助与科技创新企业研发投资支出

本章主要考察政府研发资助与科技创新企业自主性研发投资的关系。当政府研发资助减少了科技创新企业自主性研发投入时，则政府研发资助挤出了科技创新企业的研发投资，二者呈现替代关系；当政府研发资助增加了科技创新企业自主性研发投入时，则政府研发资助促进了科技创新企业的研发投资，二者呈现互补关系。

6.1　理论分析与研究假设

6.1.1　理论分析

科技创新企业的研发投资具有高投入、高风险和期限长等特征，其成果具有消费的非排他性和收益的非独占性等公共物品属性，导致科技创新企业研发投资行为的私人收益低于社会收益。如果仅凭科技创新企业自身的积极性来进行研发投入，就会产生实际投入低于社会最佳创新投资水平的情况（Arrow K.，1962），由此形成研发投资的市场失灵。鉴于此，各国政府对企业特别是科技创新企业的研发投资都进行了积极的干预，主要通过政府资助、税收激励、贷款贴息等方式驱动研发投资向社会最优均衡点移动。尽管政府研发资助的初衷是鼓励和刺激企业的创新投资，但是从理论上讲，政府资助可能对科技创新企业自主性研发投资产生两种截然相反的效应：刺激效应和挤出效应。当政府研发资助提高了科技创新企业研发投资时，呈现刺激效应或互补效应；反之，如果由于政府的研发资助而减少了企业自主性研发投入，此时呈现挤出效应或替代效应。解维敏等（2009）分析了中国上市公司 2003～2006 年的样本，认为政府研发资助对企业研发支出具有刺激作用。Levin（1984）也认为政府 R&D 资助与企业自主性研发投资之间呈现互补效应。Wallsten（2000）以美国小企业创新计划为研究对象，研究了政府行业研发计划对私有 R&D 投资的影响，发现政府挤出了私人研发投资，政府研发资助对企业研发产生替代作用。

6.1.2 研究假设

在没有政府干预的市场中，企业的投资行为主要由投资的预期收益、风险和可能受到的融资约束等因素决定。当投资项目风险较高，投资期较长，并且企业无法独占投资成果的收益时，企业就没有动力开展此类投资项目。事实上，研发投资就属于这类情况。为了提高研发投入水平加大科技创新力度，需要政府通过资助等方式降低企业研发投资的成本和风险提高预期收益。因此，政府资助将刺激企业研发投资的积极性，提高企业研发的均衡投资量（Guellec 等，2003）。Hamberg（1966）首先利用企业层面数据研究政府资助对企业 R&D 投资的影响，发现美国国防部提供的 R&D 资助能有效促进企业 R&D 投资支出。此后，多位学者提出政府资助有助于刺激企业研发投资。例如 Hu（2001）以北京海淀区高新技术企业调查为样本，研究了政府研发资助的作用，认为政府研发资助具有刺激作用。童光荣（2004）也认为政府部门研发支出对企业部门的研发投入具有诱导效应。据此本书提出假设：

假设 1a：政府研发资助对科技创新企业的研发投资产生刺激作用。

另外，科技创新企业的创新研发行为性质有差异，有些研发项目能够在相对低的风险水平上得到较高的收益，有些研发项目虽然风险较大但是科技创新企业发展过程中的关键因素，对科技创新企业提高市场占有率和改善竞争格局的意义重大。对于此类研发项目，即使缺乏政府研发资助科技创新企业也会自主性地进行投资。如若政府对类似的研发项目也给予创新资助，势必将相应地减少科技创新企业自主性研发投入而产生挤出和替代的作用。Lichtenberg（1987）研究发现，通过非竞争的方式获得研发补贴将对企业研发投资产生负影响。许治（2006）认为公共部门过多地从事企业自主性从事的 R&D 投资项目，就会减少企业的类似投入。同时，由于政府的研发资助可能提高研发要素市场价格，增加科技创新企业投资成本，因此也会减少科技创新企业自主投资。据此本书提出备择假设：

假设 1b：政府研发资助对科技创新企业的研发投资产生挤出作用。

科技创新企业自身的不同特性可能也是政府研发资助产生不同效果的影响因素。第 4 章已经检验了规模的差异对企业获得政府研发资助的不同影响。事实上企业规模的差异也影响了政府资助政策对科技创新企业研发投资的作用效果。李瑞茜和白俊红（2013）运用门槛模型研究了政府研发资助效率，发现政府研发资助效果在不同企业规模之间具有显著差异：企业规模较小时政府 R&D 资助对企业技术创新发挥显著的正向作用，而当企业规模大于门槛值时，政府 R&D 资助的效果则无法实现。相对于科技创新企业研发投入的资金需求量来说，政府资助规模有限，因此对于规模较小的科技创新企业，政府的单位资助规模可能会产生更强烈的效果。以此提出如下假设：

假设2：政府研发资助对科技创新企业自主性研发投资的刺激（或挤出）作用随企业规模的增加而减小。

在企业股权结构方面，界限最明显、区别最大的股权结构就是国有股和非国有股。国有股产权主体为国家，其权责由政府代理人代为行使，这种产权虚置使国有股面临更多的委托代理问题。李平和王春晖（2011）实证检验了企业异质性假设下政府研发资助的效果，研究发现国有企业对政府研发（R&D）资助具有较强的依赖性。李瑞茜和白俊红（2013）也发现当国有产权比重过大或过小时，政府研发（R&D）资助无法推动企业技术创新，只有国有股比例在一定范围之间才能对企业研发产生显著影响。因此提出如下假设：

假设3：政府研发资助对科技创新企业自主性研发投资的刺激（或挤出）效应与国有股比例呈负相关关系。

企业委托代理问题影响企业的研发投资决策。与研发投资的期限相比，管理层任期较短，研发投资的预期收益难以激励管理者。因此通常情况下委托代理问题严重的企业将呈现研发投资不足的现象。政府研发资助可以降低企业研发所面临的风险和成本，提高研发收益，此时可以激励代理问题较严重的企业扩大自主性创新投资规模；反之，如果政府研发资助的作用效果是替代的（挤出企业研发投资），那么具有较严重代理问题的企业的研发投资将被更多地挤出。因此提出如下假设：

假设4：政府研发资助的作用会随着科技创新企业代理问题的增加（减少）而扩大（缩小）。

6.2 模型设计与变量定义

根据前文的分析，本书构建以下模型检验政府资助对企业研发投资的效应：

$$R\&D_{it} = f(GOV_{it}, size_{it}, CF_{it}, Lev_{it}, Executive_{it}, Roa_{it}, eps_{it}, growth_{it}) + \sum year + \sum Ind + \varepsilon_{it} \quad (6-1)$$

$$R\&D_{it} = f(gov\_dum_{it}, size_{it}, CF_{it}, Lev_{it}, Executive_{it}, Roa_{it}, eps_{it}, growth_{it}) + \sum year + \sum Ind + \varepsilon_{it} \quad (6-2)$$

当政府研发资助变量 GOV_{it} 或 gov_dum_{it} 的系数显著大于零时，说明政府研发资助越多，科技创新企业越有可能增加研发创新投资，则政府资助对科技创新企业自主性研发投资产生刺激作用；而当政府研发资助变量 GOV_{it} 或 gov_dum_{it} 的系数显著为负时，则政府研发资助对科技创新企业自主性研发投资将产生挤出作用。各变量含义和计算方法如下：

6.2.1 被解释变量

$R\&D_{it}$ 为样本科技创新上市公司年报和附录中披露的企业研发支出。上市公司研发支出主要在年报中董事会报告的主营业务分析中披露。样本中的中小板上市公司在年报中对于企业研发投资做了比较详细的披露，深圳证券交易所和上海证券交易所上市的样本企业对研发投资进行详细披露的年份集中在 2011 ~ 2013 年。2010 年以前特别是在 2008 年，没有对企业研发投资进行专门披露的，本书在“管理费用”明细和“支付经营活动有关的现金流量”两个科目所披露的研发费用来替代企业研发投资数据。上市公司对于研发投资不充分的现象可能会导致样本选择偏误。Hall（2006）等也认为由于资本市场、所有权结构以及法律制度等原因，上市公司 R&D 投资相关数据的披露可能并不充分。Ortega – Argilés（2005）认为由于税收激励作用或被并购的威胁，企业有动机放宽或缩小被分类为 R&D 投资的范围，使得 R&D 投资被高估或低估，通常的做法是选择二分变量来描述 R&D 投资。模型（6 –2）即运用此方法来检验结论的稳健性。

6.2.2 解释变量

GOV_{it} 和 gov_dum_{it}。根据 2006 年颁布的《企业会计准则第 16 号——政府补助》① 中规定的政府资助的会计处理方式，用于以后摊销的费用或损失的政府资助应首先记录于“专项应付款”科目，并且在确认相关费用期间计入当年的“营业外收入”。因此为了避免重复计算，政府研发资助变量是根据上市公司年报及附注中“营业外收入”“政府补助明细”中披露的研发项目资助、新产品资助、创新奖励等项目加总得到。这些项目均符合“政府研发资助是国家为了促进企业技术创新而给予的补贴”这一原则。具体数据收集情况与第 4 章相同，这里不再赘述。

模型（6 –1）的变量 GOV_{it} 为政府研发资助的自然对数值，考察在具体规模上政府研发资助对科技创新企业研发投资行为的促进或抑制作用。虽然上市公司

① 《企业会计准则第 16 号——政府补助》（2006）规定：与收益相关的政府补助，应当分别对下列情况进行处理：用于补偿企业以后期间的相关费用或损失的，确认为递延收益，并在确认相关费用的期间，计入当期损益；用于补偿企业已发生的相关费用或损失的，直接计入当期损益。

在年度报告中披露了“政府补助”及其明细的相关内容，但是由于上市公司之间政府资助明细的表述方式的差异，以及政府研发资助的确定标准的差异，手工收集的这一变量数据可能比实际数值扩大或缩小。因此模型（6－2）将政府研发资助确定为二分变量：gov_dum_{it}为政府研发资助哑变量，当样本企业得到政府研发资助时取值为1，否则取值为零。

6.2.3 控制变量

（1）企业规模（$size_{it}$），用总资产的自然对数值表示。公司规模影响技术创新，与小企业相比，大企业更具有创新的积极性（熊彼特，1979），而小公司在技术创新方面可能更具有灵活性优势（解维敏，2009）。

（2）现金流比率（CF_{it}），用“经营活动现金流”与“固定资产净值”之比表示。Fazzari（1988）等研究以后，大量研究显示，由于可能受到融资约束，公司的投资不仅取决于投资机会，而且取决于内部现金流。

（3）负债比率（Lev_{it}），用“总负债”与“总资产”之比表示。企业研发投资具有期限长、风险高等特点，因此债务人在提供资金时将附带苛刻条件。汪晓春（2002）认为在通常情况下，低杠杆率有利于企业进行技术创新方面的投资，而高负债率的公司倾向于谨慎进行创新投资。

（4）高管持股比例（$Executive_{it}$）哑变量，用公司高管持股数与总股数之比表示。高管持股有利于管理者和所有者利益的一致性，持股高管有动机进行研发投资、技术创新，并致力于企业长期利益。

（5）资产报酬率（Roa_{it}）和每股收益（eps_{it}），代表样本公司的盈利能力。公司盈利能力决定了企业研发投资的现金流基础，因此盈利能力越强的公司，能够支配的用于研发投资的资金规模越大，越有利于研发投入。

（6）增长率（$growth_{it}$），用公司主营业务收入增长率代替，代表企业的发展速度，企业发展速度越快，其创新的原动力可能越强。

6.3 描述性统计及分析

6.3.1 描述性统计

表6－1列示了各变量在研究期间的总体特征。其中$R\&D_{it}$一行是对披露了具体的研发投资规模的样本进行的样本描述性统计。可以看到总体上进行研发投资

的样本其研发规模较集中，样本的自然对数中值和均值都在 17.4 左右。部分科技创新企业研发投资规模差距较大，进行研发投入的样本最大值超过22.9，最小值仅为 8.34。同样地，政府对科技创新企业的研发资助差距也较大，最大值为 21.49，最小值为 7.09。但是与科技创新企业研发投资相同，得到相关政府研发资助的样本在资助规模上分布也较为集中，均值和中值较为接近。控制变量中，现金流变量 CF_{it}、资产收益率变量 Roa_{it}、每股收益变量 eps_{it} 以及销售收入增长率变量 $growth_{it}$ 在各样本企业中差距较大：现金流最大值超过了企业固定资产净值的 14 倍，资产收益率最大值达到 20.79，每股收益最大值达到 6.28，增长速度达到了 62 倍，而以上变量的最小值均小于 0。为了减少异常值的影响，在实证分析时本书借鉴 Kaplan 和 Zingales（1997）的做法，将各变量排序中 1% 和 99% 数据剔除。

表 6-1　变量描述性统计

变量	中值	均值	标准差	最小值	最大值
$R\&D_{it}$	17.42286	17.30836	1.736954	8.337466	22.90133
GOV_{it}	14.4033	14.36531	1.863658	7.090077	21.48748
$size_{it}$	21.53529	21.60844	1.239726	10.8422	26.64656
CF_{it}	0.1945464	0.2039045	2.677834	-123.8242	14.78063
Lev_{it}	0.4589497	0.6620081	4.392573	0.0290972	142.7178
$Executive_{it}$	0	0.0242041	0.0771209	0	0.6921961
Roa_{it}	0.0412595	0.0322985	1.344178	-64.81915	20.78764
eps_{it}	0.23	0.3485072	0.5364539	-2.72	6.28
$growth_{it}$	0.115937	0.3642874	2.372684	-1.605846	62.18187

表 6-2 显示了样本的按年度分类统计数据，由于本书样本为科技创新企业较为集中的电子、医药和生物制造、信息技术、机械设备仪表四个行业，因此与其他企业相比其研发活动较为活跃。特别是 2011 年以后，上述样本中从事研发活动的科技创新企业达到 90% 以上。在这些进行创新投资的企业当中，政府研发资助的比例也在逐年递增，2008 年研发投资的科技创新企业中有 63.8% 得到了政府相关创新资助，在 2013 年这一比例达到了 82.8%。

表 6－2 按年度样本分类描述

年份	总样本			有 R&D 投资的公司		
	公司数	有 R&D 投资公司数	所占比例	公司数	有政府资助公司数	所占比例
2008	450	210	0. 466667	210	134	0. 638095
2009	451	359	0. 796009	359	258	0. 718663
2010	451	379	0. 840355	379	283	0. 746702
2011	451	422	0. 935698	422	326	0. 772512
2012	451	437	0. 968958	437	358	0. 819222
2013	449	431	0. 959911	431	357	0. 828306

6. 3. 2 面板数据检验

表 6－3 列示了企业研发投资规模与各解释变量的 Pearson 相关性分析结果。因变量企业研发投资 $R\&D_{it}$ 与解释变量政府研发资助 GOV_{it} 显著正相关，从相关性上证明了假设 1a，即政府研发资助对科技创新企业研发投资起到了刺激作用。此外科技创新企业研发投资规模与控制变量也有显著的关系，总体上企业规模、内部现金流、资产收益率、每股收益率、发展速度等变量对科技创新企业研发投资规模均产生显著的正向影响。

表 6－3 变量相关性分析

	$R\&D_{it}$	GOV_{it}	$size_{it}$	CF_{it}	Lev_{it}	$Executive_{it}$	Roa_{it}	eps_{it}	$growth_{it}$
$R\&D_{it}$	1	0. 436 ***	0. 639 ***	0. 105 ***	0. 035 *	0. 000	0. 126 ***	0. 314 ***	0. 042 **
GOV_{it}	0. 436 ***	1	0. 479 ***	0. 006	0. 103 ***	－0. 059 **	0. 092 ***	0. 216 ***	0. 010
$size_{it}$	0. 639 ***	0. 479 ***	1	0. 065 ***	－0. 26 ***	－0. 16 ***	0. 137 ***	0. 317 ***	0. 024
CF_{it}	0. 105 ***	0. 006	0. 065 ***	1	－0. 004	0. 009	－0. 65 ***	－0. 014	－0. 001
Lev_{it}	0. 035 *	0. 103 ***	－0. 26 ***	－0. 004	1	－0. 022	－0. 56 ***	0. 019	－0. 004
$Executive_{it}$	0. 000	－0. 059 **	－0. 16 ***	0. 009	－0. 022	1	0. 009	0. 024	－0. 011
Roa_{it}	0. 126 ***	0. 092 ***	0. 137 ***	－0. 65 ***	－0. 56 ***	0. 009	1	0. 129	0. 006
eps_{it}	0. 314 ***	0. 216 ***	0. 317 ***	－0. 014	0. 019	0. 024	0. 129	1	0. 044 **
$growth_{it}$	0. 042 **	0. 010	0. 024	－0. 001	－0. 004	－0. 011	0. 006	0. 044 **	1

注：***、**、* 分别表示 1%、5%、10% 的显著性水平。

进一步地，运用 LLC（Levin－Lin－Chu）检验样本变量的平稳性。LLC 参数值为－68. 9996、ADF－Fisher χ^2 值为 889. 087、PP－Fisher χ^2 值为 1270. 24，

均在1%的显著性水平下拒绝了样本存在单位根的原假设，证明样本变量数据平稳。

由于上市公司对于研发投资以及政府研发资助信息披露的限制，本书的样本期间选择为2008～2013年，跨度为6年，属于宽面板数据。Westerlund（2007）、Persyn和Westerlund（2008）的研究认为时间较短的宽面板数据不适于做面板协整检验。尽管如此，本书仍然运用Pedroni检验进行了样本面板数据协整检验，结果显示变量存在协整关系。具体结果如表6－4所示：

表6－4 面板数据协整检验结果

	Panelv－Statistic	Panel rho－Statistic	Panel PP－Statistic	Panel ADF－Statistic	Group rho－Statistic	Group PP－Statistic	Group ADF－Statistic
系数	1494.139	－1519.185	－349.9145	－393.9674	－1667.480	－414.8542	－467.8396
概率	0.0000	0.0000	0.0000	0.0000	0.0000	0.0000	0.0000

6.4 多元线性回归分析

6.4.1 全样本实证结果分析

首先运用Hausman检验确定模型（6－1）和模型（6－2）的形式。Hausman检验χ^2值分别为19.94和19.49，无法在5%的显著性水平下拒绝随机效应的原假设，结果显示两个模型均适宜采用随机影响形式。表6－5列示了政府研发资助对科技创新企业创新投资所产生效果的实证研究结果。

表6－5 政府研发资助效应的多元回归分析

	模型（6－1）		模型（6－2）	
	（1）因变量 $R\&D_{it}$	（2）因变量 $R\&D_{it+1}$	（3）因变量 $R\&D_{it}$	（4）因变量 $R\&D_{it+1}$
GOV_{it}	0.1502535***（8.62）	0.0314412*（1.90）		
gov_dum_{it}			2.094934***（8.33）	0.4329481*（1.82）

续表

	模型（6－1）		模型（6－2）	
	（1） 因变量 $R\&D_{it}$	（2） 因变量 $R\&D_{it+1}$	（3） 因变量 $R\&D_{it}$	（4） 因变量 $R\&D_{it+1}$
$size_{it}$	0.3294832** （2.24）	0.5433562*** （3.72）	0.4059117*** （2.77）	0.558798*** （3.83）
CF_{it}	0.0155956 （0.23）	0.1603438* （1.88）	0.0156051 （0.23）	0.1596891* （1.87）
Lev_{it}	－0.1191539* （－1.90）	－0.1588047** （－2.31）	－0.1140497* （－1.81）	－0.1575132** （－2.29）
$Executive_{it}$	6.286861*** （3.64）	5.383159*** （3.12）	6.339098*** （3.66）	5.394058*** （3.12）
Roa_{it}	－0.7201959 （－0.78）	－0.3178059 （－0.26）	－0.7071082 （－0.77）	－0.3101711 （－0.25）
eps_{it}	0.8596514*** （3.04）	0.6017014** （2.10）	0.8739052*** （3.09）	0.6015967** （2.10）
$growth_{it}$	0.0013132 （0.03）	－0.0192008 （－0.46）	0.0006501 （0.02）	－0.0196437 （－0.47）
常数项	－0.8862735 （－0.28）	1.196352 （0.39）	－2.512954 （－0.81）	0.8712014 （0.28）
Ind	控制	控制	控制	控制
year	控制	控制	控制	控制
R^2 － within	0.3966	0.1737	0.3961	0.1742
R^2 － between	0.1787	0.1590	0.1734	0.1563
Wald chi2	1520.61***	435.64	1513.95***	435.49***
样本数	2645	2195	2645	2195

注：***、**、*分别表示1%、5%、10%的显著性水平，括号内为z值。

表6－5列示了模型（6－1）和模型（6－2）的检验结果，其中第（1）列和第（3）列是对因变量、自变量和控制变量的当期值进行回归的结果；第（2）列和第（4）列是自变量和控制变量的滞后一期值对因变量的当期值进行回归的结果。

从表6－5第（1）列的结果可以看到政府研发资助变量 GOV_{it} 的系数为0.15＞0，并且在1%的显著性水平上通过显著性检验。这说明政府研发资助对科技创新企业研发投资起到了刺激作用，假设1a得到验证。我国金融市场尚处于发展进程中，知识产权保护的相关法律制度尚需完善，市场环境对企业创新活动不能给予资源要素和法律保护方面的支撑，这大大降低了科技创新企业研发投资的积极性。为了提高科技创新企业研发投入水平，就需要政府加大科技创新资助力度。通过政府资助等方式可以有效降低科技创新企业研发投资的成本和风险，以及提高创新活动预期收益。因此，政府研发资助将刺激科技创新企业研发投资的积极性，提高科技创新企业研发的均衡投资量。从控制变量来看，企业规模变量 $size_{it}$ 的系数为0.329，并且在5%的水平上显著，说明企业规模越大，企业研发投入越多；杠杆率变量 Lev_{it} 对研发投资的影响显著为负，其原因可能是当科技创新企业的负债水平提高时，难以有充足资金满足研发投资需求，因此会降低研发投入；管理层持股比例变量 $Executive_{it}$ 对科技创新企业研发投资的影响系数为6.287，且在1%的水平上显著，说明管理层持股比例越高，科技创新企业所面临的委托代理问题越小，企业管理者越容易进行对企业发展有利的创新投资项目；每股收益变量 eps_{it} 的系数显著为正，说明科技创新企业收益情况良好，对科技创新企业研发投资具有正向的促进作用。

前文提到，由于上市公司信息披露情况的差异和数据收集可能产生的误差，政府研发资助变量可能与实际情况不一致，为了克服这一问题，表6－5第（3）列考察了政府研发资助哑变量 gov_dum_{it} 对科技创新企业研发投资的影响。可以看到，gov_dum_{it} 变量的系数为2.095且在1%的水平上显著，证明了政府研发资助对科技创新企业研发投资的促进作用，进一步验证假设1a。模型（6－2）第（3）列中其余控制变量的系数大小、方向和显著性等方面与模型（6－1）第（1）列均高度一致，这也在一定程度上验证了本章模型的稳健性。

在通常情况下，企业在确定未来创新活动决策时，其依据并非是企业未来的状态，而是主要依据企业当前的发展情况。这就是说，并非是各变量因素当期值对科技创新企业研发投资产生了影响，而可能是滞后期值。因此表6－5中第（2）列和第（4）列运用各影响因素的滞后1期值对科技创新企业研发投资进行回归。回归的结果显示，政府研发资助变量的自然对数值 GOV_{it} 和二项变量 gov_dum_{it} 的系数均为正且在10%的水平上通过检验。以上结论再次证明了假设1a，即政府研发资助对科技创新企业创新投入的促进作用。第（2）列和第（4）列的其他变量系数及显著性未发生重大变化，进一步验证了模型（6－1）和模型（6－2）的稳健性。

6.4.2 分组样本实证结果分析

6.4.2.1 企业规模

为了验证假设2，表6－6检验了政府研发资助效果在不同企业规模之间的差异。企业规模分类是按照样本企业规模中值划分的，规模大于样本企业规模中值的划分为规模大组，小于中值的划分为规模小组。

表 6-6 政府研发资助效应分组分析（按企业规模）

	企业规模大样本组		企业规模小样本组	
	模型（6-1）	模型（6-2）	模型（6-1）	模型（6-2）
GOV_{it}	0.1021958*** (4.15)		0.1856749*** (7.79)	
gov_dum_{it}		1.436885*** (3.81)		2.479092*** (7.57)
$size_{it}$	0.4224594* (1.76)	0.4800047** (1.99)	0.307795* (1.71)	0.384391** (1.93)
CF_{it}	-0.228397 (-1.16)	-0.2328638 (-1.18)	-0.0163692 (-0.23)	-0.0154933 (-0.21)
Lev_{it}	0.4590116 (0.38)	0.4687757 (0.38)	-0.1403425* (-1.90)	-0.1360156* (-1.84)
$Executive_{it}$	5.303813** (2.56)	5.305405** (2.51)	4.5714** (2.30)	4.681869** (2.36)
Roa_{it}	2.339159 (0.49)	2.634162 (0.56)	-1.517989 (-1.48)	-1.504293 (-1.46)
eps_{it}	0.414796** (1.96)	0.4099016** (1.94)	2.15401*** (3.81)	2.17998*** (3.85)
$growth_{it}$	0.0083155 (0.15)	0.0058877 (0.11)	0.022453 (0.37)	0.0267942 (0.44)
常数项	-3.402369 (-0.66)	-4.664364 (-0.90)	6.726744 (0.91)	4.903184 (0.66)
Ind	控制	控制	控制	控制
year	控制	控制	控制	控制
R^2 - within	0.3705	0.3696	0.3943	0.3934
R^2 - between	0.2451	0.2419	0.2502	0.2470
Wald chi2	642.97***	639.36***	755.15***	750.16***
样本数	1337	1337	1308	1308

注：***、**、*分别表示1%、5%、10%的显著性水平，括号内为z值。

通过表6-6可以看到，无论是模型（6-1）中的GOV_{it}变量，还是模型（6-2）中的gov_dum_{it}变量，在两组样本中均有显著差异。企业规模大样本组的系数分别为0.102和1.437，而企业规模小样本组的系数分别为0.186和2.479，说明政府研发资助对小科技创新企业创新投入的刺激效用要大于对大科技创新企业的作用。通常来说小企业的研发投资规模较小、抗风险能力较弱，相同规模的政府研发资助能够较显著地降低小企业的研发投入和研发投资风险；而大企业研发投资规模较大、抗风险能力较强，与企业自身创新投入相比，政府研发资助无法从根本上影响大企业的研发成本。因此政府资助的刺激效应对小企业较为显著，假设2得到验证。控制变量的系数和显著性与表6-5结果较为相似，这里不再赘述。

6.4.2.2 国有股比例

为了验证假设3，表6-7分组检验了国有股比例的差异对政府研发资助效果的影响。国有股比例高低的划分标准是按照样本中值进行分类，将国有股比例高于中值的科技创新企业归类为国有股比例高样本组，将国有股比例低于中值的科技创新企业划分为国有股比例低样本组。

表6-7 政府研发资助效应分组分析（按国有股比例）

	国有股比例高样本组		国有股比例低样本组	
	模型（6-1）	模型（6-2）	模型（6-1）	模型（6-2）
GOV_{it}	0.1194529*** (3.61)		0.1536858*** (7.55)	
gov_dum_{it}		1.627778 (3.38)		2.139582*** (7.30)
$size_{it}$	0.4382593* (1.65)	0.4955791* (1.87)	0.3429263** (2.07)	0.4173577** (2.52)
CF_{it}	-0.2508959 (-0.75)	-0.2671887 (-0.80)	0.0071971 (0.09)	0.0091842 (0.12)
Lev_{it}	-0.9209212** (-2.36)	-0.9124516** (-2.34)	-0.124664* (-1.87)	-0.1189354* (-1.78)
$Executive_{it}$	7.661238* (1.68)	7.539907* (1.79)	6.283455*** (3.66)	6.343555*** (3.68)
Roa_{it}	1.912365 (0.97)	1.913866 (0.96)	-0.9759922 (-0.92)	-0.9358936 (-0.88)
eps_{it}	0.5129116 (0.97)	0.5137657 (0.97)	1.04549*** (3.12)	1.076182*** (3.21)
$growth_{it}$	-0.0209785 (-0.30)	-0.0238484 (-0.34)	0.0033935 (0.07)	0.0049515 (0.10)

续表

	国有股比例高样本组		国有股比例低样本组	
	模型（6-1）	模型（6-2）	模型（6-1）	模型（6-2）
常数项	-3.103562 （-0.55）	-4.304858 （-0.76）	-0.4856242 （-0.14）	-2.07483 （-0.59）
Ind	控制	控制	控制	控制
year	控制	控制	控制	控制
R^2 - within	0.4401	0.4394	0.3125	0.3124
R^2 - between	0.4083	0.4064	0.2344	0.2285
Wald chi2	555.22***	552.60***	756.66***	752.43***
样本数	785	785	1860	1860

注：***、**、*分别表示1%、5%、10%的显著性水平，括号内为z值。

通过表6-7可以看到，国有股比例不同的科技创新企业在得到政府研发资助后，其自主性研发支出出现了不同的情况。国有股比例高样本组的GOV_{it}和gov_dum_{it}变量系数分别为0.119和1.628，显著低于国有股比例低样本组（两变量系数分别为0.154和2.140），说明国有股比例差异确实影响政府研发资助的刺激效果。与国有股比例较高的企业相比，国有股比例较低的科技创新企业在管理上更加灵活，面临的国有产权虚置所带来的委托代理问题也较低，因此相同规模的政府研发资助对科技创新企业自主性创新活动投资的促进作用更大，假设3得到验证。控制变量的系数和显著性与表6-5、表6-6的结果较为相似，进一步验证了模型的稳健性。

6.4.2.3 管理层持股比例

为了验证假设4，表6-8分组检验了不同管理层持股水平对政府研发资助效果的不同影响。管理层持股比例的分组标准是样本相应变量的中值，将管理层持股比例高于中值的科技创新企业归类为管理层持股比例高样本组，将管理层持股比例低于中值的科技创新企业划分为管理层持股比例低样本组。

表6-8 政府研发资助效应分组分析（按管理层持股比例）

	管理层持股比例高样本组		管理层持股比例低样本组	
	模型（6-1）	模型（6-2）	模型（6-1）	模型（6-2）
GOV_{it}	0.1197003*** （4.68）		0.1586823*** （6.72）	

续表

	管理层持股比例高样本组		管理层持股比例低样本组	
	模型（6－1）	模型（6－2）	模型（6－1）	模型（6－2）
gov_dum_{it}		1.611747*** (4.32)		2.260843*** (6.68)
$size_{it}$	0.144702 (0.65)	0.2063899 (0.93)	0.6713865*** (3.49)	0.7538945*** (3.94)
CF_{it}	－0.1417734 (－0.59)	－0.1431479 (－0.59)	－0.0363089 (－0.50)	－0.0390925 (－0.54)
Lev_{it}	－0.2615456 (－0.52)	－0.2410804 (－0.47)	－0.1054438* (－1.65)	－0.1005034 (－1.57)
$Executive_{it}$	4.744808*** (2.66)	4.806599*** (2.69)	－3.150831 (－0.15)	－3.880116 (－0.18)
Roa_{it}	12.62529*** (2.97)	13.00545*** (3.06)	－1.352704 (－1.38)	－1.364966 (－1.39)
eps_{it}	－0.5173146 (－0.88)	－0.528169 (0.89)	0.896401** (2.49)	0.8972658** (2.49)
$growth_{it}$	0.0416689 (0.43)	0.0367446 (0.37)	－0.0137826 (－0.31)	－0.0124139 (－0.28)
常数项	4.398749 (0.94)	3.103297 (0.66)	－9.554162** (－2.34)	－11.32553*** (－2.78)
Ind	控制	控制	控制	控制
year	控制	控制	控制	控制
R^2－within	0.3135	0.3118	0.4620	0.4627
R^2－between	0.3235	0.3241	0.2462	0.2406
Wald chi2	575.16***	570.49***	966.46***	967.14***
样本数	1329	1329	1316	1316

注：***、**、*分别表示1%、5%、10%的显著性水平，括号内为z值。

表6－8列示的回归结果表明，管理层持股的差异对政府研发资助的效果影响显著。不同样本组的 GOV_{it} 和 gov_dum_{it} 变量系数均显著为正，证明管理层持股比例不同的情况下，政府研发资助对企业的研发投资依然起到刺激作用。但是管理层持股比例较低的样本其 GOV_{it} 和 gov_dum_{it} 系数均大于管理层持股比例高的样本，说明较低的管理层持股水平，加强了政府研发资助的刺激效应。管理层持股

水平从一定程度反映了企业面临的委托代理问题。如果管理层持股水平较高，则企业的委托代理问题较轻，那么企业管理层更注重企业的长期发展，因此更倾向于进行研发投资；而如果管理层持股水平较低，那么企业管理者则更注重短期业绩，从而回避相对风险大、期限长的研发投资。如果能够得到政府研发资助，对那些持股水平低、不愿进行研发投资的管理层具有更好的激励效果，则验证了假设4。控制变量的系数和显著性与表6－5、表6－6、表6－7的结果较为相似，进一步验证了模型的稳健性。

6.5 政府研发（R&D）资助效应的动态分析

6.5.1 PVAR模型

上一节运用多变量线性回归模型分析了政府研发资助对科技创新企业自主性创新活动产生的作用，验证了政府研发资助对科技创新企业研发投资的刺激效应这一结论。然而这一刺激效应可能是动态的。李瑞茜和白俊红（2013）运用非线性的门槛模型验证了政府研发资助对企业技术创新的作用效果。门槛模型通过寻找门限值，来分析不同范围的变量取值所产生的影响差异。本节运用更为灵活的面板向量自回归（PVAR）模型考察政府研发资助动态的作用效果。PVAR模型设定如下：

$$z_{it} = \Gamma_0 + \Gamma_1 z_{it-1} + f_i + d_{c,t} + e_{it} \tag{6-3}$$

其中，z_{it}为向量｛$R\&D_{it}$，GOV_{it}，Roa_{it}，eps_{it}｝，各变量定义见上文。前文提到企业收益可能影响科技创新企业研发投资决策：一方面，企业收益的高低决定着其在研发投资时能够投入的资金规模，特别是企业面临外部融资约束时，收益较高的企业有更充足的自有资金进行研发投资；另一方面，收益较高的企业更容易得到市场的认可，也就更有动力进行创新活动。因此将表示企业收益的资产收益率Roa_{it}和每股收益eps_{it}加入模型（6－3）中。

PVAR模型将时间序列向量自回归（VAR）方法和面板数据相结合，把所有变量同时作为内生变量放在一个系统中，控制面板数据的个体异质性（个体效应和时间效应），分析变量间的动态影响效应。PVAR模型运用脉冲响应函数描述科技创新企业研发投资对政府研发资助冲击的反应程度。PVAR模型和脉冲响应函数的估计过程是：

首先，对于方程（6－3）在截面上进行均值差分去除时间效应；采用Helmert过程去除个体固定效应；采用系统广义矩估计（System GMM）放松了对样本统计分布特征的要求。

其次，对 PVAR 模型残差矩阵的方差协方差矩阵进行 Choleski 分解。由于 PVAR 模型残差矩阵的方差协方差矩阵是非对角矩阵，需要对其进行 Choleski 分解。Choleski 分解的识别条件需要对变量间的相互影响关系进行设定。本书假设：政府研发资助（GOV_{it}）影响当期科技创新企业研发投资支出，资产收益影响当期企业研发投资支出，科技创新企业研发投资支出影响滞后期资产收益，科技创新企业研发投资支出影响滞后期每股收益。

最后，运用蒙特卡洛（1000 次）模拟得到脉冲响应函数的置信区间。

6.5.2 政府研发（R&D）的动态效果分析

运用 PVAR 模型对方程（6－1）进行估计，主要变量系数估计结果如表 6－9 所示：

表 6－9 PVAR 模型变量系数估计结果

	$R\&D_{it-1}$	GOV_{it-1}	Roa_{it-1}	eps_{it-1}
$R\&D_{it}$	0.6436288 *	0.22153505 *	－0.07083839	1.8698754 *
	(7.7820282)	(3.0909017)	(－0.84323463)	(1.8775234)
GOV_{it}	0.33646991	0.48061534	－0.02796311	2.3584373 **
	(2.5072523)	(3.6315473)	(－0.66774791)	(1.8387572)
Roa_{it}	－0.0493221 **	－0.04786747 **	0.0186543 *	－1.1156649
	(－1.3861646)	(－1.3800577)	(0.23145762)	(－1.2639983)
eps_{it}	－0.0308117 ***	－0.02962244 ***	－0.01479076 **	0.14937483
	(－3.3859375)	(－3.4396974)	(－0.96417173)	(1.4000097)

注：***、**、*分别表示在 1%、5% 和 10% 水平上显著，括号中为异方差调整 t 值；面板 VAR 模型 stata 估计程序由 Inessa Love 编写。

通过表 6－9 可以看到，政府研发资助滞后项对当期科技创新企业研发投资的影响系数为 0.222 大于零，且在 10% 的水平上通过显著性检验。说明增加滞后期的政府研发资助能够显著提高样本企业的研发投资水平。进一步从动态角度证明了假设 1a，说明政府研发资助对科技创新企业研发投资的促进作用。此外每股收益的滞后值增加也能够显著提高当期科技创新企业研发投资。

表 6－10 进一步列示了各变量变化的影响程度。可以看到科技创新企业研发投资受自身滞后项、政府研发资助滞后值以及每股收益滞后值影响较大。相应地，政府研发资助除受本身滞后项的影响较大外，还主要受到科技创新企业自主性研发投入的滞后值影响。

表 6-10 各变量方差分解结果

	$R\&D_{it-1}$	GOV_{it-1}	Roa_{it-1}	eps_{it-1}
$R\&D_{it}$	0.92457219	0.03732794	0.00088657	0.03721331
GOV_{it}	0.30502992	0.65246831	0.00055246	0.04194931
Roa_{it}	0.05155341	0.01765306	0.76187495	0.16891859
eps_{it}	0.43939385	0.14944648	0.00145282	0.40970685

注：方差分解为 10 期预测结果。

脉冲响应函数反映其他因素不变的情况下，某内生变量的一个标准差冲击对其余变量的当前值及未来取值的影响。图 6-1、图 6-2、图 6-3、图 6-4 刻画了政府研发资助和企业研发投资单位冲击的相互影响。

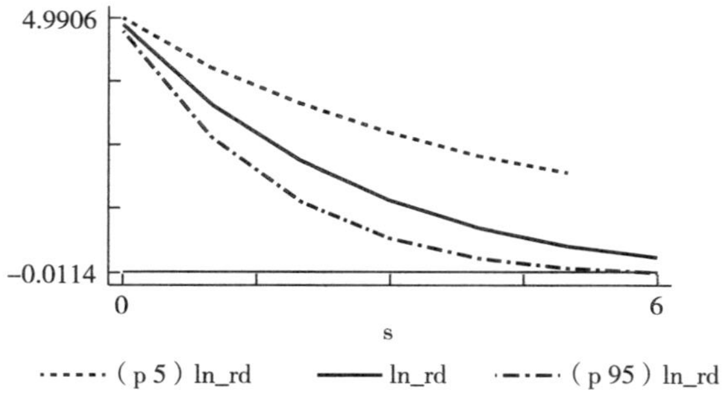

图 6-1 科技创新企业自主性研发投资自身冲击

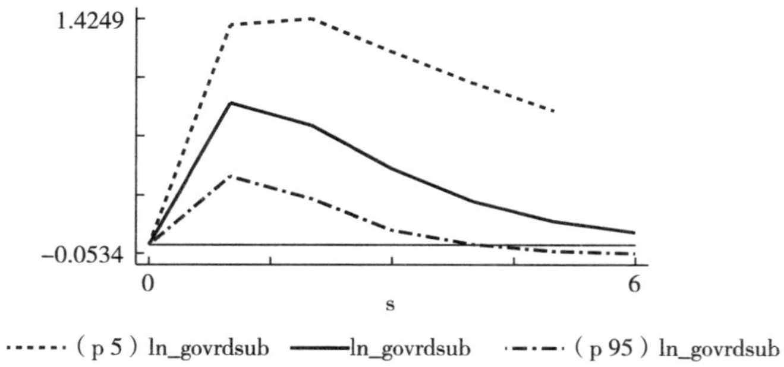

图 6-2 政府研发资助对科技创新企业自主性研发投资的冲击

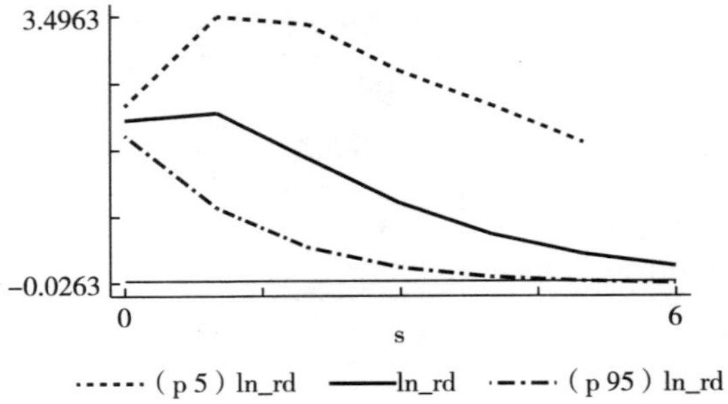

图 6-3　科技创新企业自主性研发投资对政府研发资助的冲击

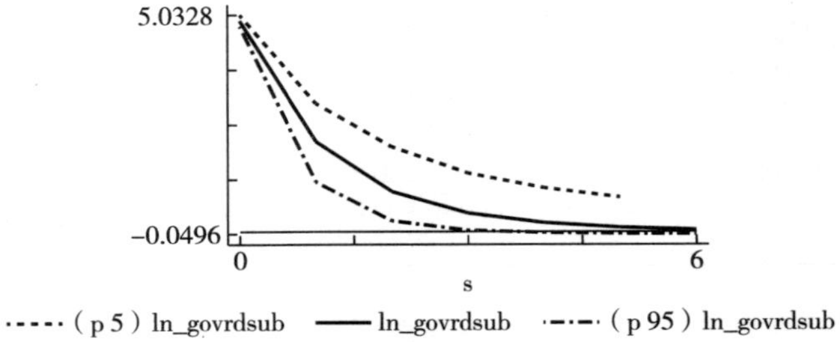

图 6-4　政府研发资助自身冲击

从图 6-2 中可以看到，政府研发资助一单位冲击对企业研发投资产生了正向促进作用，并在第 1 期达到最大值随后逐渐衰退。以上结果从动态角度验证了政府研发资助对科技创新企业研发投资的促进作用。

6.6　本章小结

本章研究了政府研发资助对科技创新企业自主性研发投资的作用效果。首先运用多变量线性回归模型证明了政府研发资助对科技创新企业研发投资具有促进作用。由于研发投资项目风险较大、投资期较长，并且企业无法独占投资成果的收益，使得企业对研发投资缺乏动力。政府的研发资助能够有效降低科技创新企业研发投资的成本和风险，提高预期收益，刺激科技创新企业研发投资的积极性，使科技创新企业研发投资向较高的均衡点推进。

对于不同的科技创新企业类型，政府研发资助的促进作用有所差异：从企业规模差异来看，政府研发资助对小企业创新投入的刺激效用要大于大企业。企业规模越小，其抗风险能力越弱，研发投资规模也就越小，与大企业相比，相同规模的政府研发资助能够更加显著地刺激小企业自身研发投资。

从企业国有股比例差异来看，政府研发资助对国有股比例较低的科技创新企业能够产生较显著的促进作用。可能的原因是国有股比例较低的科技创新企业在管理上更加灵活，面临的国有产权虚置所带来的委托代理问题较小，因此相同规模的政府研发资助对此类企业自主性创新活动投资的促进作用就较大。

从管理层持股比例差异来看，在较低的管理层持股水平下，政府研发资助对科技创新企业研发投资的刺激作用增大。如果管理层持股水平较低，那么科技创新企业面临的委托代理问题越大，则管理者会更注重短期业绩，从而回避研发投资项目。此时如果能够得到政府研发资助，将对其具有更好的激励效果。

最后本章运用面板向量自回归模型（PVAR）验证了政府研发资助对科技创新企业研发投资的动态促进作用。

7 政府研发资助与科技创新企业研发投资效率

本章主要研究获得政府研发资助的科技创新企业在研发总投入方面是否具有效率。企业的非效率研发投资为实际研发投资与最优研发投资的差额部分。政府的研发资助可能使科技创新企业进行过度的非效率研发投资，也可能缓解企业的研发投资不足的情况。

7.1 理论分析与研究假设

7.1.1 理论分析

根据 Modigliani 和 Miller（1958）的 MM 定理，企业投资规模与企业内部现金流不应该存在任何关系。因为在市场完全有效的情况下，如果企业需要进行投资，那么外部资本市场完全可以提供资金。如果企业在投资全部正 NPV 项目后仍有多余的内部资金，那么可以将剩余资金提供给外部市场。然而现实市场并非如此完美，由于资本市场存在摩擦，企业无法以理想的价格进行外部融资，将多余资金提供给外部的企业也面临较高的资金管理和监督交易成本。资本市场的这些摩擦和交易成本成为了企业内部现金流与投资行为正相关的主要原因。Hubbard（1988）、Fazzari 等（1988）、Hoshi 等（1991）、Kashyap（1994）、Hu 和 Schiantarelli（1998）、Bates（2005）等研究表明，企业投资支出与其内部现金流呈现显著的正相关关系。

产生这种投资—现金流敏感现象的原因可能有以下两个：第一，投资与现金流正相关是由于企业存在委托代理问题，管理层利用企业内部自由现金流进行过度投资。Jensen（1986）、Bernanke 和 Gertler（1989）、Stulz（1990）等研究即持有这种观点。当企业内部现金流水平较高时，管理层为了建立商业帝国（Grossman & Hart，1982）从而进行过度投资（Jensen，1986）。当企业规模扩大时，管理层不但增加薪酬（Conyon & Murphy，2000），而且将获得更多的控制权（Dyck

& Zingales，2004）。因此，当企业在满足正常经营和投资需求之外仍有多余的内部现金时，管理层可能为了获得更多的控制权而将内部现金流投资于负 NPV 的经营项目之中去。而由于监督成本过高，股东对这种现象却无法进行监管。这种由于委托代理问题造成的投资与内部现金流正相关关系表现为企业的过度投资。Pawlina 和 Renneboog（2005）以 1992～1998 年英国 985 家上市公司为样本，发现样本公司呈现显著的投资现金流敏感现象，并且产生这种现象的主要原因是委托代理问题，特别地，金融机构、政府以及其他法人投资者的监督能够显著降低由于委托代理问题而产生的投资与现金流正相关现象。Richardson（2006）运用会计研究框架研究了过度投资和现金流关系问题，认为具有较高现金流水平的企业倾向于过度投资，以此证明了过度投资企业存在委托代理问题。国内研究考虑到中国股票市场自身的特点，如宁彦君（2012）认为我国上市公司具有股利支付率普遍较低、受政策因素影响较大等特点，运用其他融资约束的衡量指标，如业绩报酬敏感度（支晓强和童盼，2007）、股权特征（何金耿和丁加华，2001）等，验证了投资—现金流敏感与融资约束的一致性，冯巍（1999）将 1995～1997 年 135 家制造业上市公司按照存在融资约束和不存在融资约束进行分组，发现具有融资约束的上市公司呈现出投资与现金流敏感现象。沈红波等（2010）基于 2001～2006 年中国制造业上市公司进行研究，认为我国上市公司投资与现金流高度敏感，并且存在明显的融资约束。

第二，企业投资与现金流正相关现象也可能是资本市场不完善的一个表现。由于外部融资成本太高，企业只能用内部现金流满足投资资金需求。Fazzari 等（1988）和 Hubbard（1998）等研究认为，虽然企业可能拥有较好的投资项目，而由于信息不对称外部资金成本过高，导致企业只能用内部现金来进行投资。这种由于融资约束造成的投资与内部现金流正相关现象表现为企业的投资不足。与 Fazzari 等（1988）的方法相似，Moyen（2004）运用股利分配政策衡量企业面临的融资约束状况，发现面临融资约束的企业其现金流与投资呈显著正相关关系。Almeida 和 Campello（2001）运用企业面临信贷配给的一期模型，认为面临信贷配给的企业呈现了明显的投资与现金流正相关关系，而没有面临信贷配给的企业不存在投资与现金流的相关关系。Povel 和 Raith（2001）建立了投资无法被市场观测的一期模型，研究发现信息不对称程度越高，投资与现金流敏感问题越严重。部分研究成果认为，投资现金流的正相关关系可能并非源于融资市场的摩擦，而是由于企业投资机会并未被准确衡量。Kaplan 和 Zingales（1997）运用公司年度报告中披露的关于企业流动性情况的描述作为企业是否面临融资约束的判断标准，发现投资现金流敏感关系并非源于融资约束。此后大量研究对投资现金流敏感的原因进行争论。大多数研究的结论依然支持投资与现金流正相关关系的原因来自于融资约束。Carpenter 和 Guariglia（2008）运用企业投资合同作为投资机会的替代变量，研究了英国企业的投资与现金流敏感问题，发现面临融资约束的大企业的投资现金流敏感度下降，但是具有融资约束的小企业依然呈现显著的投资现金流敏感现象，证明了融资约束是投资与现金流正相关的主要原因。国内学者的研究应用了国外的研究思路和方法，证实了我国上市公司过度投资引起的投资—现金流敏感主要来源于代理问题：李维安和姜涛（2007）运用中国上市公司 2003 ~ 2005 年的样本，验证了上市公司存在过度投资现象，并且认为加强公司治理能够有效抑制这种过度投资行为；张翼和李辰（2005）对 1998 ~ 2001 年中国上市公司进行研究，认为地方政府或国企控股上市公司，第一大股东比例的增加能够显著降低企业的过度投资；饶玉蕾和汪玉英（2006）研究了 2001 ~ 2003 年上市公司，发现第一大股东能够显著降低投资—现金流的正相关关系，证明了过度投资的原因是企业的委托代理问题。

政府的研发资助与企业内部现金流的性质具有相似之处。一方面，申请和使用政府相关研发资助通常是低成本甚至是无偿的，企业不需要为使用政府研发资助付出过多资金成本。更进一步讲，与使用内部现金流可能承担的机会成本相比，政府研发资助资金对企业来说机会成本更微乎其微，因为研发项目成功申报资金之后，除了项目的验收，政府并不会对项目的经济效益进行进一步的鉴定。孟繁森（2008）指出企业的研究队伍或人才队伍是其能否成功申请国家技术创新资助的关键因素之一。因此，部分企业为了得到政府研发资助，可能存在利用外界科研人员虚假包装的现象（安童良等，2009）。这一现象说明由于对企业来说政府研发资助成本较低，企业不遗余力地希望争取到相关资助。另一方面，由于信息不对称，政府在企业以及如何运用相关研发资助方面缺乏有效的监管措施，这与股东无法有效监管管理者如何运用内部现金流现象相似。安童良等（2009）认为政府研发补助与企业自主创新投资行为存在信息不对称，企业可能释放虚假信号来获取政府研发补贴。由于缺乏对企业研发投资行为监督和管理的有效手段，可能造成了企业滥用政府研发补助进行过度研发投资的现象。Marcus 和 Howard（2003）研究了日本和韩国的产业政策，认为政府有选择性的研发（R&D）资助对全国或产业的生产率并未产生显著影响。正因为政府的研发（R&D）资助的使用成本低，并且在资助提供者和使用者之间存在信息不对称，企业在使用政府创新资助时极易产生非效率现象。

7.1.2 研究假设

（1）根据前文分析，政府研发资助的资金使用成本低，且研发项目的信息不对称使得科技创新企业在资助资金运用的过程中缺乏有效监管，这增加了科技创新企业过度进行研发投资的可能性。据此本书提出假设：

假设 1a：政府研发资助与科技创新企业研发投资过度正相关。

另一个可能的情况是，政府在对科技创新企业提供研发资助之后，政府可以通过一定的监管手段抑制科技创新企业研发投资的非效率行为，据此提出备择假设：

假设 1b：政府研发资助能够抑制科技创新企业过度的研发投资。

（2）由于研发创新投资项目通常具有高投入、高风险、期限长等特征，科技创新企业难以获得金融部门或资本市场的资金支持，在研发投资时面临融资约束而不得不放弃 NPV 为正的创新项目。政府研发资助在一定程度上有助于缓解科技创新企业的资金困难，据此本书提出如下假设：

假设 2：政府研发资助与科技创新企业投资不足负相关。

7.2 模型设计

由于存在委托代理和信息不对称问题，企业的实际投资规模往往与必要的或最优的投资规模存在一定差异，即存在过度投资或投资不足现象。与普通投资相比，科技创新企业的研发投资具有更高的信息不对称性，而缺乏监督的、低成本的政府研发资助加大了委托代理问题产生的可能性，因此政府研发资助可能更容易促使科技创新企业产生研发投资的非效率现象。

借鉴 Richardson（2006）的研究方法，可以定义过度投资是企业在必要的维持性投资以及 NPV 大于零的投资之外进行的投资项目。可以将总投资做如下划分：①企业维持性投资；②新投资。其中新投资部分包含净现值大于零的项目和净现值小于零的项目，即企业投资可以分解如下：

$$I_{TOTAL,t} = I_{M,t} + \underbrace{I_{N,t}}_{I^*_{N,t} + I^{\varepsilon}_{N,t}} \tag{7-1}$$

其中，$I_{TOTAL,t}$为企业 t 时期总投资规模；$I_{M,t}$为 t 时期企业维持性投资规模；$I_{N,t}$为 t 时期企业新投资规模，而 $I_{N,t}$可以分解为必要新投资 $I^*_{N,t}$和非效率投资 $I^{\varepsilon}_{N,t}$（当然 $I^{\varepsilon}_{N,t}$可能大于零也可能小于零，当 $I^{\varepsilon}_{N,t} > 0$ 时表现为过度投资，当 $I^{\varepsilon}_{N,t} < 0$ 时表现为投资不足）。

对于科技创新企业可能存在的研发投资过度或不足，运用相似的方法首先拟合科技创新企业研发投资的最优规模：

$$R\&D_{it} = \beta_0 + \beta_1 cf_{it} + \beta_2 SIZE_{it} + \beta_3 Executive_{it} + \beta_4 tobinQ_{it} + \beta_5 Roa_{it} + \beta_6 Lev_{it} + \beta_7 profit_{it} + \varepsilon_{it} \tag{7-2}$$

其中，$R\&D_{it}$为研发投资规模，用研发投资的自然对数值表示；cf_{it}为现金流比率，用企业经营现金流与固定资产净值之比表示；$SIZE_{it}$为企业规模，用资产的自然对数值表示；$Executive_{it-1}$为管理层持股比例，$tobinQ_{it}$为市场价值与重置成本之比；Roa_{it}为资产收益率；Lev_{it}为杠杆率；$profit_{it}$为利润率。具体变量定义见前文章节。

运用模型（7－2）的回归结果，可以拟合科技创新企业研发投资的最优值。而模型（7－2）的残差项 ε_{it}，即科技创新企业研发投资的实际值与最优值之间的差额，可以表示科技创新企业过度研发投资部分或研发投资不足部分。最后运用政府研发资助变量对残差 ε_{it}进行回归，以考察政府研发资助对科技创新企业研发投资非效率的作用效果。回归模型设计如下：

$$\varepsilon'_{it} = \eta_0 + \eta_1 GOV_{it} + \varepsilon_{it}^* \qquad (7-3)$$

其中，GOV_{it}为政府研发资助的自然对数值。$\varepsilon_{it} > 0$ 说明科技创新企业存在研发项目的过度投资，且当 GOV_{it}的系数 η_1 显著为正时，意味着政府研发资助对科技创新企业过度研发投资存在刺激作用；当 $\varepsilon_{it} > 0$ 且 GOV_{it}的系数 η_1 显著为负时，意味着政府研发资助能够抑制科技创新企业的过度研发投资。反之，当 $\varepsilon_{it} < 0$ 时，说明科技创新企业存在研发投资不足，且 η_1 显著大于零意味着政府研发资助能够有效缓解由于融资约束造成的科技创新企业研发投资不足。为了准确检验政府研发资助对科技创新企业非效率研发投资的影响，在实证分析部分将模型（7－3）中的 GOV_{it}变量用哑变量 GOV_dum_{it}替代。其中当政府研发资助不为“0”时，GOV_dum_{it}取值为 1，否则为 0。

7.3 描述性统计及相关性分析

与前文样本一样，选取 2008 年以前上市的电子、医药和生物制造、信息技术、机械设备仪表四个行业的 A 股上市公司为样本，以上四个行业为科技创新企业最为集中的行业，样本期间同样选取 2008～2013 年。政府研发资助和科技创新企业研发投资数据通过上市公司年报中披露的数据手工整理得到。其他变量数据通过 CSMAR 数据库收集。具体数据收集操作标准详见第 4 章。各变量的描述性统计如表 7－1 所示。

通过表 7－1 可以看到，样本企业在研发投入上达到了一定的规模，研发投资自然对数均值为 15.69，中值为 17.31。但是仍然存在部分样本并未进行研发投资。考虑到样本选取的是科技创新企业较为集中的电子、医药和生物制造、信息技术、机械设备仪表等行业，处于高新技术行业而不从事研发工作，将严重影

表 7－1 变量描述性统计

变量	中值	均值	标准差	最小值	最大值
$R\&D_{it}$	17.31356	15.68685	5.422599	0	22.90133
cf_{it}	0.1907034	0.1773948	2.933361	－123.8242	14.78063
$SIZE_{it}$	21.63838	21.71721	1.179358	17.55059	26.64656
$Executive_{it}$	0.0000627	0.052464	0.1286929	0	0.75
$tobinQ_{it}$	1.866091	2.356322	1.764197	－7.669285	25.07127
Roa_{it}	0.040854	0.0597377	0.5152352	－6.763722	20.78764
Lev_{it}	0.4627054	0.5253485	1.212642	0.0290972	41.93938
$profit_{it}$	0.053001	0.0053908	1.445791	－61.39405	2.201372
GOV_{it}	13.71015	10.81931	6.447052	0	21.48748

响样本企业的竞争力。这也从侧面反映了我国科技创新类上市公司整体创新活动仍需进一步提高。从管理层持股比例变量 $Executive_{it-1}$ 来看，管理层持股比例较低，中值仅为 0.0000627，说明样本企业对管理层的股权激励力度较小，从而不利于降低委托代理问题。从政府研发资助情况来看，政府对科技创新企业的研发资助差异较大，部分科技创新企业未得到研发资助，而 GOV_{it} 的最大值为 21.49，与科技创新企业研发投资规模最大值 22.90 接近，说明存在部分科技创新企业得到的研发资助与其自主性研发投资规模相当。

表 7－2 列示了各变量的相关性分析，可以看到模型（7－2）的各自变量与因变量 $R\&D_{it}$ 具有较显著的相关性。其中 cf_{it-1}、$SIZE_{it-1}$、$Executive_{it-1}$ 和 $profit_{it-1}$ 变量与自主性研发规模呈显著的正相关关系，说明现金流比例越强、规模越大、管理层持股比例越高、利润率越高的科技创新企业，越倾向于进行较大规模的研发活动；而 $tobinQ_{it-1}$、Roa_{it-1} 和 Lev_{it-1} 与自主性研发规模呈显著的负相关关系，说明投资机会、资产收益率和杠杆对科技创新企业的自主性研发投资起到了抑制作用。

表 7－2 变量相关性分析

	$R\&D_{it}$	cf_{it}	$SIZE_{it}$	$Executive_{it}$	$tobinQ_{it}$	Roa_{it}	Lev_{it}	$profit_{it}$
$R\&D_{it}$	1	0.072***	0.216***	0.092***	－0.206***	－0.048**	－0.136***	0.110***
cf_{it}	0.072***	1	0.072***	0.014	－0.077***	－0.704***	－0.003	0.040*
$SIZE_{it}$	0.216***	0.072***	1	－0.233***	－0.438***	－0.045**	－0.090***	0.112***
$Executive_{it}$	0.092***	0.014	－0.233***	1	0.018	0.004	－0.059***	0.025
$tobinQ_{it}$	－0.206***	－0.077***	－0.438***	0.018	1	0.217***	0.217***	－0.184***
Roa_{it}	－0.048**	－0.704***	－0.045**	0.004	0.217***	1	－0.138***	－0.699***
Lev_{it}	－0.136***	－0.003	－0.090***	－0.059***	0.217***	－0.138***	1	－0.321***
$profit_{it}$	0.110***	0.040*	0.112***	0.025	－0.184***	－0.699***	－0.321***	1

注：***、**、*分别表示 1%、5%、10% 的显著性水平。

7.4 实证结果分析

7.4.1 企业研发投资非效率的实证检验

根据模型（7－2），为了拟合科技创新企业最优研发投资规模，运用内部现金流、企业规模、管理层持股比例、托宾Q、资产收益率、杠杆率、营业利润率等自变量对科技创新企业自主性研发投资规模的自然对数值进行回归，回归结果如表7－3所示。

表7－3 企业研发投资回归结果

	(1) $R\&D_{it}$	(2) $R\&D_{it+1}$
cf_{it}	0.1250321** (2.26)	0.2320097*** (2.76)
$SIZE_{it}$	0.7589737*** (5.05)	0.7135575*** (4.97)
$Executive_{it}$	5.325424*** (4.47)	3.245024*** (2.93)
$tobinQ_{it}$	－0.0955018 (－1.11)	－0.1341363 (－1.49)
Roa_{it}	0.9253351 (1.44)	1.593872** (2.24)
Lev_{it}	－0.2943934** (－2.03)	－0.269152** (－2.00)
$profit_{it}$	0.0084525 (0.03)	0.1527329 (0.63)
常数项	－3.051697 (－0.92)	－0.995900 (－0.31)
χ^2 值	460.83***	308.52***
Within－R^2	0.1812	0.1435
Between－R^2	0.1494	0.1762
样本数量	2213	1764

注：***、**、*分别表示1%、5%、10%的显著性水平，括号中为z值。

通过表7－3第（1）列可以看到：①企业内部现金流 cf_{it-1} 与研发投资水平具有显著正相关关系，系数为0.125。在通常情况下，研发投资具有风险大、期限长、信息不对称程度高等特点，企业难以获得外部融资支持，因此研发投资的资金来源首先是内源融资。当企业内部现金流较充足时，其研发投资规模也将扩大，因此二者呈现正相关关系。②企业规模 $SIZE_{it}$ 与研发投资水平呈显著正相关关系。企业规模越大，其抗风险能力越强，承受研发项目失败所带来的预期损失的能力越强。另外，企业规模越大，其社会影响力越大，越有进行研发创新的动力，因此企业规模对研发投资水平起到促进作用。③管理层持股比例 $Executive_{it}$ 与研发投资呈正相关关系。与前文分析的委托代理问题抑制企业研发投资的观点略有差异，实证分析表明样本企业的管理层持股比例越大，其研发规模越大。可能的原因是样本企业的管理层持股比例普遍较低（均值为0.05、中值仅为0.0000627），研发投资可能承担的风险给管理层持股收益带来的风险非常低。而研发投资规模在一定程度上释放了企业价值和发展趋势的信号，并且使管理层拥有更多的控制权，因此管理层的持股比例在一定程度上促进了研发规模的扩大。④杠杆率 Lev_{it-1} 与研发投资呈显著负相关关系。杠杆率表示企业负债水平的高低，杠杆率越高，意味着企业负债水平越高，进一步为研发投资进行外源融资的能力就越低，因此杠杆率越高对企业的研发投资的抑制作用就越强。其余自变量与研发投资的相关关系基本符合理论分析，但没有通过显著性检验。

为了检验模型（7－2）的稳健性，表7－3第（2）列运用滞后一期自变量对因变量研发投资规模进行回归，变量的系数和显著性水平与第（1）列基本一致。其中资产收益率 Roa_{it} 与研发投资规模呈显著正相关关系。说明科技创新企业的盈利能力越强，越有动力进行研发创新投资。鉴于第（1）列、第（2）列回归结果相似，且第（1）列的拟合效果优度较好，为了避免自由度的大量降低，下文运用自变量和因变量的当期值计算企业最优研发投资进而估计样本企业的非效率研发投资规模。

根据表7－3的回归结果，首先拟合企业的最优研发投资规模，然后根据实际研发投资规模与最优研发投资规模之差判断企业研发投资的非效率情况。表7－4是模型（7－2）的残差 ε_{it} 部分，表示科技创新企业研发投资的非效率水平。当 $\varepsilon_{it}>0$ 时企业研发投资过度，当 $\varepsilon_{it}<0$ 时企业研发投资不足。具体的非效率研发投资情况如表7－4所示。

由表7－4可知：在全体2213个公司/年度样本中，存在过度研发投资的样本较多，数量为1660个，所占比重为75%；研发投资不足的样本数量为553个，所占比重仅为25%。从研发投资的非效率均值来看，研发投资过度样本均值为2.02，而研发投资不足的样本均值为6.10（实际非效率研发投资为－6.095），为

表 7-4　科技创新企业研发投资效率分析

	全样本	R&D 投资过度	R&D 投资不足
观测值	2213	1660	553
均值	-0.0046958	2.024204	-6.095063
中位数	1.212611	1.715389	-1.754137
极大值	6.823348	6.823348	-0.0018634
极小值	-19.97925	0.017612	-19.97925
标准差	4.946697	1.329077	6.573333

了便于理解这里取绝对值，表明就整体平均水平而言，虽然研发投资不足的样本数量较少，但研发非效率规模较大。通过标准差也可以看到，研发投资非效率的分布极端化，尤其是研发投资不足样本的极大值和极小值的巨大差异可以从侧面证明非效率研发投资的分布离散程度。

表 7-5 分别对研发投资非效率样本组进行企业特征分析，分别计算了研发投资过度和研发投资不足两个样本组的企业规模、管理层持股比例以及国有股比例的均值，并检验了两组企业特征差异的显著性，可以看到两个样本组的科技创新企业特征均存在显著差异。具体地，研发过度投资样本组企业规模大于研发投资不足样本组，说明大企业更易发生过度研发投资的现象；在管理层持股比例方面，研发投资过度组的管理层持股比例显著小于研发投资不足组；从国有股比例情况来看，过度研发投资的企业国有股比例显著大于研发投资不足的企业，说明国有股产权虚置情况促进了企业非效率的超额研发投资。

表 7-5　研发投资非效率的科技创新企业特征分析

	R&D 投资过度	R&D 投资不足	t 值
规模	21.79355	21.50455	-5.0397***
管理层持股比例	0.0371544	0.0988776	9.9739***
国有股比例	0.0626732	0.036332	-3.8960***

注：***、**、*分别表示 1%、5%、10% 的显著性水平。

7.4.2　政府研发资助影响非效率研发投资的实证检验

根据模型（7-2）拟合了研发投资非效率部分 ε_{it} 后，运用政府研发资助自然对数值对 ε_{it} 进行回归，进而判断政府研发资助对科技创新企业非效率研发投资的影响，结果列示在表 7-6 中：

表 7－6 政府研发（R&D）资助规模的效率检验

	全样本	R&D 投资过度	R&D 投资不足
GOV_{it}	0.1139964*** (6.78)	－0.019755*** (－3.69)	0.2205951*** (5.89)
常数项	－1.234462*** (－5.09)	2.239213*** (31.99)	－8.087174*** (－15.65)
χ^2 值	46.01***	13.59***	34.68***
Within－R^2	0.0138	0.0249	0.0478
Between－R^2	0.0503	0.0001	0.0924
样本数量	2213	1660	553

注：***、**、*分别表示1%、5%、10%的显著性水平，括号中为z值。

表7－6显示，过度研发投资样本组的政府研发（R&D）资助变量GOV_{it}系数为－0.0198且在1%的显著性水平上通过检验，说明政府研发资助对科技创新企业研发的过度投资具有一定的抑制作用。在前文的理论分析部分提出，由于研发投资的信息不对称以及政府研发资助使用成本较低，可能促进了企业过度的研发投资。然而表7－6的实证研究结果显示，政府资助与科技创新企业过度研发投资呈负相关关系。可能的原因是政府对其研发资助项目进行了适当的筛选和监管，促进了科技创新企业研发投资效率的提高，假设1b得到验证。

研发投资不足样本组的政府研发资助变量GOV_{it}系数为0.221，且在1%的水平上显著，说明政府研发资助能够改善科技创新企业研发投资不足。政府的研发资助可以有效缓解科技创新企业的融资约束，并通过降低资金成本可以有效减少科技创新企业进行研发投资活动的风险，进而提高科技创新企业创新投资水平，假设2得到验证。综上所述，政府研发资助可以促进样本企业提高研发投资的投资效率。

为了检验以上分析的有效性，运用政府资助二分变量对研发投资过度和不足两个样本组的非效率研发投资水平进行了回归，结果列示在表7－7中。

表 7－7 政府研发资助规模效率的稳健性检验

	全样本	R&D 投资过度	R&D 投资不足
GOV_dum_{it}	1.619808*** (6.57)	－0.3020708*** (－3.76)	3.076591*** (5.93)
常数项	－1.21711*** (－4.96)	2.252087*** (31.45)	－8.070116*** (－15.73)

续表

	全样本	R&D 投资过度	R&D 投资不足
χ^2 值	43.20 ***	14.12 ***	35.19 ***
Within - R^2	0.0138	0.0142	0.0487
Between - R^2	0.0440	0.0027	0.0950
样本数量	2213	1660	553

注：***、**、*分别表示1%、5%、10%的显著性水平，括号中为z值。

表7-7显示，政府研发资助哑变量对科技创新企业的非效率研发投资具有抑制作用，结论与表7-6一致。具体来说，政府的研发资助能够显著地抑制科技创新企业的过度研发投资，并且能显著地促进研发投资不足的样本企业提高研发投资规模。

7.5 本章小结

对于企业内部现金流和投资规模的多项研究证明，企业存在投资规模与内部现金流的正相关关系。产生投资现金流敏感的原因可能有两个：第一个原因是委托代理问题导致的过度投资；第二个原因是融资约束导致企业的投资不足。政府的研发资助与企业研发投资的关系与投资—现金流敏感问题相似。一方面政府研发资助的资金成本较低，另一方面企业研发投资同样面临融资约束和委托代理问题。因此政府研发资助同样可能刺激企业进行过度的研发投资。本章即研究政府研发资助对科技创新企业非效率的研发投资所产生的影响。

借鉴已有的研究方法，通过寻找影响科技创新企业研发投资规模的关键因素，拟合企业的最优研发投资规模，进而运用实际研发投资规模与最优研发投资规模的差异表示科技创新企业研发投资的非效率部分。实证研究结果显示，政府研发资助能够有效抑制科技创新企业的过度研发投资，并且能够有效提高研发投资不足科技企业的R&D投资规模。以上结论证明了政府研发投资的有效性。

8 政府研发资助与科技创新企业研发产出效果

本章主要研究政府研发资助对科技创新企业研发产出的作用效果。运用专利产出和市场价值作为研发产出的替代变量，当政府研发资助能够促进科技创新企业的专利产出时，说明政府研发资助效果较好，有利于通过专利的技术溢出作用扩大全社会的科技进步；反之当政府研发资助无法有效促进科技创新企业的专利产出时，则说明政府研发资助效果较差。当政府研发资助能够有效提升科技创新企业市场价值时，通过在资本市场的示范作用，也有利于促进其他企业的创新投资活动，从而有利于政府研发资助达到推动社会科技进步的目的；反之如果政府研发资助无法提升科技创新企业的市场价值，则说明政府研发资助的市场价值信号较弱。

8.1 理论分析与研究假设

8.1.1 理论分析

通过前面章节的研究可以看到，政府研发资助可以通过缓解科技创新企业研发项目融资约束、降低研发项目成本和风险、缓解企业研发信息不对称性从而改善科技创新企业的融资环境、促进创新活动、提高研发投资效率。然而政府对科技创新企业研发资助的目的并非仅仅提高企业自身的研发投资数量和效率，而是要通过受资助企业的技术溢出效应，带动整个社会的科技创新能力。科技创新企业的研发创新活动发挥技术溢出效应的主要途径有以下三个：首先，研发创新活动生产出来的新产品或新技术可能对本行业或其他相关行业产生科技带动作用；其次，企业申请的专利作为研发活动的主要成果之一对相关领域科技发展可能会产生促进作用；最后，企业的研发活动被资本市场认可后可能对其他企业起到示范作用，进而促进其他企业的研发创新活动。那么政府的研发资助绩效如何，即能否促进科技创新企业产出更多的新产品、能否提高科技创新企业申请专利数量、能否使科技创新企业得到资本市场的认可进而提高企业价值，是政府研发资助能否激发技术溢出效应，从而提高全社会的科技创新能力的关键。

从新产品产出的技术溢出途径来看，政府研发资助对企业新产品产出的影响方面，不同国家有所差异，例如：Charles 和 Pierre（2009）运用加拿大 2005 年的创新调查数据研究了政府 R&D 资助的作用效果，发现同时受到税收抵免和政府 R&D 资助的企业创造出了更多世界一流的创新产品，同时在创新产品商业化方面更加成功。然而也有研究并不认可政府研发资助的绩效；Hujer 和 Radic（2005）以德国政府研发资助的微观企业数据为基础，研究了政府研发资助对企业新产品和新服务等创新产出的作用，发现 1999～2000 年受到政府资助企业的创新产出并没有显著增加。由于缺乏企业新产品产出的微观数据，国内相关研究仅局限在宏观或行业数据研究方面。李瑞茜（2013）以 1998～2010 年中国大中型工业企业行业数据为样本，研究了政府研发资助对企业技术创新的作用效果。认为政府创新资助对新产品销售收入具有显著的促进作用。白俊红（2011）同样以 1998～2007 年中国大中型工业企业分行业数据为样本，证明了政府研发支持对企业创新产出有显著的正向影响。

从专利产出的技术溢出途径来看，政府研发资助对企业专利申请方面的作用，多数研究持有肯定的观点。Alecke 等（2012）研究了德国政府对私人部门 R&D 资助的影响，发现受政府研发资助的企业 R&D 强度更大，并且受资助企业的专利申请概率从 20% 上升到 40%。Branstetter 和 Sakakibara（1998，2000）利用 1983～1989 年日本企业的相关数据，研究了日本 R&D 联盟（Consortia）对日本企业 R&D 投资的作用，发现 R&D 联盟会员的专利产出显著高于非会员企业，证明相关 R&D 资助将对企业创新产出具有促进作用。白俊红和李婧（2011）用专利产出和新产品销售收入作为企业 R&D 绩效的评价指标，考察了 1998～2007 年政府 R&D 资助对中国大中型工业企业技术创新的作用效果，认为政府 R&D 资助对提升企业技术创新效率有显著的正影响。

从受资助企业市场价值的提升这一示范效应来看：一方面，企业进行研发投资有助于市场对其定价的提高。Cockburn 和 Griliches（1988）以及 Hall（1993）等文献研究认为企业市场价值与研发投资具有正相关关系。Blundell 等（1999）和 Toivanen 等（2002）以英国市场为研究背景也得到企业研发投资能够促进其市场价值提高的结论。在欧洲国家的相似研究依然得到相同结论。如 Hall 和 Oriani（2006）研究法国、德国以及意大利企业研发投资的市场反应，发现法国和德国企业的研发投资能够显著促进企业价值的提升，然而在意大利企业研发投资并不能增加其市场价值。另一方面，政府研发资助向市场发出信号可能进一步影响市场对企业的估价。Takalo 和 Tonawanda（2010）分析了政府资助发挥的信号传递作用，认为政府在研发资助过程中对企业质量具有一定的甄别力，因此政府研发资助向市场释放了该研发项目具有很高成功概率的信号。在此前提下，政府对企业的研发资助可能被市场理解为利好消息，从而提高对企业的价值估值。然而，政府对企业的研发资助也可能预示着企业投资风险较大，并且政府资助对企业研发投资以及创新产出等方面效果具有不确定性（王俊，2010；白俊红等，2009），因此政府研发资助可能无益于企业价值的提升甚至可能使企业市场价值降低。Parisi 和 Sembenelli（2003）研究了 1992 ~ 1997 年意大利 726 家公司 R&D 支出对股票价格的弹性，发现政府或公共激励的企业弹性较大，说明政府或公共资助的 R&D 投资市场表现不佳。

8.1.2 研究假设

8.1.2.1 专利申请情况

由于缺乏科技创新企业新产品产出以及销售情况的微观数据，以下仅对政府研发资助在科技创新企业的专利申请和市场价值两方面发挥的作用进行研究。根据前文政府资助可以降低科技创新企业研发投资的成本和风险，从而可能促进研发项目提高成功率。专利申请数量作为科技创新企业研发成果的主要表现形式，应该在政府研发资助的影响下显著提高。因此提出如下假设：

假设 1a：政府研发资助有利于科技创新企业的专利申请。

然而由于我国知识产权相关法律仍不健全，企业专利质量良莠不齐。此外上市公司对专利申请情况的信息披露相关规定比较宽松，专利数量等情况属于自愿披露内容，因此科技创新企业的专利申请数量并不能够充分代表其研发成果。因此提出备择假设：

假设 1b：政府资助与科技创新企业专利申请无显著关系。

8.1.2.2 企业市场价值

根据前文内容可知，政府资助可以降低科技创新企业的 R&D 投资成本，缓解 R&D 投资的融资约束，因此政府资助有助于高新技术企业的生存和发展。在资本市场体现为政府资助研发投资，提高了高新技术上市公司的市场价值。据此本书提出假设：

假设 2a：政府资助研发投资提高了高新技术上市公司的市场价值。

相反，由于研发投资高度信息不对称性的特征，市场无法准确估计其可能产生的预期收益。政府资助的这一信号，可能被市场理解为科技创新企业本身研发投资的预期收益低、风险高，所以需要政府的资助，导致市场估值降低。因此本书提出以下备择假设：

假设 2b：政府资助研发投资降低了科技创新上市公司的市场价值。

8.2 模型设计与变量选择

8.2.1 政府研发资助与科技创新企业专利申请

根据前文假设，为了检验政府研发资助对科技创新企业专利产出可能起到的促进作用，运用模型（8－1）进行 Probit 回归验证。

$$\begin{aligned} Pr(patent\_dum_{it}=1) &= \Phi(X_{it}\beta_i) \\ &= \Phi(R\&D_{it-1},\ gov\_dum_{it-1},\ R\&D_{it-1}\times gov\_dum_{it-1},\ control_{it-1}) \end{aligned} \quad (8-1)$$

其中，被解释变量 $patent\_dum_{it}$ 为科技创新企业专利申请二分变量，考虑到无法准确衡量上市公司之间申请专利的质量和价值的差异，在此运用哑变量表示科技创新企业专利产出。当科技创新企业在年度报告中披露了申请专利相关信息时，$patent\_dum_{it}$ 取值为 1，否则取值为 0。专利申请相关信息通常在上市公司年报的董事会报告中披露，部分科技创新企业同时披露了专利申请数量和专利授权数量，考虑到专利申请与授权的时间差，当年的授权专利可能是前期专利申请的加总，为了避免重复计算在此运用专利申请数为基础确定 $patent\_dum_{it}$ 取值。当然，通常披露专利申请的上市公司会同时披露专利授权信息，因此 $patent\_dum_{it}$ 取值能够较充分地反映企业专利产出情况。

在解释变量中，R&D 为科技创新企业研发投资的自然对数值；gov_dum 为政府研发资助哑变量，当科技创新企业得到政府研发资助时取值为 1，否则为 0；此外，选择营业利润率 profit、管理层持股比例 executive 和规模 size 作为控制变量。考虑到从开始研发活动到获得研发产出具有一定时滞，在模型（8－1）中运用自变量滞后一期值对被解释变量 $patent\_dum_{it}$ 进行回归。为了检验模型（8－1）的稳健性，在实证研究过程中分别对科技创新企业研发投资 R&D 和政府研发资助 gov_dum 进行了替换，具体参见 8.4 节内容。

当政府研发资助变量 gov_dum 的系数显著且大于零时，说明政府研发资助对科技创新企业专利产出能够起到促进作用，对企业创新激励的成效较好，并且通过专利申请有利于科技创新企业的技术溢出进而带动社会科技进步。特别地，当政府研发资助变量与科技创新企业研发投资变量的交叉变量 R&D × gov_dum 系数显著为正时，能够更有效地说明政府研发资助的绩效显著。

8.2.2 政府研发资助与科技创新企业市场价值

根据前文理论分析与研究假设，政府研发资助可能通过向资本市场释放信号而影响受资助科技创新企业的市场价值。这种影响有以下两个方面：一方面，政府释放的企业质量等正面信息能够提高科技创新企业市场价值；另一方面，政府对科技创新企业的研发资助可能被市场理解为研发风险较大等负面信息，因此可能降低企业市场价值。为了检验以上假设，借鉴 Hall 和 Oriani（2006）的研究文献，企业在 t 时期的市场价值可以表示为它所拥有的资产的函数。企业资产的主要形式为有形资产账面价值、技术知识价值以及其他无形资产价值。即企业市场价值可以表述为模型（8－2）的形式：

$$V_{it}=V(A_{it},\ K_{it},\ I_{it}) \tag{8-2}$$

其中，A_{it}为有形资产的账面价值，K_{it}为企业科技知识资本价值，I_{it}为企业其他无形资产价值（企业无形资产和商誉之和）。假设企业的单个资产是可加的，那么企业价值应为各资产按照一定权重加总之和，可以将企业市场价值表述为如下形式：

$$V_{it}=q_t(A_{it}+\gamma K_{it}+\lambda I_{it})^{\sigma} \tag{8-3}$$

其中，q_t 为企业总资产市场价值的平均系数。当 $\sigma=1$ 时，γ 和 λ 可以分别理解为技术知识资产和其他无形资产相对于有形资产的影子价格。通常来说，γ 和 λ 是随着时间变化的，然而考虑到本书所选的研究样本时间范围是2008～2013年，时间跨度较短，因此假设 γ 和 λ 为恒定值。

当 $\sigma=1$ 且 γ 和 λ 恒定时，将模型（8－3）等式两端同时除以有形资产的账面价值 A_{it}，然后取对数值，可以得到模型（8－4）：

$$\log(V_{it}/A_{it})=\log q_t+\log(1+\gamma K_{it}/A_{it}+\lambda I_{it}/A_{it}) \tag{8-4}$$

根据 $\log(1+x)\approx x$，得到：

$$\log(V_{it}/A_{it})=\log q_t+\gamma K_{it}/A_{it}+\lambda I_{it}/A_{it} \tag{8-5}$$

根据定义 V_{it}/A_{it}为企业市场价值与资产账面价值之比，因此在回归中用企业托宾 Q 值代替 V_{it}/A_{it}。K_{it}/A_{it}为企业科技知识资本价值与资产账面价值之比，而企业科技知识价值资本的主要来源是研发投资。借鉴 Hall（1993）的方法，假设企业折旧率为 $\delta=0.15$，t 年 R&D 投资额用 $RD_investment_{it}$表示，且 $RD_investment_{it}$的增长率为 $g=0.05$，则企业科技知识资本 K_{it}与 R&D 投资的关系可以表述为：$K_{it}=\frac{RD\_investment_{it}}{\delta+g}=5RD\_investment_{it}$。根据以上分析，并考虑到研发投资以及其他资产对企业价值影响可能存在时滞，因此将模型（8－5）扩展为政府研发资助下科技创新企业研发投资的市场价值回归模型：

$$\ln(tobin'sQ_{it})=\omega_0+5\omega_1 RD\_investment_{it-1}/A_{it-1}+\omega_2 I_{it-1}/A_{it-1}+\omega_3 sale\_ratio_{it-1}+\omega_4 GOV_{it-1}+\omega_5 I_{it-1}/A_{it-1}\times gov\_dum_{it-1}+\varepsilon'_{it-1} \tag{8-6}$$

根据前文分析在模型（8－6）中用 $5RD_investment_{it-1}$代替 K_{it-1}。借鉴 Hall

(2006) 加入了企业销售收入情况 $sale\_ratio_{it-1}$ 变量，$sale\_ratio_{it-1}$ 为科技创新企业的销售收入与市场价值之比。为了考察政府研发资助对科技创新企业市场价值的影响，加入了政府研发资助的自然对数 GOV_{it-1} 变量。此外，政府研发资助可能通过影响科技创新企业无形资产价值进而影响市场价值，因此加入了政府研发资助哑变量与无形资产价值的交叉变量 $I_{it-1}/A_{it-1} \times gov\_dum_{it-1}$ （gov_dum_{it-1} 得到政府研发资助时取 1，否则取值为 0）。

8.3 数据来源及变量描述性统计

8.3.1 数据来源

与前文相同，本章依然选取 2008 年以前上市的科技创新类上市公司较为集中的电子、医药和生物制造、信息技术、机械设备仪表四个行业的 A 股上市公司为样本，样本期间为 2008～2013 年。政府研发资助、上市公司研发投资和专利申请数据通过上市公司年报手工收集。政府研发资助和样本企业研发投资数据收集方法前面章节已经论述，专利申请数据通常在年报的董事会报告中披露。部分样本的年度报告中同时披露了专利申请数量和专利授权数量。通常情况下申请专利后需经过相关部门的审核，部分专利申请与授权的时间相差较长，因此企业年度授权专利数量与专利申请数量并不一致。为了避免重复计算，本书以专利申请数作为科技创新企业专利创新产出的衡量标准。考虑到通常上市公司公布专利申请数量的同时也公布专利授权数量，因此本书运用专利申请的哑变量作为被解释变量，能够较充分地反映科技创新企业专利产出情况。其余变量数据来自国泰安数据库。

8.3.2 变量描述性统计

表 8－1 列示了相关变量的描述性统计结果，专利申请数量反映了样本企业的创新产出——专利的申请情况。可以看到专利申请数量的中值为 0，说明超过一半的样本企业在研究时间区间内并未申请专利。一方面的原因可能是相关企业知识产权保护意识不强，未能将创新产出通过申请专利的形式保护起来；另一方面的原因可能是样本区间内部分科技创新企业的研发成果较少或相关信息未被披露，造成创新产出效果不佳。在申请专利的样本企业中专利申请数量差距较大，企业年度申请专利的最大值为 4282 个，平均申请专利数为 26.77 个。

表 8－1 变量描述性统计

变量	中值	均值	标准差	最小值	最大值
$patent_{it}$	0	26.77367	134.334	0	4282
$R\&D_{it}$	17.03195	14.32549	6.726354	0	22.90133
GOV_{it}	13.45884	10.19491	6.707989	0	21.48748
$profit_{it}$	0.0514205	－0.6780267	24.35385	－1388.696	16.86534
executive	0	0.0242041	0.0771209	0	0.6921961
size	21.54	21.61	1.24	10.84	26.65
$tobin'sQ_{it}$	1.309422	2.261692	16.9881	0.440403	955.4158
K_{it}/A_{it}	0.0675489	0.1101193	0.2597227	0	8.26314
I_{it}/A_{it}	0.0413165	0.0584298	0.0639094	0	0.9036201
$sale\_ratio_{it}$	0.6529539	0.7248576	0.3905341	0.0016474	3.219795

从科技创新企业科技知识资本情况 K_{it}/A_{it} 变量来看，通过研发投资获得的科技知识资本平均占有形资产账面价值的 6.75%，在 Hall（2006）的文献中这一变量的平均值法国为 36.8%、德国为 39.5%、意大利为 18.9%，而美国为 52.9%。这说明我国科技创新企业的科技知识资本在企业总体资本所占的比重还处于较低水平。样本企业无形资产和商誉与有形资产的比值 I_{it}/A_{it} 中值为 0.0413，最大值为 0.9036，说明样本企业的无形资产和商誉在企业资产总体中占比水平也较低。

8.4 实证结果分析

8.4.1 政府研发资助与科技创新企业专利申请

表 8－2 列示了政府研发资助在促进科技创新企业创新专利申请方面的绩效情况。可以看到政府研发资助哑变量 gov_dum_{it-1} 的系数显著为正，第（1）列和第（2）列 gov_dum_{it-1} 系数分别为 0.286 和 0.194，且在 1% 的水平上通过显著性检验。说明政府研发资助对科技创新企业专利申请起到了促进作用，验证了假设 1a。特别地，表 8－2 第（2）列加入了科技创新企业研发和政府研发资助哑变量的交叉项 $R\&D_{it-1} \times gov\_dum_{it-1}$，交叉项系数显著为正（0.013），进一步说明了政府研发资助通过促进企业创新性投资而增加专利创新产出。通过刺激企业专利申请的技术溢出效应来带动相关领域的科技创新，政府研发资助可以有效推动社

会的科技进步。

表 8-2 政府研发资助对科技创新企业专利申请的作用效果（1）

	(1)	(2)	(3)
$R\&D_{it-1}$	0.0227726*** (4.74)	0.0190531*** (3.85)	0.0226495*** (4.71)
gov_dum_{it-1}	0.2860903*** (4.51)	0.1942453*** (2.78)	
$R\&D_{it-1} \times gov\_dum_{it-1}$		0.0129655** (3.16)	
GOV_{it-1}			0.0192314*** (4.43)
$profit_{it-1}$	0.3748565** (2.40)	0.3523228** (2.24)	0.371851*** (2.39)
$executive_{it-1}$	1.19197*** (5.54)	1.183098*** (5.49)	1.194083*** (5.56)
size	0.0614013** (2.40)	0.058215** (2.27)	0.0519458** (2.02)
常数项	-2.075363*** (-3.78)	-2.056701*** (-3.74)	-1.864974*** (-3.40)
Log likelihood	-1428.5308	-1423.5364	-1428.8947
LR χ^2 值	134.93***	144.92***	134.20***
Pseudo R^2	0.0451	0.0484	0.0449
样本数量	2227	2227	2227

注：*、**、***分别表示1%、5%、10%的显著性水平，括号内为z值。

其他变量的回归结果与理论分析基本一致。例如科技创新企业研发投资变量$R\&D_{it-1}$的系数为0.023且通过1%的显著性检验，说明科技创新企业研发投资活动有利于专利产出。此外盈利能力、规模等企业特征均对专利产出有促进作用。第（3）列用研发资助的自然对数值代替哑变量对专利申请情况进行回归，结果与第（1）列、第（2）列一致，证明了政府研发资助越多、企业申请专利的可能性也就越大。

前面章节提到，企业在披露其研发投资规模的时候，可能考虑到税收、市场反应等多方面因素。因此企业所披露的研发投资规模可能与实际有所差异。为了避免企业研发投资规模不准确对回归结果的影响，用企业研发投资哑变量（当企业披露研发投资时取值1，否则取值0）代替研发投资实际规模再次对专利申请进行Probit回归，结果列示在表8-3中。可以看到，表8-3的结果与表8-2的结果基本一致。政府研发资助和企业自身研发投资对企业专利产出的作用依然是正向且显著的，其他控制变量的系数取值和显著性均未发生重大变化。

表8-3 政府研发资助对科技创新企业专利申请的作用效果（2）

	(1)	(2)	(3)
rd_dum_{it-1}	0.3172381*** (3.86)	0.2534754*** (3.00)	0..3165318*** (3.85)
gov_dum_{it-1}	0.2960413*** (4.68)	0.1957094*** (2.81)	
$rd\_dum_{it-1} \times gov\_dum_{it-1}$		0.0140589*** (3.44)	
GOV_{it-1}			0.0200247*** (4.63)
$profit_{it-1}$	0.3976737** (2.55)	0.3701598** (2.35)	0.3938157** (2.53)
$executive_{it-1}$	1.240288*** (5.79)	1.223605*** (5.70)	1.241106*** (5.80)
size	0.0772881*** (3.04)	0.0708849*** (2.77)	0.0673347*** (2.63)
常数项	-2.394175*** (-4.36)	-2.311874*** (-4.19)	-2.174308*** (-3.95)
Log likelihood	-1432.4166	-1426.4766	-1432.6649
χ^2 值	127.16***	139.04***	126.66***
Pseudo R^2	0.0425	0.0465	0.0423
样本数量	2227	2227	2227

注：***、**、*分别表示1%、5%、10%的显著性水平，括号内为z值。

8.4.2 政府研发资助与科技创新企业市场价值

根据模型（8-6）检验政府研发资助对科技创新企业市场价值的影响，模型（8-6）中被解释变量是企业市场价值的替代变量 $tobin'sQ_{it}$ 的自然对数值，解释变量中包括企业研发投资与有形资产价格的账面价值之比 RD_ investmen-

t_{it-1}/A_{it-1}变量。通过前面章节的分析可知，科技创新企业的研发投资规模RD_ $investment_{it-1}$与其可能得到的政府研发资助 GOV_{it-1} 以及销售情况 sale_ $ratio_{it-1}$存在影响关系，因此 RD_ $investment_{it-1}/A_{it-1}$可能与模型（8－6）的扰动项相关，即 RD_ $investment_{it-1}/A_{it-1}$是一个内生变量。如果直接对模型（8－6）进行估计得到的结果可能是有偏且非一致的，这里对模型（8－6）的回归分析选择面板工具变量法。

8.4.2.1 工具变量的选取

有效的工具变量应该满足以下两个条件：工具变量与内生解释变量相关且与模型扰动项不相关。考虑到企业研发投资规模与企业技术（研发）人员数量有较为直接的经济联系，因此选择企业技术（研发）人员占全体员工数量比例作为企业研发投资的工具变量。技术（研发）人员数量是通过上市公司年报中披露的数据手工收集而成。技术（研发）人员数量在年报“董事、监事、高级管理人员和员工情况”中披露，部分上市公司直接披露研发人员数量，大部分年报中披露的是技术人员人数。

8.4.2.2 解释变量内生性检验

由于扰动项是不可观测的，因此解释变量的内生性无法进行直接检验。在找到有效的工具变量的前提下，可以运用 Hausman 检验借助工具变量检验解释变量的内生性。Hausman 检验基本思想是：运用最小二乘法 OLS 和工具变量法分别对因变量进行回归，如果所有解释变量都是外生的，则 OLS 和工具变量法应该都是一致的，但是 OLS 比工具变量法更加有效（工具变量法会增大估计量的方差）；如果解释变量是内生的，那么 OLS 回归是不一致的，而工具变量法是一致的。Hausman 检验的原假设为“H_0：所有的解释变量都是外生变量”。

分别运用 OLS 和工具变量法对模型（8－6）进行回归，然后对解释变量的内生性进行 Hausman 检验，结果如表 8－4 所示：

表 8－4 Hausman 检验结果

Hausman 统计量	P 值
23.00	0.0001

由表 8－4 可知，Hausman 检验结果在 1% 的显著性水平下拒绝了“所有解释变量都是外生的”原假设。对于模型（8－6）应该运用面板工具变量法进行回归估计。

8.4.2.3 实证检验结果与分析

表 8－5 列示了政府研发资助对科技创新企业市场价值的影响。可以看到第

（1）、第（2）列政府研发资助变量的 GOV_{it-1} 的系数分别为 -0.0106 和 -0.0122，二者均小于零且分别在5%和1%的显著性水平上通过检验。这说明政府研发资助对科技创新企业市场价值产生负影响，获得政府研发资助越多，科技创新企业市场价值下降越大，验证了假设2b。政府对科技创新企业研发投资的资助，可能被市场理解为研发项目风险大，研发投入产出效率不佳（白俊红等，2009）等负面影响，因此企业市场价值与政府研发资助呈现负相关关系。由此说明政府研发资助在提高科技创新企业价值方面未能起到促进作用，因此难以通过这一途径达到技术溢出效果进而促进全社会的科技创新。为了避免政府研发资助变量数据收集过程中可能存在的误差，第（3）列运用政府研发资助哑变量再次进行了工具变量回归，结果与第（1）、第（2）列基本一致。

通过表8-5还可以看到，科技知识资本 K_{it}/A_{it} 对科技创新企业市场价值具有显著的正影响，系数为2.7188且在10%的水平上显著，说明科技创新企业的研发投入越大，市场价值越高。第（2）、第（3）列的 K_{it}/A_{it} 系数也大于零，但未能通过显著性检验。科技创新企业的无形资产和商誉资本价值 I_{it}/A_{it} 对其市场价值能够起到促进作用，系数分别为0.8782、0.7438、0.7570且均显著。用变量 $sale\_ratio_{it}$ 代表的企业销售情况对科技创新企业市场价值也起到促进作用，意味着销售情况越好，企业市场价值越高。表8-5最后一列是Hausman检验中运用OLS对模型（8-6）进行的检验，可以看到系数结果与工具变量法不一致。

表8-5　政府研发资助对科技创新企业市场价值的作用效果

	IV 回归			OLS 回归
	（1）	（2）	（3）	
K_{it}/A_{it}	2.718832* （1.67）	2.89615 （1.48）	2.818769 （1.47）	-0.2224567*** （-3.53）
I_{it}/A_{it}	0.8782206* （1.71）	0.74376** （1.98）	0.7569731** （2.04）	-0.1692308 （-0.66）
$sale\_ratio_{it}$	0.3116496*** （3.67）	0.3127704*** （3.17）	0.3092759*** （3.19）	0.0693436* （-1.79）
GOV_{it-1}	-0.0106215** （-2.36）	-0.0122081*** （-2.54）		-0.0117707*** （-6.37）
gov_dum_{it-1}			-0.1431303** （0.030）	

续表

	IV 回归			OLS 回归
	(1)	(2)	(3)	
$I_{it-1}/A_{it-1} \times gov\_dum_{it-1}$	-0.263499 (-0.41)			0.2817992 (0.96)
常数项	0.6500558 *** (4.54)	0.6416172 *** (3.92)	0.6257123 *** (3.84)	0.900991 *** (20.52)
R^2	0.0345	0.0335	0.0329	0.0404
Wald χ^2 值	28.34 ***	23.65 ***	21.80 ***	75.35 ***

注：***、**、*分别表示1%、5%、10%的显著性水平，括号内为z值。

8.5 本章小结

本章检验了政府研发资助在科技创新企业创新产出的提高和企业价值的增加等方面的作用。政府对科技创新企业研发资助的目的是通过受资助企业的技术溢出效应，带动整个社会的科技创新能力。由于缺乏企业新产品产出和销售的微观数据，本章仅检验了政府研发资助能否促进科技创新企业的创新产出，以及能否提高科技创新企业市场价值两方面的绩效成果。

运用专利申请数量作为科技创新企业创新产出的代表，实证检验结果表明政府研发资助能够有效促进科技创新企业专利申请。政府资助可以降低科技创新企业研发投资的成本和风险，从而可能促进研发项目提高成功率。专利申请数量作为科技创新企业研发成果的主要表现形式，在政府研发资助的影响下显著提高。受资助科技创新企业的专利产出能够通过技术溢出效应，影响和带动相关领域和行业的技术创新，从而达到带动社会整体科技发展的目的。

在政府研发资助对科技创新企业市场价值影响的研究中，考虑到模型设定中解释变量的内生性问题，以科技创新企业技术人员数量为工具变量，运用工具变量法进行了模型回归。结果显示政府研发资助难以有效促进科技创新企业市场价值的提高。可能的原因是研发投资具有高度的信息不对称性，市场无法准确估计其可能产生的预期收益。政府研发资助可能被市场理解为科技创新企业本身研发投资的预期收益低、风险高等负面信息，这导致市场估值降低。政府研发资助对市场价值的负向作用使得受资助企业难以通过价值提高这一信号对同行业或其他行业起到带动作用，因此也难以在此层面发挥技术溢出效应。

9　政府研发资助的国际历史经验

9.1　美国

美国政府推动科技政策和研发资助的主要部门包括白宫、国会和众多联邦政府部门。其中，国会负责科技立法，白宫设有科技政策办公室、总统科技顾问委员会和国家科技委员会，是国家总体科技战略和政策的核心制定者和决策者。

联邦政府各组成部门是科技政策的重要执行者，包括国防部（DOD）、卫生部（HHS）、能源部（DOE）、国家航空航天局（NASA）、商务部（DOC）、农业部（USDA）、运输部（DOT）、环境保护署（EPA）及国家科学基金会（NSF）等。它们一方面对关系国家战略发展目标的关键和共性技术提供研发资助，另一方面积极资助企业进行产业技术创新和成果转化。

9.1.1　研发资助政策演进

美国政府研发资助与其科技政策历史演进一脉相承。Ergas（1987）将科技政策划分为“使命型”（Mission - oriented）和“扩散型”（Diffusion - oriented）。“使命型”政策面向国家主权，采取大科学方式，从事对国家发展具有重大意义的激进型创新科技资助政策，而“扩散型”政策关注科技基础设施建设，促进技术转让及扩散，推动不同科研机构合作，通过后发优势促进高技术发展。美国科技资助政策在20世纪80年代之前以“使命型”为主导，此后开始转向“扩散型”。在此基础上结合“政府与市场”关系，美国政府科技资助政策大致经历以下四个阶段（见图9-1）。

9.1.2　典型的研发资助计划

9.1.2.1　ATP和TIP

20世纪80年代，在联邦政府重点资助的基础研究领域和企业专注的短期产品研发之间，仍留存着风险投资（Venture Captial，VC）和政府R&D资金都尚未

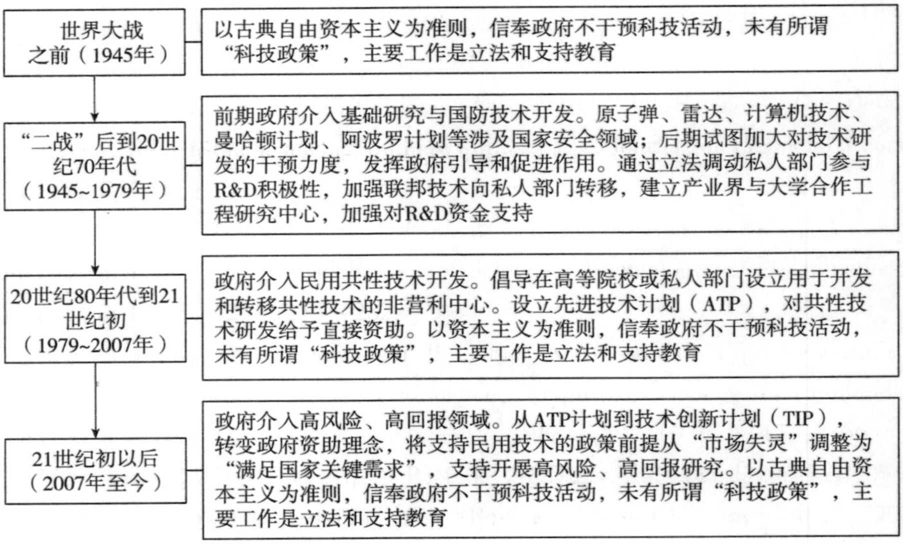

图 9－1　美国研发资助演进

涉及的“真空地带”，即高新技术领域。由于短时间内缺乏巨大的经济收益，且技术仍处于未成熟阶段，企业不情愿甚至无能力投入巨资，也无法吸引风险资本，然而此类技术却拥有广阔的发展前景和商业化潜力。联邦政府机敏地捕捉到此“真空地带”并于 1988 年设立先进技术计划（Advanced Technology Program, ATP）。ATP 计划是一项全国性研究与开发计划，具体由商务部（DOC）国家标准技术研究院（NIST）负责实施，目的是为帮助美国产业界和企业寻求具有显著商业和经济潜力的高风险技术。ATP 作为财政科技政策工具，公共资金的直接资助加速推进处于初创期、高风险、竞争前的技术研发活动。ATP 计划目标是“加速开发那些对长期经济增长起关键作用，但因投资回收时间太长，或因投资太大，个别企业负担不起，故而私营公司不充分资助的技术”。

2007 年“美国竞争法案”授权国家标准技术研究院 NIST 启动新的“技术创新计划”（Technology Innovation Program, TIP）替代 ATP。TIP 在资助重点、资助方式和组织模式等方面相比 ATP 计划都发生明显变化。相比 ATP，TIP 计划更能展现政府在产业领域的影响力和控制力，对产业技术研发的资助范围更为聚焦，将政府作用发挥愈加限于市场失灵领域，譬如，在战略性新兴产业和国家公共服务的技术领域起资助作用。TIP 计划的目标是“国家重点需求领域，资助高风险、高回报的研究，推进并加速美国的创新。TIP 拥有敏锐和灵活的机制来投资于目标明确的变革性的研发活动，从而通过可持续的技术领先来保证美国的未来”。表9-1介绍了ATP和TIP的主要内容和异同。

表9-1 ATP和TIP异同比较

	ATP	TIP
计划使命	◆资助“高风险”技术研究项目； ◆“高风险”侧重于技术挑战，即成功解决技术问题致力于关键技术重大突破； ◆研究优先权由企业确定，公司规划、项目实施基于企业对市场的判断	◆资助“高风险、高收益”技术研究项目； ◆“高风险、高收益”有较强政策导向，技术解决关键领域面临的挑战，强调成果转化； ◆研究优先权事先多途径征集、遴选确定，企业和技术联合体根据指南提出申请，强化政策导向
申请资格	◆企业可以以单独或联合方式提出项目申请，联合申请主导者必须为企业或非营利研究，不得为高校或政府实验室； ◆以资助中小企业为主，但并不限制大企业参与； ◆项目中知识产权须归属一个或多个公司所有	◆中小企业可单独或以联合方式提出项目申请，高校在联合申请中可成为主导者； ◆仅资助中小企业，保留大企业参与资格，但其不能获得实际经费资助； ◆项目中的知识产权归属不受限制，可属于任何参与单位
资助方式	◆对资助单独企业，最长3年，总金额不超过200万美元； ◆对合作研究，最长5年，不设置资助金额上限，必须承担50%以上的研究费用； ◆不要求获资助的中小企业分摊研究费用，但获资助大企业必须承担60%以上的研究费用； ◆资助单个企业较多，约占72.45%	◆对资助单独企业，最长3年，总金额不超过300万美元； ◆对合作研究，最长5年，总金额不超过900万美元； ◆中小企业至少分摊50%的研究费用； ◆资助仅限于与项目有关的直接费用，而非间接成本； ◆倡导合作研究

资料来源：蔺楠等．美国技术创新资助政策的调整及启示［J］．中国科技论坛，2010（11）：149-154.

从1990年开始实施至2007年，ATP计划共完成资助824个项目，其中政府资金投入超过24.08亿美元，加上项目企业匹配半数以上的投资，实际总计投入资金应超过48亿美元，截至2004年已取得约1500项专利技术。NIST的经济评估办公室（EAO）对ATP技术实施15年情况连续跟踪和评估认为：①预期社会收益现值远超政府投入，逾8倍回报；②资助是对私人部门研发投入的补充，而非替代，如未实施ATP，40%项目无法开展，另有40%项目只能缓慢推进，ATP加速研发活动聚焦于挑战性技术、填补早期技术开发阶段投资缺口；③80% ATP

项目存在合作方式，增强了产学研合作渠道；④创造大量专利和产品以及合作者间信息分享，不同创新机构在更大范围内的信息共享和知识溢出创造了巨大的潜在空间。

9.1.2.2 SBIR和STTR

1982年美国国会审议通过了《小企业发展法》，此法案规定联邦政府国防部（DOD）、能源部（DOE）、教育部（ED）、卫生和公共服务部（HHS）和国家科学基金会（NSF）等11个联邦机构依法开展中小企业创新研究计划（Small Business Innovation Research，SBIR）。上述机构每年必须安排其研发经费的1.25%用于资助高科技型小企业的技术创新研发活动，直到1992年该比例上调至2.5%。中小企业技术转移计划（Small Business Technology Transfer Research，STTR）是根据1992年的《小企业技术转移法》设立的，当前在商务部（DOC）、能源部（DOE）等5个部门进行。规定各部门将其研究经费中的0.3%用于投入STTR计划，资助大学或非营利性研究机构与中小企业开展技术研发合作及技术转移，推动科技成果转让。SBIR与STTR的联系与区别如表9-2所示。

表9-2 SBIR和STTR的联系和区别

	SBIR	STTR
参与计划要求	允许并鼓励研究机构加入项目	除了企业有较强研发创新能力外，须包含合作伙伴，即要求高校、研究机构协同加入
项目申请	项目申请须保证50%以上的研究人员来自小企业	小企业须与高校、非营利性研究机构等进行合作，项目申请由双方共同提出，申请人可以来自小企业，也可以来自研究院所
参与联邦机构	国防、卫生、能源、航空、科学基金、农业、商务、教育、环保、交通、国土安全11个联邦部门	国防、卫生、航空、能源、科学基金5部门
经费管理	每年研发经费超过1亿美元的部门须将财政预算的2.5%用于支持小企业技术开发	凡联邦部门研发经费超过10亿美元，需按0.3%划为研发基金，供小企业与非营利性研究机构技术转移和项目合作

研发资助情况。第一轮SBIR项目始于1983年，第一阶段共资助789个项目，资助金额3800万美元。随着计划开展，无论是项目数，还是资助金额都持续增长。目前，受资项目峰值出现在2003财年，共受资6844项，受资额17.43亿美元。从提供资助的联邦部门看，国防部提供了约44%，卫生部33%，能源部8%，国家科学基金6%，航空航天部5%，其他6部门占比为1%或更少（见

表9－3）。STTR项目始于1995年10万美元的资助，此后该计划实施一直不断增长。最高峰出现在2010年，达到905个受资项目和2.99亿美元。参与STTR的机构较少，但资金提供额大小分布与SBIR相似。

表9－3 SBIR和STTR受资助项目及金额概况

	资助项目（个）				资助金额（百万美元）		
	财政年度	总计	阶段Ⅰ	阶段Ⅱ	总计	阶段Ⅰ	阶段Ⅱ
SBIR	1983	789	789	0	38.1	38.1	0
	1985	1838	1483	355	195.3	74.5	120.8
	1990	3220	2374	846	453.3	120.9	332.4
	1995	4367	3092	1275	962.2	236.5	725.8
	2000	5286	3941	1345	1058.9	293.7	765.1
	2005	6085	4216	1869	1862.5	452.5	1410
	2010	6194	4255	1939	2197.9	546.8	1651.1
	2011	5399	3629	1770	2030.5	507.7	1522.8
	2012	5005	3417	1588	1984.5	561.7	1422.8
	2013	4452	2999	1453	1771.8	485.5	1286.3
STTR	1983	na	na	na	na	na	na
	1985	na	na	na	na	na	na
	1990	na	na	na	na	na	na
	1995	1	1	0	0.1	0.1	0
	2000	410	315	95	64	23.7	40.3
	2005	801	579	222	226.4	66.1	160.3
	2010	905	625	280	298.6	77.5	221.1
	2011	708	468	240	259.4	67.7	191.7
	2012	636	467	169	218	73.1	144.9
	2013	640	455	185	206.2	74.1	132.1

资料来源：Science and Engineering Indicators 2016，chapter4，p99.

9.1.3 政府R&D经费配置

联邦政府曾经一度是全国最大的R&D经费投入者，1964年达到67%，此后，联邦政府占比持续下降至1979年的49%，2000年降至历史最低水平25%。随着全社会企业发展形势变化及联邦政府为健康、国防和反恐支出的增加，政府

R&D 经费在 2009 ~ 2010 达到 31%，随后又开始下降至 2013 年的 27% 左右。2013 年联邦政府大约投入 1218 亿美元 R&D 经费，是全社会第二大 R&D 经费筹集来源主体（见表 9 – 4）。

表 9 – 4 美国全社会 R&D 实施部门及经费来源部门 单位：百万美元

年份	2008	2009	2010	2011	2012	2013
总 R&D 执行部门	406952	405136	408197	427833	435347	456095
企业	290680	282393	278977	294092	302251	322528
联邦政府	45649	47363	49955	52668	51318	49859
占比（%）	11.22	11.69	12.24	12.31	11.79	10.93
非联邦政府	343	405	490	493	468	467
高等院校	53917	56972	60374	62446	63284	64680
其他非营利组织	16363	18002	18401	18134	18026	18561
R&D 筹资来源	406952	405136	408197	427833	435347	456095
企业	258131	246770	248314	266606	275892	297279
联邦政府	119113	127180	127559	128039	124956	121808
占比（%）	29.27	31.39	31.25	29.93	28.70	26.71
非联邦政府	4257	4287	4287	4355	4105	4113
高等院校	11640	11917	12105	12951	14136	15240
其他非营利组织	13811	14983	15932	15882	16258	17655

资料来源：Science & Engineering Indicators 2016，chapter4，pp. 10 – 11.

从政府对企业 R&D 资助角度看，2013 年全美企业 R&D 经费支出 3325.28 亿美元中，82% 来源于企业自身投入。而最大的 R&D 经费外部支持者来自联邦政府，大约为企业提供了 9% 的 R&D 经费，总额约为 2941 亿美元。7 个联邦部门包括农业部（USDA）、商务部（DOC）、国防部（DOD）、能源部（DOE）、卫生部（DHHS）、国家科学基金（NSF）和美国宇航局（NASA），R&D 经费支出超过 10 亿美元，占据总联邦支出的 97%（见表 9 – 5）。

表 9－5 联邦政府超过 10 亿美元 R&D 支出的部门 单位：百万美元

	2007 年	2008 年	2009 年	2010 年	2011 年	2012 年	2013 年	2014 年
联邦机构	129431. 2	129049. 5	144758. 1	146967. 8	139661. 5	140635. 8	127297. 3	130807. 7
DOD	72290. 5	71996. 6	75973. 7	73623. 9	75327. 6	73973. 6	63654. 7	63711. 3
占比（%）	55. 85	55. 79	52. 48	50. 10	53. 94	52. 60	50. 00	48. 71
DHHS	29556. 1	29700. 7	35735. 9	37616. 9	30928	31335. 8	29512. 8	30422. 1
占比（%）	22. 84	23. 01	24. 69	25. 60	22. 14	22. 28	23. 18	23. 26
NASA	6205. 8	5847. 1	5957. 6	8691. 3	8429	10758. 3	10494. 3	11010
占比（%）	4. 79	4. 53	4. 12	5. 91	6. 04	7. 65	8. 24	8. 42
DOE	8629. 8	8990. 3	11562. 2	11644. 9	10680. 4	10635. 2	10397. 1	11114. 7
占比（%）	6. 67	6. 97	7. 99	7. 92	7. 65	7. 56	8. 17	8. 50
NSF	4406. 9	4506. 4	6924. 8	6073. 4	5536. 6	5705. 4	5328. 5	5551. 3
占比（%）	3. 40	3. 49	4. 78	4. 13	3. 96	4. 06	4. 19	4. 24
USDA	2372. 3	2246	2344. 7	2615. 4	2376. 9	2194. 3	2037. 4	2435. 7
占比（%）	1. 83	1. 74	1. 62	1. 78	1. 70	1. 56	1. 60	1. 86
DOC	1145. 4	1196. 4	1533. 4	1683. 2	1308. 9	1230. 7	1293. 9	1632. 7
占比（%）	0. 88	0. 93	1. 06	1. 15	0. 94	0. 88	1. 02	1. 25

资料来源：Science & Engineering Indicators 2016，chapter4，pp. 71 －72.

9.2 德国

9.2.1 科技政策演进

德国之所以能在第二次世界大战结束的废墟上快速重建并跻身全球科技大国和经济强国行列，不仅是因为它素有传统创新文化作为心理支撑，积极进取的科研优势作为强国手段，而且还因为它能主动适应科学发展规律和科技进步新特点，创造出有利于本国国情的科学发展与技术进步的科学体制。从第二次世界大战后至两德统一，再到 21 世纪初德国创新政策的转变，德国科技体系大致经历了以下几个发展阶段（见图 9－2）。

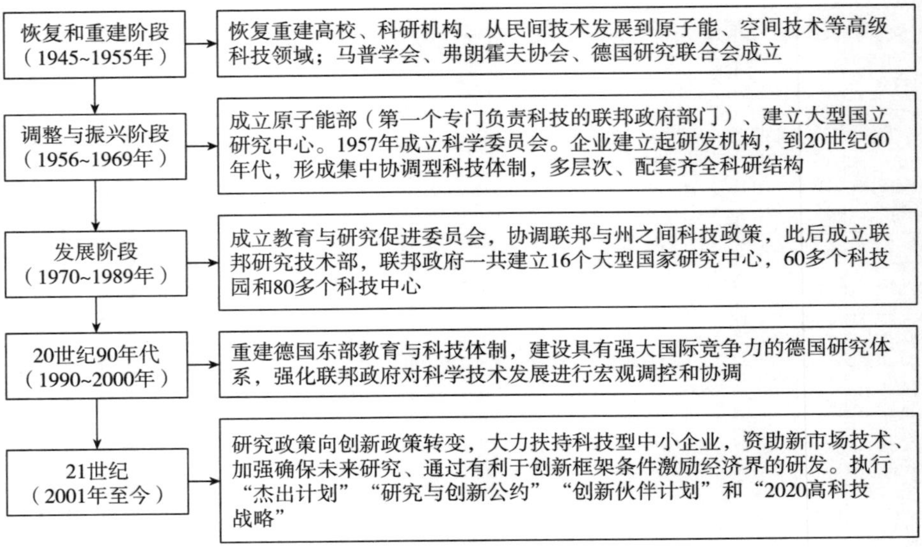

图 9－2　德国科技政策演变

9.2.2　典型研发资助计划

一直以来，德国没有形成全面、长远的科技发展战略规划，而主要借助制定和实施重点科技领域的科技计划，以此来实现其对科技的引领、指导和宏观管理。直到 2006 年，德国政府才颁布第一个具有全国性、跨部门和跨领域的科技发展战略“高技术战略”。“高技术战略”确定德国在 2006～2009 年的三大创新领域涉及 17 个具体技术，它们是生活领域的创新，包括健康研究与医疗技术、安全技术、植物研究、能源技术、环境技术；通信、交通领域的创新，包括信息通信技术、汽车和交通技术、航空技术、宇航技术、航海技术、现代服务；交叉技术的创新，包括纳米技术、生物技术、微系统技术、光学技术、新材料技术和制造技术。2010 年 7 月，联邦政府内阁通过“高技术战略 2020”，将战略重点从先前的 17 个具体技术领域研发转向为面向气候/能源、健康/营养、交通、安全和通信 5 大公共需求领域创新。演进至 2014 年，联邦部门再一次转换调整“高技术战略”，开始更加注重技术创新与社会公共需求相结合，随之将创新范围和领域拓展至社会创新。当前，“高技术战略”已经明确了 6 个重点领域的科技计划和促进技术转移和知识产权保护、科技人才、支持中小企业研发等 5 类政策引导类科技计划，以及10个针对人类现实需求、寻求系统解决方案的专项科技计划。

联邦政府和16个州政府是德国科技规划的最高决策者和重要投资者。德国主要的科技主管部门是联邦教研部（BMBF），占据近60%联邦科研经费，聚焦于在基础研究、关键技术、生命科学和可持续发展领域制定和实施科技规划。联邦经济与能源部（BMWi，原经济技术部）则为第二大科技管理机构，并对创新政策和产业进行研究，主导在能源及航空领域的研究和针对中小企业的研发资助计划。其中，联邦内阁2012年批准通过的上述10个专项计划是政府为落实德国创新政策，实现国家目标的重点创新计划，其核心特征是根据既定目标联合创新活动的所有参与者，共同寻求应对社会重大挑战的系统解决方案。以工业4.0计划为例，该计划由高技术战略专家咨询委员会“经济—科学研究联盟”中负责通信领域的促进小组在2011年提出。旨在通过充分利用信息通信技术和网络空间虚拟系统—信息物理系统结合手段，将制造业向智能化转型。联邦教研部和联邦经济与技术部主管并联合资助该计划，预算2亿欧元（见表9-6）。

表9-6　德国专项计划概览

专项计划	主管部门	协作部门	计划预算
二氧化碳中和、高效节能且适应气候的城市	联邦教研部、联邦交通与数字基础设施部	联邦环境部、联邦经济与技术部	5.6亿欧元
可再生资源代替石油	联邦教研部、联邦营养与农业部	内务部、交通与数字基础设施部、经济与技术部、经济合作与发展部、环境部	5.7亿欧元
能源供给改造	联邦经济与技术部	营养与农业部、交通与数字基础设施部、环境部、教研部	大部分第六能源研究计划经费（37亿欧元）将投入该计划
个性化医疗	联邦教研部	健康部	3.7亿欧元
疾病预防和营养保健	联邦教研部	营养与农业部、健康部	9000万欧元
高龄人士自主生活	联邦教研部	劳工部，家庭事务、老年、妇女及青少年部，内务部，交通与数字基础设施部，经济与技术部	3.05亿欧元
可持续交通	联邦交通与数字基础设施部、联邦经济与技术部	教研部、营养与农业部、环境部	21.9亿欧元

续表

专项计划	主管部门	协作部门	计划预算
基于互联网的经济服务	联邦经济与技术部	教研部、内务部	3 亿欧元
工业 4.0	联邦教研部、联邦经济与技术部	内务部	2 亿欧元
网络身份安全识别	联邦教研部、联邦内务部	外交部、交通与数字基础设施部、经济与技术部	6000 万欧元

资料来源：发达国家科技计划管理机制研究课题组．发达国家科技计划管理机制研究［M］．北京：科学出版社，2016.

9.2.3 政府 R&D 经费配置

R&D 经费在创新单位间配置。首先，从表 9－7 可以看出，企业是全社会 R&D 经费的主要执行部门，约占 67.5%。其次，高校及其他单位执行 18% 左右的 R&D 经费，政府部门执行 R&D 经费最少，比例约为 14.8%。从 R&D 经费筹资来源看，全社会 R&D 经费第一大来源部门为企业，约为 66%。最后，政府 R&D 经费比例也较高，约占全社会 R&D 经费来源的 29%，其中，2014 年来源于政府的资金占 28.8%，在发达国家居中上水平，说明德国政府 R&D 经费投入在全社会中仍占重要地位。来自其他资金 R&D 经费约占 5%。相关统计资料显示，从政府研发经费配置给各创新单位情况上看，德国政府研发经费大部分流向了高等院校（39%）和高校外研究机构（48%），而为经济界及私营企业提供的研发资助仅约占 13%。

表 9－7 德国全社会 R&D 实施部门及经费来源部门 单位：%

		2008 年	2009 年	2010 年	2011 年	2012 年	2013 年	2014 年
R&D 执行部门	企业	69.9	68.2	67.2	67.3	67.8	67.8	67.5
	政府	13.8	14.5	14.8	14.7	14.3	14.7	14.8
	高校及其他	16.2	17.3	18	18	18	17.5	17.7
R&D 筹资来源	企业	67.3	66.1	65.6	65.6	66.1	—	65.8
	政府	28.4	29.7	30.3	29.8	29.2	—	28.8
	其他资金	4.3	4.1	4.1	4.5	4.7	—	5.3

资料来源：根据历年《中国科技统计年鉴》整理。

联邦各部是联邦预算的具体执行单位。联邦教研部是主管国家科技发展的政府职能部门，负责制定并实施科学技术发展方针、政策，利用政策法规和管理科研经费等手段，对国家科技活动进行宏观调控。联邦教研部 2016 年的教育和研发费用为 158 亿欧元，较 2005 年的 90 亿欧元增长了 75%。2017 年的预算约为 176 亿欧元，将占整个政府预算的 5.4%。德国总研发投入已约占国内生产总值的 3%，其中企业占研发总投入的 2/3。表 9－8 展示了联邦政府研发预算在最主要 3 个政府部门间的配置情况。其中，2011 年联邦教研部负责执行的研发预算约为 76.5 亿欧元（55.92%），技术经济部约为 26.21 亿欧元（19.16%），国防部约为 9.72 亿欧元（7.11%）。

表 9－8 德国主要联邦政府部门研发支出 单位：百万欧元

联邦政府部门	1991 年	1995 年	2000 年	2005 年	2007 年	2008 年	2009 年	2010 年	2011 年
经济技术部	1963.4	1827	1788.3	1770.3	1953.4	2127.5	2382.2	2420.2	2620.6
占比（%）	22.75	21.75	21.09	19.59	19.25	19.46	19.82	18.92	19.16
国防部	1632.4	1469.5	1192	1087.5	137.2	149.8	1121.1	1154	972.4
占比（%）	18.91	17.49	14.06	12.04	1.35	1.37	9.33	9.02	7.11
教研部	3523.3	4107.1	4552.6	5132.6	29.9	29.2	6990.5	7243.8	7649.8
占比（%）	40.82	48.90	53.69	56.81	0.29	0.27	58.15	56.63	55.92
支出总计	8631.9	8399.7	8479.2	9035.1	10145.5	10931.3	12022	12792.5	13680.1

资料来源：德国科技创新态势分析报告课题组．德国科技创新态势分析报告［M］．北京：科学出版社，2014.

9.3 日本

9.3.1 科技计划演进

第二次世界大战后，日本科学技术在短短几十年飞速发展，在战败的废墟中从科技落后国家一跃成为世界科技强国。特别是 20 世纪 80 年代以来，为巩固其经济大国地位，重新调整科技发展政策，提出“科技立国”战略。标志着其自“二战”后所推行的“吸收型”科技战略向“自主创新型”高科技大国目标迈进，图 9－3 简要展示了日本“二战”以后，政府科技计划的政策演变。

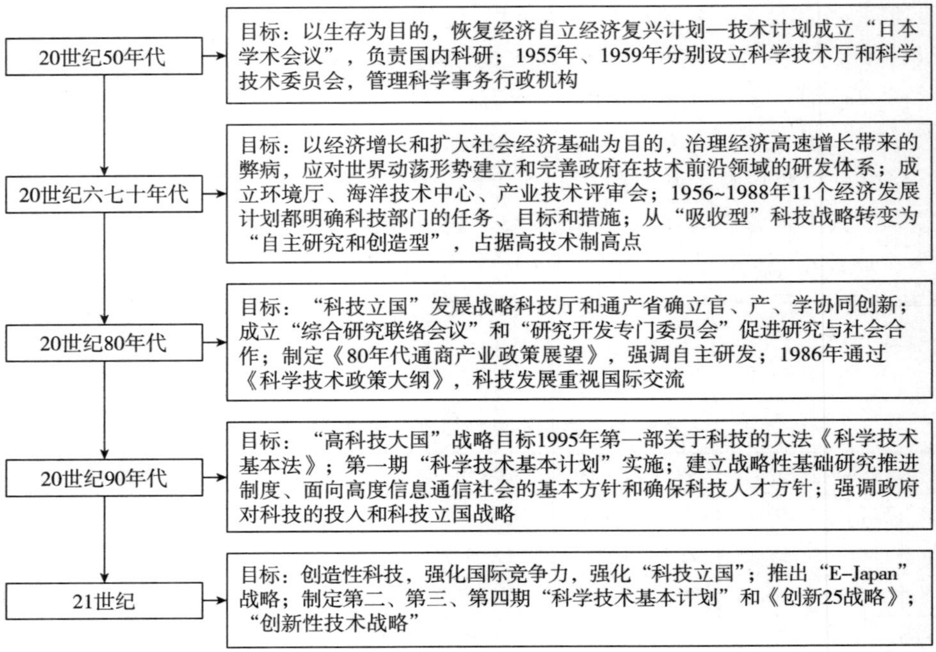

图 9－3　日本科技政策与战略发展阶段

9.3.2　典型科技计划

自 20 世纪 90 年代以来，日本确立了“科技立国”思想，制定多种类型中长期科技战略与规划以指导和规划科技发展，其中有综合性的基本计划，也有针对某个方面的具体政策措施，还有针对某个研究领域的专门性计划。其中综合性中长期科技战略与规划涵盖范围广，其指导意义强，尤以“科学技术基本计划”为典型代表（见表 9－9）。

表 9－9　日本综合性中长期科技战略与规划

名称	起始年份
第一期“科学技术基本计划”（1996～2000 年）	1996
第二期“科学技术基本计划”（2001～2005 年）	2001
培育战略性研究基地计划	2001
科技政策建议计划	2001
推进先导性研究计划	2001

续表

名称	起始年份
确保国际领先计划	2001
研究据点（COE）计划	2002
第三期“科学技术基本计划”（2006~2010年）	2006
促进创新综合战略	2006
创新25	2006
研发力强化法	2008
创新型技术战略	2008
未来开拓战略	2009
最先进研究开发支援项目	2009
第四期“科学技术基本计划”（2011~2015年）	2011

资料来源：日本科技创新态势分析报告课题组．日本科技创新态势分析［M］．北京：科学出版社，2014.

1996年日本政府开始实施“科学技术基本计划”，到2015年已执行四期（见表9-9）。最新的第五期“科学技术基本计划”已于近期批准实施，其中前四期预算拨款情况如表9-10所示。第一期“科学技术基本计划”目标是在21世纪初政府研发经费翻一番，政府研发投入占GDP比重与欧美发达国家水平持平。日本政府提出将1996~2000年度政府科技预算投入规模达到17万亿日元，此后又进行追加，达到17.6万亿日元，超额完成第一期目标。第二期计划采取了解决国家和社会性课题相适应的科学技术重点转化战略，将重点放在生命科学、信息通信、环境、纳米技术与材料。提出政府研发投资总额从第一期17万亿日元增加到24万亿日元，并提高资源分配效率。但在具体实施时，日本对该计划投入包括中央政府的18.8万亿日元与地方政府的2.3万亿日元，总计21.1万亿日元，未实现预期目标。第三期对科学技术重点化战略调整和强化，对于基于政策、以将来的应用为目标的基础研究划分四个重点推进领域（生命科学、信息通信、环境、纳米技术与材料）和四个推进领域（能源、物质制造、社会基础、科学前沿），从中精选战略重点科技和国家关键技术给予重点支持，第三期政府预算25亿日元研发经费。2011年出台的第四期“科学技术基本计划”提出的目标是“2020年政府研发投资在GDP中所占比例由2008年度的0.67%提高到1%”。

表 9 - 10　日本政府对四期“科学技术基本计划”预算拨款情况

单位：亿日元

期数	年份	期初预算	补充预算					合计
			第一次	第二次	第三次	第四次	预备费	
第一期	1996	28105	1555					29660
	1997	30026						30026
	1998	30322	6202		5112			41636
	1999	31567	1	5880			157	37605
	2000	32860	4480				196	37536
第二期	2001	34685	701	5380				40766
	2002	35444	3238					38682
	2003	35974	41					36015
	2004	36084	305					36389
	2005	35779	375					36155
第三期	2006	35743	1451					37194
	2007	35113	1175					36288
	2008	35708	1659	741				38108
	2009	35639	13465	1521				46609
	2010	35890	1836				142	37868
第四期	2011	36648	544	204	4448	635		42479
	2012	36927	10212				1246	48384
	2013	36098	4344					40442
	2014	36513	2258					38771
	2015	34776	1588					36364

9.3.3　政府 R&D 经费配置

R&D 经费在创新单位间配置。首先，从表 9 - 11 可以看出，企业是全社会 R&D 经费的主要执行部门，约占 78%。其次，高校及其他单位执行 14% 左右 R&D 经费，政府部门执行 R&D 经费最少，比例约为 8%。从全社会 R&D 经费筹资来源看，呈现以下主要特点：来源于政府 R&D 经费比例远远低于企业，甚至低于美国（27%）、德国（29%）、中国（21%）等其他国家同期水平，2014 年仅有 16% 的全社会 R&D 经费来源于政府，相较于其他发达国家，日本处于最低水平。

相关统计资料显示，从政府研发经费配置给各创新单位情况看，高校获得政府资助最多，约占50%，然后是公共机构，约为40%；企业与非营利团体合计约占10%。

表9－11 日本全社会R&D实施部门及经费来源部门 单位:%

		2008年	2009年	2010年	2011年	2012年	2013年	2014年
R&D执行部门	企业	78.5	—	76.5	77	76.6	76.1	77.8
	政府	8.3	—	9	8	8.6	9.2	8.3
	高校及其他	13.2	—	14.5	15	14.8	14.8	13.9
R&D筹资来源	企业	78.2	—	75.9	77	76.1	75.5	77.3
	政府	15.6	—	17.2	16	16.9	17.3	16
	其他资金	6.2	—	6.9	7	7	7.2	6.7

资料来源：根据历年《中国科技统计年鉴》整理。

政府研发经费在各部位配置。根据2014年度政府预算中的科技预算方案，涉及的科技研发计划分别由16个政府部门协调推动实施，经费管理也由其分工负责。文部科学省由2001年主管教育、文化和体育的文部省与主管科技的科学技术厅合并，包括8个局和1个负责联合国教科文组织活动的机构。主要职责是根据政府确定的科技战略和方针，制定各省厅同意实施的科技政策，制定和推进、调整研发计划，建设研究环境条件，推动尖端技术开发。经济产业省（通商产业省）的主要任务是负责提高民间经济活力，使对外经济关系顺利开展，确保经济与产业得到发展，使矿物资源及能源的供应稳定。

2001年之前，文部省的研发经费呈下降趋势，通商产业省呈增长趋势，约45%的政府研发预算分配给文部省，其次是科学技术厅（约20%）；2001年合并后新的文部省在2013年和2014年分别占到政府研发预算的64.56%和63.36%，为获得政府研发预算最多部门（见表9－12）。其次为经济产业省，为15%左右，厚生劳动省和防卫省约各占4.5%。

表9－12 日本各部门科技预算概况 单位：亿日元

省厅	2014年	占比（%）	2013年	占比（%）
国会	11	0.03	11	0.03
内阁官房	695	1.67	608	1.70
复兴厅	768	1.84	595	1.66
内阁府	251	0.60	142	0.40

续表

省厅	2014 年	占比（%）	2013 年	占比（%）
警察厅	50	0. 12	20	0. 06
总务省	574	1. 38	494	1. 38
法务省	73	0. 17	56	0. 16
外务省	73	0. 17	59	0. 16
财务省	13	0. 03	13	0. 04
文部科学省	26443	63. 36	23157	64. 56
厚生劳动省	1873	4. 49	1626	4. 53
农林水产省	1056	2. 53	931	2. 60
经济产业省	6785	16. 26	5212	14. 53
国土交通省	631	1. 51	506	1. 41
环境省	805	1. 93	769	2. 14
防卫省	1636	3. 92	1669	4. 65
共计	41736	100. 00	35868	100. 00

资料来源：发达国家科技计划管理机制研究课题组．发达国家科技计划管理机制研究［M］．北京：科学出版社，2016.

10 研究结论、政策建议与未来研究展望

10.1 研究结论

目前系统研究政府研发资助效果的文献较少，且尚未形成一个框架清晰、逻辑性较强的体系。本书在系统归纳和总结相关文献的基础上，对政府研发资助、对科技创新企业融资、研发投资以及研发投资产出所产生的作用进行了理论分析，并在实证研究部分对政府研发资助对象选择的特征、对受资助科技创新企业融资状况的改善作用、对科技创新企业自主研发投资的作用、如何影响科技创新企业研发投资效率以及政府研发资助的产出效果进行了较为深入的研究。主要的研究结论有：

（1）关于政府研发资助的科技创新企业特征研究方面：科技创新企业的国有股比例影响政府的研发资助。政府在选择研发资助对象时考虑科技创新企业股权结构中国有股比例这一因素，国有股比例越高越不利于科技创新企业获得研发资助。科技创新企业的资产收益率影响政府研发资助。在其他条件不变的情况下，科技创新企业资产收益的增加对企业获得政府研发资助起到负向作用。科技创新企业规模影响政府研发资助，企业规模越大越容易获得政府的研发资助。科技创新企业自主性研发投入影响政府的研发资助。

（2）政府研发资助可能向市场释放科技创新企业价值和研发投资质量的信号，通过缓解科技创新企业研发的信息不对称，从而有助于解决科技创新企业的融资约束问题。为了避免可能产生的样本选择偏误和内生性问题，运用了倾向得分匹配法（PSM），为获得政府研发资助的科技创新企业匹配了控制组样本，进而更加准确地考察政府研发资助对科技创新企业外部融资的影响。实证检验结果显示，政府研发资助能够显著促进科技创新企业的债务融资；此外对于科技创新企业的股权融资情况，政府的研发资助并未产生显著的影响作用；政府研发资助对外部融资具有显著的促进作用。

(3) 政府研发资助对科技创新企业自主性研发投资具有促进作用。由于研发投资项目风险较大、投资期较长，并且企业无法独占投资成果的收益，使得企业对研发投资缺乏动力。政府的研发资助能够有效降低科技创新企业研发投资的成本和风险，提高预期收益，刺激科技创新企业增加研发投资。科技创新企业特征对政府研发资助具有差异性的影响：政府研发资助对小科技创新企业创新投入的刺激效用要大于大科技创新企业；政府研发资助对国有股比例较低的科技创新企业能够产生较显著的促进作用；在较低的管理层持股水平下，政府研发资助对科技创新企业研发投资的刺激作用增大。运用面板向量自回归模型（PVAR）再次验证了政府研发资助对科技创新企业研发投资的动态促进作用。

(4) 在政府研发资助对科技创新企业非效率研发投资的影响方面，证明了政府研发资助能够显著改善科技创新企业非效率研发投资。通过寻找影响科技创新企业研发投资规模的关键因素，评估科技创新企业最优研发投资规模，进而拟合研发投资的非效率部分，在此基础上实证研究政府研发资助对科技创新企业研发投资效率的影响。结果显示，政府研发资助能够有效抑制科技创新企业的过度研发投资，并且能够有效缓解科技创新企业的研发投资不足，证明了政府研发资助能够改善科技创新企业的研发投资效率。

(5) 关于政府研发资助对创新产出和科技创新企业价值的影响，本书检验了政府研发资助通过科技创新企业的技术溢出效应带动全社会科技创新的能力。运用专利申请数量作为科技创新企业创新产出的代理变量，验证了政府研发资助能够有效促进科技创新企业的专利申请。政府资助可以降低科技创新企业研发投资的成本和风险，从而可能促进研发项目提高成功率。受资助科技创新企业的专利产出能够通过技术溢出效应，影响和带动相关领域和行业的技术创新，从而带动社会整体的科技发展。然而在对科技创新企业市场价值的影响方面，政府研发资助难以产生正面的影响。可能的原因是政府对科技创新企业的研发资助或被市场理解为研发项目预期收益低、风险高等负面信息，这导致市场估值降低。政府研发资助难以在提高科技创新企业市场价值层面发挥提高创新活动的杠杆作用。

10.2 政策建议

10.2.1 严格筛选受资助对象以使研发资助达到最佳效果

政府研发资助对企业技术创新具有重要的推动作用，对全社会的科技进步具有重要的导向作用。然而，在加大对科技创新企业的科技创新活动支持的同时，为了最大限度地发挥政府研发资助的作用，需要对受资助对象进行合理的筛选和甄别。

10.2.1.1 甄别企业自主性创新活动的影响

政府研发资助的目的就是要发挥科技投入的导向作用，对关系到国计民生和科技发展的重要行业和领域，如电子通信、生物医药、设备仪表制造等行业，加大政策性研发资助扶持力度。通过政府研发资助投入引导企业加大科技创新活动，提高企业自主创新能力，进而促进高科技产业的发展。然而政府在进行研发资助时，不应仅仅以企业所属行业是否符合国家科技发展需要为标准，而应该在实际的资助企业筛选过程中，仔细甄别企业自主性研发创新投资的能力与效率。

企业自主性研发投资由企业研发需求所决定，当企业发展需求等综合因素要求企业进行较大规模的研发投资时，即使在政府相关研发资助缺失的情况下，企业仍然能够保持较高水平的自主研发投资。此时如果政府仍然根据产业发展和科技发展需求对此类企业进行研发资助的话，那么政府研发资助必将挤出企业自主性研发投资，政府研发资助政策也难以达到预期效果。相反，某些企业虽然在产业发展和科技发展中处于次要位置，但是其研发风险大、期限长、研发成果公共品特征较强，如果缺乏政府相关研发资助，企业自主性研发活动难以达到均衡的最优水平。此时就需要政府研发资助发挥作用，政府研发资助对此类企业具有较明显的激励效果。因此在执行研发资助政策过程中，应该准确甄别企业自主性创新水平与最优创新水平的差距，选择那些在政府研发资助缺位的情况下无法达到最优的企业进行研发资助，而尽量避免对企业自主性研发动力较充足，以及自主性研发投资规模较高的企业进行资助。

10.2.1.2 发挥企业不同规模优势

企业规模对其研发创新能力和动力等方面的影响是显著的。规模较大的企业通常具备较先进的技术设备、较充足的人才储备，因此研发实力较强。一旦投入创新活动中去，对行业甚至全社会具有较大的影响力；规模较小的企业通常具有较高的灵活性、创新动力充足，且具有较充足的创新动力。政府在进行研发资助决策的时候，需要充分考虑不同规模特征的资助对象可能产生的效果差异。政府的研发资助不仅要面向规模较大、研发实力较强的企业，同时也要扶持虽然规模较小、研发实力较弱，但是具有巨大的研发创新动力的企业。对大企业的研发资助可以借助其社会影响力和较大的技术溢出效应增强政府研发资助对全社会科技进步的杠杆作用；对小企业研发资助可以利用其充足的创新动力和灵活性，以点带面全面推动社会的科技创新活动。

在甄别不同企业规模研发资助效果差异的同时，可以运用研发资助鼓励不同规模企业之间进行研发创新的合作。在政府研发资助的过程中，设立适当机制发挥大企业技术、管理优势，发挥小企业研发动力和灵活性优势，鼓励不同规模企业之间开展广泛的合作创新活动。另外，应该鼓励企业提高吸收和利用外界创新资源的能力，提高企业与外部的合作意识，不断改善合作研发方式。使政府研发资助不仅在研发投资本身为企业减轻负担，而且在企业创新能力的提高方面发挥作用，从而全面提高政府研发资助对全社会科技进步的拉动作用。

10.2.1.3 甄别企业股权结构的影响

通过前文分析可以看到，由于国有股存在产权虚置等问题，使得政府对国有股比例不同的科技创新企业进行研发资助的效果具有差异。政府在对具有较大比例国有股企业进行研发资助时，应该站在充分客观的角度，认真研究政府资助可能产生的效果，而不应该由于企业具有国有成分而存在研发资助的倾向性。在进行研发资助过程中，应该充分引入市场竞争机制，以此促进企业的研发活动进而带动全社会的研发产出。已有研究表明，终极所有权性质的差异对企业创新活动的影响是具有差异的。总体来看，在非国有控股企业中，政府研发资助具有更高的引导效果。而在国有控股企业中，由于国有股权虚置导致的较严重的代理问题的存在，加之企业内部管理中可能存在着政企不分、高管行政任命、政府行政干预等问题，政府研发资助效果受到了影响。为此，深化国有控股企业的市场化改革，完善法人治理结构，落实国有股份经营责任，可能是提高政府研发资助效果的重要条件。

10.2.1.4 企业应将政府 R&D 资源内化为创新的竞争优势

资源基础观理论认为，企业 R&D 活动是一项复杂的系统工程，需要大量持续的外部资源支持，那些资源充裕的企业能够投入更多的资源开展研发（Kraaijenbrink & Spender，2010；Kotabe et al.，2014）。在当前我国经济结构调整和产业转型升级过程中，通过创新增强有效供给和提升产品竞争力是企业创新发展的必然要求，对企业发展壮大具有重要战略作用。政府 R&D 资助政策作为一种重要的外在资源，能够抑制“市场失灵”引起的消极影响从而刺激企业做出研发的决策和加大研发投入，进而内化为企业创新发展的资源优势和竞争优势。因此，企业家和企业决策者应当增强创新发展意识，围绕企业发展战略和发展阶段制定科学的创新战略决策，在公平竞争和合法合规的前提下，积极争取政府的 R&D 资助资源，进一步增强自身的资源优势，通过争取政府 R&D 资助来降低企业开展研发活动的边际成本，积极开展一些只有在政府 R&D 资助的情况下才可能启动的研发项目，通过技术创新活动提升可持续发展能力，确立在行业中的发展优势和竞争优势。

10.2.1.5 企业应寻求针对性强的政府 R&D 资助方式

实证结果表明，对于不同成长阶段、不同规模大小、不同行业领域的企业，其受到政府 R&D 资助的政策效果表现出明显的差异性。换言之，对于具体的某个企业而言，其应结合自身发展特征寻求针对性强的政府 R&D 资助政策支持。例如，对于电子信息、光机电一体化、新材料等发展周期短的行业企业，其研发投入应寻求政府的直接财政资助资金支持，而生物医药行业企业，其应寻求政府税收优惠减免等间接资助资金支持。对于新能源与节能环保产业，其重点应寻求政府在开拓新型产品市场方面的政策支持，而不是重点寻求政府在研发投入方面的支持。实证结果显示：鉴于政府 R&D 资助对企业 R&D 投入的引致系数呈现随企业规模递减的趋势，大型企业在研发投入时，重点不是寻求政府 R&D 直接资助投入，而是寻求其他创新政策的支持；相反，中小微企业在研发投入时，为降低研发成本，提高研发效应与成功率，理应千方百计地寻求政府 R&D 资助。

10.2.2 确定适当的政府研发资助与企业自主性研发投资的配套比例

政府对创新企业的研发资助可以通过降低企业在研发项目中的资金投入规模，来降低研发项目成本，进而降低研发项目风险，从而提高企业创新研发活动的积极性。然而对那些具有较高的研发投资意愿的企业，政府的研发资助将挤出企业自身的研发支出，从而难以达到扩大社会整体研发投资规模的目的。为了避免对企业自身研发项目的挤出作用，政府需要在确定资助对象的时候认真筛选。除此以外，还可以通过设定受资助企业最低研发投资配套比例来避免由于政府研发资助而减少的企业研发投资。

挪威在“二战”以后就施行了对高新技术企业的研发资助。为了避免政府研发资助对企业研发投资的挤出作用，要求受资助的企业对研发项目的一定比例自行出资。通常情况下要求政府研发资助和受资助企业研发投资的比例是 1∶1，然而根据研发项目所属领域和风险特征情况可以对这一比例做出适当调整。我国政府的研发资助政策也可以借鉴这种做法，通过确定研发资助和企业出资的适当比例，避免政府研发资助对企业研发支出的挤出作用。当然，这一政策的执行需要科学确定不同行业、不同情况下研发项目的企业出资比例，避免企业出资比例过小导致的政府研发资助挤出效应，也要避免企业出资比例设定过大而挤出其他投资项目的现象。

政府应运用 R&D 资助政策激发企业研发意愿与创新投入。通过前文各种实证发现政府 R&D 直接资助对企业技术创新具有显著的正向影响效应，能够增强企业开展研发活动的意愿，引导企业加大自身研发资金投入，并提升企业的创新绩效。实证研究表明，在企业创新决策影响方面，政府 R&D 直接资助能够在一定程度上引导企业开展共性技术研发，企业获得政府 R&D 资助占企业研发总经费比例每提高 1 个百分点，企业承担的共性技术研发项目占所有项目的比例就可以提高0.115个百分点。在企业技术创新行为影响方面，政府R&D直接资助对企业R&D投入具有显著正向影响，政府R&D直接资助对企业R&D投入总体呈现出引致效应而非挤出效应，政府R&D直接资助对企业研发投入引致系数偏低，引致系数为0.024（在1%水平上显著）。在对企业技术创新绩效影响方面，政府R&D直接资助对企业专利申请量和新产品产值均有显著的正向影响。政府R&D直接资助对企业专利申请量的引致系数为0.008（在1%水平上显著），政府R&D直接资助对企业新产品产值的引致系数为0.016（在1%水平上显著）。

为此，政府应该继续加大财政科技投入，进一步强化对企业技术创新的资助力度。事实上，目前世界各国纷纷加大R&D支出，以支持企业开展技术创新活动。据统计，美国R&D支出占GDP的比重达到2.8%左右，日本达到3.4%左右，德国达到2.8%，韩国达到3.6%，以色列则高达4.2%，我国目前R&D占GDP的比重在2.2%左右，“十三五”期间预计能达到2.5%左右。在加大资助力度的同时，政府可以探索更加灵活的财政科技投入方式，更好地放大财政科技资金的引导作用。比如，可以借鉴韩国企业技术开发准备金支持企业技术创新的方式，运用财政补助机制激励引导企业普遍建立研发准备金制度，增强企业事先安排开展研发活动的意愿，促进企业有计划、持续地增加研发投入。借鉴荷兰利用创新券政策支持中小企业技术创新的做法，探索开展创新券后补助方式，引导中小企业加大创新投入。

10.2.2.1　*政府应加大对企业技术创新的间接资助力度*

间接资助方式在激励企业加大研发投入和创新绩效产出比直接资助方式效果更好。例如，政府税收优惠减免方式对企业新产品产值的引致系数是政府R&D直接资助的1.5倍。税收优惠政策具有公平性、普惠性、杠杆性等特点，在很多情况下，相比政府R&D直接资助方式具有独特优势。究其原因，税收优惠减免政策能够通过调节企业技术创新的收益预期、降低投入风险，对企业技术创新产生正面的激励作用。同时，税收优惠政策能够减少对企业技术创新活动的直接干预，更好地避免公众对公共财政资助私人企业的质疑。

目前，税收优惠减免成为国外政府鼓励企业加大研究开发投入的常用政策工具。发达国家都在努力改革对企业进行财政资助的方式，注重税收政策激励企业R&D投入。即使像日本、韩国这类以往倾向于直接给大企业研发活动财政资助的国家，近年来也在积极探索逐渐减少直接资助方式，更多采取税收优惠等普惠性政策。我国应加快建立健全支持企业技术创新的税收优惠政策体系，改革现有的财政资助手段，降低直接资助比例，更多采用税收优惠减免等效果更好的政策措施。

10.2.2.2 政府应针对企业异质性实施差异化资助策略

实证结果充分表明，政府 R&D 资助影响效果与企业异质性有重大关系，为了使政府 R&D 资助的资源配置获得效用最大化，达到经济学意义上的帕累托最优状态，政府在分配 R&D 资助资源过程中应该充分考虑到受资助企业的相关属性。为此，政府需要针对不同成长阶段企业、不同规模企业、不同行业企业选择具有差异化的政策工具和资助策略组合。对于大型企业，重点对其专利申请量、新产品产值进行财政直接资助；对于中小微企业，重点对其研发投入进行财政直接资助。针对不同的行业企业，政府也可以制定不同的 R&D 资助策略，对技术创新依赖程度相对较高的行业企业，比如对电子信息、光机电一体化、新材料等高新技术产业，重点采用直接资助方式；对技术创新依赖程度相对较低的产业，政府应重点选择税收优惠减免等间接资助方式；对生物医药等研发周期长、短期效益不明显的行业企业，政府应重点采取长期稳定的资助方式，同时引导生物医药企业在成果转化、开拓市场等方面努力取得突破，通过资本市场、风险资本、社会资金等多种渠道加大研发资金投入。

10.2.2.3 政府应基于政策时滞性完善财政科技投入绩效评价

政府 R&D 资助对企业技术创新存在一定的滞后效应。企业从申报获得政府财政科技资金到专利、论文、技术标准等创新产出，可能需要经过若干年才能完全表现出来，若要表现为新产品销售收入等经济效益产出，则可能需要更长的时间。因此，政府在进行财政科技投入绩效评价时，要充分考虑财政科技投入的滞后性，不仅仅要考虑近期的企业技术创新绩效，更应该重点考核未来一段时间企业技术创新绩效，在设计评价指标和权数比重时加大对滞后期指标的权重设置。因此，政府应该设立不同的考核指标区别对待长期创新活动和短期创新活动，按照不同考核周期和考核标准对其创新绩效进行考核评估，对周期较长的企业技术创新活动切忌急功近利，一旦经过充分论证和审核后给予支持，就要做好中长期才有可能产生创新技术绩效和市场绩效的准备。与此同时，为了规避政策风险，政府应建立和完善中期考核制度，并对企业的研发和创新活动进行考核和动态管理。

10.2.2.4 企业应将政府 R&D 资源内化为创新的竞争优势

资源基础观理论认为，企业 R&D 活动是一项复杂系统工程，需要大量持续的外部资源支持，那些资源充裕的企业能够投入更多的资源开展研发（Kraaijenbrink & Spender，2010；Kotabe et al.，2014）。在当前我国经济结构调整和产业转型升级过程中，通过创新增强有效供给和提升产品竞争力是企业创新发展的必然要求，对企业发展壮大具有重要战略作用。政府 R&D 资助政策作为一种重要的外在资源，能够抑制“市场失灵”引起的消极影响从而刺激企业做出研发的决策和加大研发投入，进而内化为企业创新发展的资源优势和竞争优势。因此，企业家和企业决策者应当增强创新发展意识，围绕企业发展战略和发展阶段制定科学的创新战略决策，在公平竞争和合法合规的前提下，积极争取政府的 R&D 资助资源，进一步增强自身的资源优势，通过争取政府 R&D 资助来降低企业开展研发活动的边际成本，积极开展一些只有在政府 R&D 资助的情况下才可能启动的研发项目，通过技术创新活动提升可持续发展能力，确立在行业中的发展优势和竞争优势。

10. 2. 2. 5　企业应寻求针对性强的政府 R&D 资助方式

实证结果表明，对于不同成长阶段、不同规模大小、不同行业领域的企业，其受到政府 R&D 资助的政策效果会表现出明显的差异性。换言之，对于具体的某个企业而言，其应结合自身发展特征寻求针对性强的政府 R&D 资助政策支持。例如，对于电子信息、光机电一体化、新材料等发展周期短的行业企业，其研发投入应寻求政府的直接财政资助资金支持，而生物医药行业企业，其应寻求政府税收优惠减免等间接资助资金支持。对于新能源与节能环保产业，其重点应寻求政府在开拓新型产品市场方面的政策支持，而不是重点寻求政府在研发投入方面的政策支持。实证结果显示：鉴于政府 R&D 资助对企业 R&D 投入的引致系数呈现随企业规模递减的趋势，大型企业在研发投入时，重点不是寻求政府 R&D 直接资助投入，而是寻求其他创新政策的支持；相反，中小微企业在研发投入时，为降低研发成本，提高研发效应与成功率，理应千方百计寻求政府 R&D 资助。

10. 2. 3　政府研发资助应保持持续性和连贯性

与其他政府科技投入相比，研发资助在国家的科技发展支出中处于比较重要的地位，原因是政府的研发资助通过带动企业研发投资对全社会科技发展能够起到杠杆作用。随着我国经济和科技的发展，企业在社会科技创新中的主体地位逐步确立，政府对企业的研发资助投入在全社会科技投入中所占的比重总体上呈现上升趋势，这是市场经济发展的必然结果。然而政府对企业研发的资助激励不仅应该在总体上呈现上升趋势，在微观结构上也应保持一定的持续性和连续性。

在前面实证研究章节的数据收集工作中发现，政府研发资助在微观结构上并未保持较高的持续性和连续性。企业上一年获得的研发资助，却未能在后续年度中继续获得该项研发资助，这反映了政府研发资助缺乏持续性。在通常情况下，研发创新项目的期限较长，政府在孤立的一年或几个年度内的研发资助无法从根本上缓解企业研发成本高、风险大的特点。这样缺乏连续性的研发资助无法最大程度地发挥政府研发资助对企业创新的拉动作用。

政府对企业研发资助缺乏连续性的原因可能是过度追求研发资助短期效应的

结果。出于对政策绩效评价的考虑以及缺乏对研发资助效果科学评价的方法，政府研发资助的绩效往往以企业是否通过研发项目为社会提供新产品或新技术为标准进行考察。然而，企业研发投资通常期限较长、风险较大，短期内难以提供有效的创新成果。甚至部分研发项目是通过反复的投资失败，最后才能获得成功的。如果政府研发资助缺乏远见，一旦企业研发项目未能取得预期成效就放弃资助，必将影响企业创新的积极性，也难以达到政府研发资助的预期效果。

要保持政府研发资助的持续性和连贯性，就需要在执行研发资助政策时做到以下几点：一是明确政府研发资助的投入目标，进行科学的预算分配。加强研发资助主管部门的统筹协调和全局调控，为研发资助确定科学合理的布局结构和预算分配。全面评估研发资助对象在相当长的时间段内的资助需求和最优资助水平，一旦明确研发资助目标任务和执行方案后应坚决地保持政策的持续性。二是采取多元化的研发资助绩效考核制度。政府资助缺乏连续性的主要原因是盲目追求创新激励制度的短期效应，一旦短期内无法提供有效的创新成果就停止研发资助。研发资助的短期绩效应该运用多元化的绩效考核标准，如企业创新投入规模、研发人员规模、阶段性成果，甚至一定质量的研发失败经验等。只有确定多元化的研发资助绩效考核标准，才能避免政府研发资助成为短期行为。三是在研发资助过程中采取系统的监督评价体系。在坚持避免政府研发资助的短视行为，保持研发资助政策对微观企业的持续性激励的同时，也要注意对研发资助企业的监督评价，避免政府研发资助造成企业过度研发投资。在研发资助过程中要随时监控企业自主性研发投资规模，一旦发生过度投资的现象要采取及时有效的措施，随时调整研发资助规模。四是对获得研发资助的企业落实激励机制和问责制度。对能够科学合理运用研发资助的企业采取多元化的激励机制，以奖励、优先申请其他资助等方式鼓励符合标准的受资助企业；对研发资助过程中可能存在的委托代理问题加强监督与考核，建立研发资助资金运用考核问责制度，确保研发资助目标落到实处。

总体而言，间接资助方式在激励企业加大研发投入和创新绩效产出比直接资助方式效果更好。例如，政府税收优惠减免方式对企业新产品产值的引致系数是政府 R&D 直接资助的 1.5 倍。税收优惠政策具有公平性、普惠性、杠杆性等特点，在很多情况下，相比政府 R&D 直接资助方式具有独特优势。究其原因，税收优惠减免政策能够通过调节企业技术创新的收益预期、降低投入风险，对企业技术创新产生正面激励作用。同时，税收优惠政策能够减少对企业技术创新活动的直接干预，更好地避免公众对公共财政资助私人企业的质疑。目前，税收优惠减免成为国外政府鼓励企业加大研究开发投入的常用政策工具。发达国家都在努力改革对企业进行财政资助的方式，注重税收政策激励企业 R&D 投入。即使像日本、韩国这类以往倾向于直接给大企业研发活动财政资助的国家，近年来也在积极探索逐渐减少直接资助方式，更多采取税收优惠等普惠性政策。我国应加快建立健全支持企业技术创新的税收优惠政策体系，改革现有的财政资助手段，降低直接资助比例，更多采用税收优惠减免等效果更好的政策措施。

10.2.4 引入第三方专业机构进行研发项目成果评价

政府研发资助要发挥最大化的杠杆效用就需要对所资助的项目在研发的全过程进行监督和评价，避免政府研发资助可能出现的对企业自身研发投资的挤出作用，以及企业对受资助研发项目过度投资的问题。然而研发投资的技术性较强，各个门类的研发投资涉及的领域极为广泛，存在着较强的信息不对称性。政府无法对于每一项受资助的研发项目都亲自进行评价与监督，这就需要引入第三方的专业的监管机制，准确客观地对受资助项目可能出现的挤出效应、过度投资效应进行准确客观的评价。

政府在研发资助过程中要重点做好资助对象的选择和资助方向的确定、安排好研发资助结构的合理布局、加强研发资助项目之间的统筹协调和宏观调控，减少对受资助项目的直接干预。在研发资助监督评价过程中，政府需要构建科学的研发项目筛选和监督评价分工制约机制。明确研发资助前的计划、评审咨询与研发资助后的评估监督等工作的目标、内容和责权，政府承担起制度建设和决策执行的核心工作，将专业性强的评价监督交由第三方机构，强化第三方评价监督机制。第三方监督评价可以利用专家评价、咨询机构评估等方式：政府在研发资助过程中要促进和完善专家信息库中相关信息和问责制度的有效落实；加快咨询评估机构的建设，完善科技评估体系。

政府R&D资助影响效果与企业异质性有重大关系，为了使政府R&D资助的资源配置获得效用最大化，达到经济学意义上的帕累托最优状态，政府在分配R&D资助资源过程中应该充分考虑到受资助企业的相关属性。为此，政府需要针对不同成长阶段企业、不同规模企业、不同行业企业选择具有差异化的政策工具和资助策略组合。对大型企业，重点对其专利申请量、新产品产值进行财政直接资助；对中小微企业，重点对其研发投入进行财政直接资助。针对不同的行业企业，政府也可以制定不同的R&D资助策略，对技术创新依赖程度相对较高的行业企业，比如对电子信息、光机电一体化、新材料等高新技术产业，重点采用直接资助方式；对技术创新依赖程度相对较低的产业，政府应重点选择税收优惠减免等间接资助方式；对生物医药等研发周期长、短期效益不明显的行业企业，政府应重点采取长期稳定资助方式，同时引导生物医药企业在成果转化、开拓市场等方面努力取得突破，通过资本市场、风险资本、社会资金等多种渠道加大研发资金投入。

政府 R&D 资助对企业技术创新存在一定的滞后效应。企业从申报获得政府财政科技资金到专利、论文、技术标准等创新产出，可能需要经过若干年才能完全表现出来，若要表现为新产品销售收入等经济效益产出，则可能需要更长的时间。因此，政府在进行财政科技投入绩效评价时，要充分考虑财政科技投入的滞后性，不仅仅要考虑近期的企业技术创新绩效，更应该重点考核未来一段时间企业技术创新绩效，在设计评价指标和权数比重时加大对滞后期指标的权重设置。因此，政府应该设立不同的考核指标区别对待长期创新活动和短期创新活动，按照不同考核周期和考核标准对其创新绩效进行考核评估，对周期较长的企业技术创新活动切忌急功近利，一旦经过充分论证和审核后给予支持，就要做好中长期才有可能产生创新技术绩效和市场绩效的准备。与此同时，为了规避政策风险，政府应建立和完善中期考核制度，对企业的研发和创新活动进行考核和动态管理。

10.3 研究不足和未来研究展望

10.3.1 研究不足

本书在数据样本收集、研究变量的选择、研究方法以及研究深度方面还存在一些不足之处，具体如下：

10.3.1.1 数据的收集

本书样本数据中以政府研发资助、科技创新企业研发投入以及科技创新企业研发技术人员相关数据为手工收集。我国对上市公司政府研发资助相关信息并未要求进行单独披露，本书政府研发资助数据是通过“营业外收入”中“政府补助”所披露的与研发创新相关的补助加总而得到的。由于上市公司数据披露的内容和方式存在差异，在数据收集过程中需要进行主观判断从而可能出现偏差。企业研发投入数据在 2011 ~ 2013 年可以通过年度报告直接收集，然而 2008 ~ 2010 年相关数据需要通过“管理费用”以及“支付的其他与经营活动有关的现金”附注中进行收集，这种间接收集数据的方法并不十分完备。此外以上数据收集工作量较大，通过手工收集可能会出现偏差。

10.3.1.2 样本范围的选择

考虑到实证研究需要收集政府研发资助与企业研发投入相关数据，本书选择的样本为科技创新上市公司较为集中的电子、医药和生物制造、信息技术、机械设备仪表行业的 A 股上市公司。其他非以上四类行业的科技创新企业也可能进行大量的研发投入，获得较大规模的政府资助，如果将其列入研究范围可能得到更多具有价值的研究成果。此外，由于我国企业信息披露制度尚不健全，研究样本只能选择上市公司。非上市公司在数量上和对全社会创新活动的影响程度上可能远远大于上市公司，将其纳入研究范围可能得到更具普遍意义的结论。

10.3.1.3 研究方法的改进

在研究政府对企业的研发资助受到科技创新企业特征的影响时，本书先后运用了 Probit 回归和最小二乘 OLS 回归；在考察政府研发资助对科技创新企业外源融资的影响时，运用了倾向得分匹配法 PSM，避免了可能出现的样本偏误；在检验政府研发资助对科技创新企业研发投资的引致效应和挤出效应的动态影响时，运用了面板向量自回归模型 PVAR；在检验政府研发资助效应时，为了避免企业研发投资的内生性，运用了工具变量法，上述方法有一定的优越性。但是由于作者对各种研究方法驾驭能力的不足，上述方法在实际应用中也可能存在适应性和局限性的问题。

10.3.1.4 影响因素的扩展

本书综合研究了政府研发资助在企业特征层面的影响因素，对科技创新企业研发投资的作用，以及可能对科技创新企业技术溢出产生的效果等一系列问题。由于研究内容和数据的局限性，在研究中忽略了宏观经济环境、产业结构特征、企业自身文化及发展战略等影响政府研发资助效果以及企业研发投资决策等方面的因素，有待于在未来的研究中纳入分析范围。

10.3.2 未来研究展望

考虑到以上研究不足，未来的研究可以在数据收集方面运用更科学的方法，选择更加明确客观的标准；在样本的选取中可以将研究范围扩展到非上市公司；随着统计软件和计量经济方法的发展，在研究方法上选择更加先进准确的方法；在研究中纳入影响政府研发资助作用效果和企业研发投资行为的综合因素，并进行后续研究。进一步地可以在以下几方面进行深入研究。

（1）在对企业研发投资的研究中，除了将政府研发资助作为重要考虑因素以外，还可以加入企业管理者、市场竞争度、企业发展阶段等相关影响因素，深入研究企业研发投资的主观和客观影响因素。

（2）在评价企业研发产出的过程中，可以加入研发新产品、新产品销售数量、技术溢出效果等指标，综合衡量企业研发产出。

（3）可以将企业研发投资和融资的研究进行拓展，深入研究影响企业研发投资和融资的其他因素，例如：投资者因素、市场因素等。此外对于企业研发投融资以外的其他投融资活动，可以进行进一步研究。

参考文献

［1］安童良，周绍东，皮建才．R&D 补贴对中国企业创新的激励效应［J］．经济研究，2009（10）：87－98.

［2］白俊，王生年．国有股权的有效性：来自中国上市公司的证据［J］．经济管理，2009（31）：65－71.

［3］白俊红．中国的政府 R&D 资助有效吗？来自大中型工业企业的经验证据［J］．经济学（季刊），2011（7）：1375－1400.

［4］白俊红，江可申，李婧．应用随机前沿模型评测中国区域研发创新效率［J］．管理世界，2009（10）：51－61.

［5］白俊红，李婧．政府 R&D 资助与企业技术创新——基于效率视角的实证分析［J］．金融研究，2011（6）：181－193.

［6］曹勇．科技与金融结合的现状分析与对策研究［J］．科学管理研究，1995（2）：9－13.

［7］柴俊武，万迪．企业规模与 R&D 投入强度关系的实证分析［J］．科学学研究，2003（21）：58－62.

［8］程华，赵祥．政府科技资助对企业 R&D 产出的影响——基于我国大中型工业企业的实证研究［J］．科学学研究，2008（26）：519－525.

［9］成力为，孙玮，王九云．要素市场不完全视角下的高技术产业创新效率——基于三阶段 DEA－Windows 的内外资配置效率和规模效率比较［J］．科学学研究，2011（29）：930－938.

［10］戴淑庚．我国高科技企业融资与金融创新［J］．科技与经济，2004（3）：50－53.

［11］戴小勇，成力为．研发投入强度对企业绩效影响的门槛效应研究［J］．科学学研究，2013（31）：1708－1716.

［12］冯巍．内部现金流量和企业投资：来自我国股票市场上市公司财务报告的证据［J］．经济科学，1999（1）：51－56.

［13］顾晓敏，民建．改革财政科技投入方式　提高科技创新能力［N］．联合时报，2012－10－12.

[14] 何金耿，丁加华．上市公司投资决策行为的实证分析［J］．证券市场导报，2001（9）．

[15] 何贤杰，肖土盛，陈信元．企业社会责任信息披露与公司融资约束［J］．财经研究，2012（8）：60－71.

[16] 金玲娣，陈国宏．企业规模与 R&D 关系实证研究［J］．科研管理，2001（22）：51－57.

[17] 李春艳．商业银行的作用容轻视［N］．中国经济导报，2005－03－29（C02）．

[18] 李婧．政府 R&D 资助对企业技术创新的影响——一个基于国有与非国有企业的比较研究［J］．研究与发展管理，2013（25）：18－24.

[19] 李瑞茜，白俊红．政府 R&D 资助对企业技术创新的影响——基于门槛回归的实证研究［J］．中国经济问题，2013（3）：11－23.

[20] 李维安，姜涛．公司治理与企业过度投资行为研究：来自中国上市公司的数据［J］．财贸经济，2007（12）：56－61.

[21] 李永，叶伟娜，王振宇．政府对企业 R&D 资助效应：互补还是挤出——对上海大中型工业企业的实证研究［J］．科技管理研究，2013（33）：62－66.

[22] 骆品亮，向盛斌．R&D 的外部性及其内部化机制研究［J］．科研管理，2001（22）：56－63.

[23] 孟繁森．国家资助中小企业技术创新项目申报程序及案例分析［M］．北京：经济科学出版社，2008.

[24] 宁彦君．投资—现金流敏感性研究综述［J］．财会通讯，2012（3）：46－49.

[25] 钱震杰．中国工业企业投资的融资约束研究［J］．清华大学学报（哲学社会科学版），2006（6）：57－66.

[26] 饶玉蕾，汪玉英．中国上市公司大股东对投资影响的实证研究［J］．南开管理评论，2006（5）：67－73.

[27] 沈红波，寇宏，张川．金融发展、融资约束与企业投资的实证研究［J］．中国工业经济，2010（6）：55－64.

[28] 世界银行．1991 年发展报告（第一版）［M］．北京：中国财政经济出版社，1991.

[29] 童光荣，高杰．中国政府 R&D 支出对企业 R&D 支出诱导效应及其时滞分析［J］．中国科技论坛，2004（4）：97－99.

[30] 王俊．R&D 补贴对企业 R&D 投入及创新产出影响的实证研究［J］．

科学学研究，2010（9）：1368－1374.

［31］王俊．政府 R&D 资助与企业 R&D 投入的产出效率比较［J］．数量经济技术经济研究，2011（6）：93－106.

［32］王任飞．企业 R&D 支出的内部影响因素研究——基于中国电子信息百强企业之实证［J］．科学学研究，2005（23）：225－231.

［33］汪晓春．企业创新投资决策的资本结构条件［J］．中国工业经济，2002（10）：89－95.

［34］解维敏，唐清泉，陆姗姗．政府 R&D 资助，企业 R&D 支出与资助创新——来自中国上市公司的经验证据［J］．金融研究，2009（6）：86－99.

［35］熊彼特．资本主义、社会主义与民主［M］．北京：商务印书馆，1979.

［36］许强，徐金发．中美科技创业企业融资方式比较与启示［J］．科技进步与对策，2001（2）：176－178.

［37］许小年，王燕．中国上市公司的所有制结构与公司治理［M］．北京：中国人民大学出版社，2000.

［38］许治，何悦，王晗．政府 R&D 资助与企业 R&D 行为的影响因素——基于系统动力学研究［J］．管理评论，2012（24）：67－75.

［39］许治．政府公共 R&D 与内生经济增长［D］．西北大学博士学位论文，2006.

［40］杨勇，达庆利，周勤．公司治理对企业技术创新投资影响的实证研究［J］．科学学与科学技术管理，2007（11）：61－65.

［41］叶康涛，张然，徐浩萍．声誉、制度环境与债务融资［J］．金融研究，2010（8）：171－183.

［42］余明桂，回雅甫，潘红波．政治联系、寻租与地方政府财政补贴有效性［J］．经济研究，2010（3）：65－77.

［43］于蔚，汪淼军，金祥荣．政治关联和融资约束：信息效应与资源效应［J］．经济研究，2012（9）：125－139.

［44］张纯，吕伟．机构投资者、终极产权与融资约束［J］．管理世界，2007（11）：119－127.

［45］张翼，李辰．股权结构、现金流与资本投资［J］．经济学（季刊），2005（1）：229－246.

［46］支晓强，童盼．管理层业绩报酬敏感度、内部现金流与企业投资行为——对自由现金流与信息不对称理论的一个检验［J］．会计研究，2007（10）：73－96.

[47] Alecke B, Mitze T, Reinkowski J, et al. Does Firm Size Make a Difference? Analysing the Effectiveness of R&D Subsidies in East Germany [J]. German Economic Review, 2012, 13 (2): 174 - 195.

[48] Almeida Heitor, Murillo Campello. Financial Constraints and Investment - Cash Flow Sensitivities: New Research Directions [C]. Working Paper. New York University, 2001.

[49] Angrist J. D. Estimating the Labor Market Impact of Voluntary Military Service Using Social Security Data [J]. Econometrica, 1998 (66): 249 - 288.

[50] Arrow K. Economic Welfare and the Allocation of Resources for Invention [M]. The Rate and Direction of Inventive Activity: Economic and Social Factors. Nber, 1962.

[51] Arrow K. J. The Economics of Information: An Exposition [J]. Empirica, 1996 (23): 119 - 128.

[52] Arrow K. J., R. C. Lind. Uncertainty and the Evaluation of Public Investment Decisions [J]. American Economic Review, 1970 (60): 364 - 378.

[53] Asli Demirguc - Kunt, Vojislav Maksimovic. Law, Finance and Firm Growth [R/OL]. Working Paper, http: //www. worldbank. org, 1998.

[54] Bae S. C., Kim D. The Effect of R&D Investment on Marketvalue of Firm: Evidence from the U S, Germany, and Japan [J]. Multinational Business Review, 2003 (11): 51 - 75.

[55] Bah R., Dumontier P. R&D Intensity and Corporate Financial Policy: Some International Evidence [J]. Journal of Business Finance and Accounting, 2001, 28 (5 - 6): 671 - 692.

[56] Bai C., Lu J., Tao Z. Property Rights Protection and Access to Bank Loans: Evidence from Private Enterprises in China [J]. Economics of Transition, 2006 (14): 611 - 628.

[57] Baldwin, John R. Ratcliff, Joanne. Differences in Strategies and Performances of Different Typesof Innovators [J]. Analytical Studies Branch Research Paper Series, Statistics Canada, Analytical Studies Branch, 1998 (1): 61 - 89.

[58] Bates T. W. Asset Sales, Investment Opportunities, and the Use of Proceeds [J]. Journal of Finance, 2005 (60): 105 - 135.

[59] Bernanke B., Gertler M. Agency Costs, Net Worth and Business Fluctuations [J]. American Economic Review, 1989 (73): 257 - 276.

[60] Berube Charles, Mohnen Pierre. Are Firms That Receive R&D Subsidies

More Innovative? [J] . Canadian Journal of Economics, 2009 (42): 206 - 225.

[61] Blundell R. , Griffith R. , Van Reenen, J. Market Share, Market Value and Innovation in a Panel of BritishManufacturing Firms [J] . Review of Economic Studies, 1999 (66): 529 - 554.

[62] Bowman E. H. A Risk /Return Paradox for Strategic Management [R]. Working Paper (Sloan School of Management); Cambridge, Mass. : Massachusetts Institute of Technology, 1980: 1107 - 1180.

[63] Branstetter L. , Sakakibara M. Japanese Research Consortia: A Microeconometric Analysis of Industrial Policy [J] . The Journal of Industrial Economics, 1998, 46 (2): 207 - 233.

[64] Branstetter L. G. , Sakakibara M. When do Research Consortia Work Well and Why? Evidence from Japanese Panel Data [R] . National Bureau of Economic Research, 2000.

[65] Busom I. An Empirical Evaluation of the Effects of R&D Subsidies [J]. Economics of Innovation and New Technology, 2000, 9 (2): 111 - 148.

[66] Carboni O. A. R&D Subsidies and Private R&D Expenditures: Evidence from Italian Manufacturing Data [J] . International Review of Applied Economics, 2011, 25 (4): 419 - 439.

[67] ChangYang Lee. The Differential Effects of Public R&D Support on FirmR&D: Theory and Evidence from Multi - Country Data [J] . Technovation, 2011 (1): 6.

[68] Chen C. , Li Z. , Su X. Rent Seeking Incentives, Political Connection Sand Organizational Structure: Empirical Evidence from Listed Family Firms in Chin [C] . Working Paper. City University of Hong Kong, 2005.

[69] Chen, J. J. Voluntary Disclosure, Reputation and Bank Loan [R]. Working Paper, 2011.

[70] Cockburn I. , Griliches Z. Industry Effects and Appropriability Measures in the Stock Market's Valuation of R&Dand Patents [J] . American Economic Review, 1988 (78): 419 - 423.

[71] Cohen W. M. , Nelson R. R. , Walsh J. P. Links and Impacts: The Influence of Public Research on Industrial R&D [J] . Management Science, 2002 (48): 1 - 23.

[72] Connolly R. A. , Hirschey M. Firm Size and the Effect of R&D on Tobin's q [J] . R&D Management, 2005 (35): 217 - 223.

[73] Conyon M., Murphy K. The Prince and the Pauper? CEO Pay in the US and the UK [J]. Economic Journal, 2000 (110): 640-671.

[74] Cull R., L. C. Xu. Institutions, Ownership, and Finance: The Determinants of Profit Reinvestment among Chinese Firms [J]. Journal of Financial Economics, 2005, 77 (1): 117-146.

[75] Czarnitzki D., Bento C. L. Evaluation of Public R&D Policies: A Cross-Country Comparison [J]. World Review of Science, Technology and Sustainable Development, 2012, 9 (2): 254-282.

[76] Czarnitzki D., Ebersberger B., Fier A. The Relationship between R&D Collaboration, Subsidies and R&D Performance: Empirical Evidence from Finland and Germany [J]. Journal of Applied Econometrics, 2007, 22 (7): 1347-1366.

[77] Czarnitzki D., Toole A. A. Business R&D and the Interplay of R&D Subsidies and Product Market Uncertainty [J]. Review of Industrial Organization, 2007, 31 (3): 169-181.

[78] Czarnitzki D., Licht G. Additionality of Public R&D Grants in a Transition Economy [J]. The Economics of Transition, 2006 (14): 101-131.

[79] Czarnitzki D., Bento L. C. Value for Money? New Microeconometric Evidence on Public R&D Grants in Flanders [J]. Research Policy, 2013, 42 (1): 76-89.

[80] Danset R. The Financing of Innovation and the Venture Capital [R]. The National Financial and Sectoral Systems. Working Paper, 2001.

[81] Dehejia R. H., S. Wahba. Causal Effects in Nonexperimental Studies: Reevaluatingthe Evaluation of Training Programs [J]. Journal of the American Statistical Association, 1999 (94): 1053-1062.

[82] Dhaliwal D., Li O., Tsang A., et al. Voluntary Nonfinancial Disclosure and the Cost of Equity Capital: The Initiation of Corporate Social Responsibility Reporting [J]. The Accounting Review, 2011, 86 (1): 59-100.

[83] Dubocage E. The Financing of Innovation by Venture Capital in Europe and in the USA: A Comparative and Sectoral Approach [R]. Working Paper, 2002.

[84] Dyck A., Zingales L. Private Benefits of Control: An International Comparison [J]. Journal of Finance, 2004 (59): 537-600.

[85] Faccio M., Masulis R., McConnell J. Political Connections and Corporate Bailouts [J]. Journal of Finance, 2006 (61): 2597-2635.

[86] Fazzari S. M., Hubbard R. G., Petersen B. C. Financing Constraints on Cor-

porate Investment [J] . Brookings Papers on Economic Activity, 1988 (3): 141 - 195.

[87] Forssback J. Ownership Structure, Market Discipline, and Banks' Risk - Taking Incentives under Deposit Insurance [J] . Journal of Banking & Finance, 2011, 35 (10): 2666 - 2678.

[88] González X., Jaumandreu J., Pazó C. Barriers to Innovation and Subsidy Effectiveness [J] . RAND Journal of Economics, 2005 (36): 930 - 950.

[89] Gonzalez X., Jaumandreu J., Pazo C. Do Public Subsidies Stimulate Private R&D Spending? [J] . Research Policy, 2008 (37): 371 - 389.

[90] Goolsbee A. Does Government R&D Policy Mainly Benefit Scientists and Engineers? [R] . National Bureau of Economic Research, 1998.

[91] Görg H., Strobl E. The Effect of R&D Subsidies on Private R&D [J]. Economica, 2007, 74 (294): 215 - 234.

[92] Goss A., Roberts G. The Impact of Corporate Social Respongsibility on the Cost of Bank Loans [J] . Journal of Banking and Finance, 2011, 35 (7): 1794 - 1810.

[93] Griliches Zvi, Mairesse Jacques. R&D and Productivity Growth: Comparing Japanese and U. S. Manufacturing Firms [J] . R&D and Productivity: The Econometric Evidence, 1998 (5): 187 - 210.

[94] Grossman S. J., Hart O. D. Corporate Financial Structure and Managerial Incentives [M] . The Economics of Information and Uncertainty (University of Chicago Press), 1982.

[95] Grzegorz Pawlina, Luc Renneboog. Is Investment - Cash Flow Sensitivity Caused by Agency Costs or Asymmetric Information? Evidence from the UK [J]. European Financial Management, 2005 (11): 483 - 513.

[96] Guangzhou Hu A. Ownership, Government R&D, Private R&D, and Productivity in Chinese Industry [J] . Journal of Comparative Economics, 2001, 29 (1): 136 - 157.

[97] Guellec D., Van Pottelsberghe De La Potterie B. The Impact of Public R&D Expenditure on Business R&D [J] . Economics of Innovation and New Technology, 2003, 12 (3): 225 - 243.

[98] Lichtenberg F. R. The Effect of the Composition of R&D Spending [J]. Southern Journal of Economics, 1987 (4): 342 - 349.

[99] Hall B. H. The Stock Market's Valuation of R&D Investment During the 1980's [J] . The American Economic Review, 1993 (2): 259 - 264.

［100］ Hall B. H. The Financing of Research and Development ［J］. Oxford Review of Economic Policy, 2002 (18): 35 –51.

［101］ Hall B. H., Oriani R. Does the Market Value R&D Investment by European Firms? Evidence from a Panel of Manufacturing Firms in France, Germany, and Italy ［J］. International Journal of Industrial Organization, 2006, 24 (5): 971 –993.

［102］ Hall B., Van Reenen J. How Effective are Fiscal Incentives for R&D? A Review of the Evidence ［J］. Research Policy, 2000 (29): 449 –469.

［103］ Herrera L., Sánchez – González G. Firm Size and Innovation Policy ［J］. International Small Business Journal, 2013, 31 (2): 137 –155.

［104］ Holemans B., Sleuwaegen L. Innovation Expenditures and The Role of Government in Belgium ［J］. Research Policy, 1988, 17 (6): 375 –379.

［105］ Hoshi T., Kashyap A., Scharfstein D. Corporate Structure, Liquidity and Investment: Evidence from Japanese Industrial Groups ［J］. Quarterly Journal of Economic, 1991 (20): 33 –60.

［106］ Hu X., Schiantarelli F. Investment and Capital Market Imperfections: A Switching Regression Approach using Firm Panel Data ［J］. The Review of Economics and Statistics, 1998 (53): 466 –479.

［107］ Hubbard R. G. Capital – Market Imperfections and Investment ［J］. Journal of Economic Literature, 1998 (36): 193 –225.

［108］ Hujer R., Radic D. Evaluating the Impacts of Subsidies on Innovation Activities in Germany ［J］. Scottish Journal of Political Economy, 2005 (52): 565 – 586.

［109］ Irwin D A, Klenow P J. High – tech R&D Subsidies Estimating the Effects of Sematech ［J］. Journal of International Economics, 1996, 40 (3): 323 –344.

［110］ Jensen M. C. Agency Costs and Free Cash Flow, Corporate Finance and Takeovers ［J］. American Economic Review, 1986 (76): 659 –665.

［111］ Jensen M. C., Meekiing W. Theory of the Firm: Managerial Behavior, Ageney Costs, and Capital Strueture ［J］. Joumal of Finaneial Economics, 1976 (3): 305 –360.

［112］ Jensen M. Performance Pay and Top – Management Incentives ［J］. Joumal of Political Economy, 1990 (98): 225 –264.

［113］ John K., Nachman D. Risky Debt, Investment Incentives and Reputation in a Sequential Equilibrium ［J］. Joumal of Finance, 1985 (40): 863 –878.

［114］ Kaplan S., Zingales L. Do investment – cash flow Sensitivities Provide

Useful Measures of Financing Constraints? [J] . Quarterly Journal of Economics, 1997 (112): 169 -215.

[115] Kashyap A. K. , Lamont O. A. , Stein J. C. Credit Conditions and the Cyclical Behavior of Inventories [J] . The Quarterly Journal of Economics, 1994 (109): 565 -592.

[116] Keck O. The National System for Technical Innovation in Germany [J]. National Innovation Systems: A Comparative Analysis, 1993 (2): 115 -157.

[117] Keynes J. M. The General Theory of Employment, Interestand Money [M] . London: Macmillan, Kriesler, 1936: 54 -57.

[118] Khanna T. , Iansiti M. Firm Asymmetries and Sequential R&D: Theory and Evidence from the Mainframe Computer Industry [J] . Management Science, 1997, 43 (4): 405 -421.

[119] Klette T. J. R&D, Scope Economies and Plant Performance [J] . RAND Journal of Economics, 1996 (27): 502 -522.

[120] Klette T. J. , Jarle M. R&D Investment Responses to R&D Subsidies: A Theoretical Analysis and a Microeconometric Study [J] . World Review of Science, Technology and Sustainable Development, 2012 (9): 169 -203.

[121] Lach S. Do R&D Subsidies Stimulate or Displace Private R&D? Evidence from Israel [J] . Journal of Industrial Economics, 2002 (50): 369 -390.

[122] Lechner M. An Evaluation of Public Sector Sponsored Continuous Vocational Trainingin East Germany [J] . Journal of Human Resources, 2000 (35): 347 -375.

[123] Lee C. Y. The Differential Effects of Public R&D Support on Firm R&D: Theory and Eevidence from Multi - Country Data [J] . Technovation, 2011, 31 (5): 256 -269.

[124] Lerner J. The Government as Venture Capitalist: The Long - Run Impact of the SBIR Program [J] . Journal of Business, 1999 (72): 285 -318.

[125] Levin A. , Lin C. F. , C. Chu. Unit Root Tests in Panel Data: Asymptotic and Finite - Sample Lewis, Properties [J] . Journal of Econometrics, 2002 (108): 1 -24.

[126] Levin R, Reiss P. C. Tests of a Schumpeterian Model of R&D and Market Sructure R&D, Patents, and Productivity [M] . University of Chicago Press, 1984: 175 -208.

[127] Levin Richard C. A New Look at the Patent System [J] . American Eco-

nomic Reveiew, 1986 (1): 199 –202.

[128] Lichtenberg F. R. The Relationship Between Federal Contract R&D and Company R&D [J] . American Economic Review, Papers and Proceedings, 1984 (74): 73 –78.

[129] Lichtenberg F. R. The Effect of Government Funding on Private Industrial Research and Development: A Re – assessment [J] . Journal of Industrial Economics, 1987 (36): 97 –104.

[130] Lichtenberg F. R. The Private R&D Investment Response to Federal Design and Technical Competitions [J] . The American Economic Review, 1988, 78 (3): 550 –559.

[131] Link A. N. An Analysis of the Composition of R&D Spending [J]. Southern Economic Journal, 1982, 49 (2): 342 –349.

[132] Heshmati A. The Impact of Public Funding on Private R&D investment: New Evidence from a Firm Level Innovation Study [J] . General Information, 2004 (11): 1 –26.

[133] Lunawat R. Reputation Effects of Disclosure [J] . Social Science Electronic Publishing, 2009 (11): 1 –52.

[134] Nagano M. R&D Investment and the Government's R&D Policies of Electronics Industries in Korea and Taiwan [J] . Journal of Asian Economics, 2006 (17): 653 –666.

[135] MansfieldEdwin et al. Imitation Costs and Patents: An Empirical Study [J] . Economic Journal, 1981 (4): 907 –918.

[136] Marcus N. , Howard P. Industrial Policy in an Era of Globalization: Lessons from Asia [R] . Working Paper, Institute for International Economics, 2003.

[137] Meuleman M. , De Maeseneire W. Do R&D Subsidies Affect SMEs' Access to External Financing? [J] . Vlerick Leuven Gent Working Paper Series, 2008 (12) .

[138] Modigliani F. , Miller M. The Cost of Capital, Corporation Finance and the Theory of Investment [J] . American Economic Review, 1958 (48): 261 –297.

[139] Myers S. C. , Majluf N. S. Corporate Financing and Investment Decisions when Firms Have Information that Investors do not Have [J] . Journal of Financial Economics, 1984 (13): 187 –221.

[140] Nathalie Moyen. Investment – Cash Flow Sensitivities: Constrained versus Unconstrained Firms [J] . The Journal of Finance, 2004 (10): 2061 –2092.

[141] NGA. State Strategies to Promote Angel Investment for Economic Growth [R]. National Governors Association Center for Best Practices, http://www.nga.org/Files/pdf/0802ANGELINVESTMENT.PDF, 2008.

[142] Ortega - Argilés R., Moreno R., Caralt J S. Ownership Structure and Innovation: Is there a Real Link? [J]. The Annals of Regional Science, 2005, 39 (4): 637 - 662.

[143] O'Sullivan M. The Innovative Enterprise and Corporate Governance [J]. Cambridge Journal of Economics, 2000 (24): 393 - 416.

[144] Parisi M. L., Sembenelli A. Is Private R&D Spending Sensitive to Its Price? Empirical Evidence on Panel Data for Italy [J]. Empirica, 2003, 30 (4): 357 - 377.

[145] Pedroni P. Critical Values for Cointegration Tests in Heterogeneous Panels with Multiple Regressiors [J]. Oxford Bulletin of Economics and Statistics, 1999 (61): 653 - 670.

[146] Persyn D., J. Westerlund. Error Correction Based Cointegration Tests for Panel Data [J]. Stata Journal, 2008, 8 (2): 232 - 241.

[147] Piekkola H. Public Funding of R&D and Growth: Firm - Level Evidence from Finland [J]. Economics of Innovation and New Technology, 2007, 16 (3): 195 - 210.

[148] Povel Paul, Michael Raith. Optimal Investment under Financial Constraints: The Roles of Internal Funds and Asymmetric Information [R]. Working Paper, University of Chicago, 2001.

[149] Rajan R., Zingales L. What do We Know about Capital Structure: Some Evidence from International Data [J]. Journal of Finance, 1995, 50 (5): 1421 - 1460.

[150] Richardson A., Welker M. Social Disclosure, Financial Disclosure and the Cost of Equity Capital [J]. Accounting, Organization and Society, 2001, 26 (7 - 8): 597 - 616.

[151] Richardson S. Over - investment of Free Cash Flow [J]. Review of Accounting Studies, 2006, 11 (2 - 3): 159 - 189.

[152] Robert E. Carpenter Alessandra Guariglia, Cash Flow, Investment, and Investment Opportunities: New Tests Using UK Panel Data [J]. Journal of Banking & Finance, 2008 (32): 1894 - 1906.

[153] Robert M. Solow, Technical Change and the Aggregate Production Func-

tion [J] . Review of Eeonomies and Statisties, 1957 (39): 214 –231.

[154] Rosenbaum P. , Rubin D. Constructing a Control Group Using Multivariate Matched Sampling Methods that Incorporate the Propensity Score [J] . American Statistician, 1985, 39 (1): 33 –38.

[155] Rothschild M. , Stiglitz J. Equilibrium in Competitive Insurance Markets: An Essay on the Economics of Imperfect Information [J] . The Quarterly Journal of Economics, 1976 (4): 629 –649.

[156] Rubenstein A. H. , Douds C. F. , Geschka H. , et al. Management Perceptions of Government Incentives to Technological Innovation in England, Trance, West Germany and Japan [J] . Research Policy, 1977, 6 (4): 324 –357.

[157] Rubin D. B. Assignment to Treatment Group on the Basis of Covariate [J] . Journal of Educational Statistics, 1977 (2): 1 –26.

[158] Scherer F. M. Inter – industry Technology Flows in the United States [J]. Research Policy, 1982, 11 (4): 227 –245.

[159] Scott J. Firm Versus Industry Variability in R&D Intensity [J] . R&D, Patents, and Productivity, 1984 (1): 233 –248.

[160] Soete Luc L. G. Firm Size and Inventive Activity: The Evidence Reconsidered [J] . European Economic Review, 1979, 12 (4): 319 –340.

[161] Spence M. Cost Reduction, Competition, and Industry Performance [J] . Econometrtica, 1984 (52): 101 –121.

[162] Stulz R. M. Managerial Discretion and Optimal Financing Policies [J]. Journal of Financial Economics, 1990 (26): 3 –27.

[163] Tadesse S. Financial Architecture and Economic Performance: International Evidence [J] . Journal of Financial Intermediation, 2002 (11): 429 –454.

[164] Takalo T. , Tanayama T. Adverse Selection and Financing of Innovation: Is there a Need for R&D Subsidies? [J] . The Journal of Technology Transfer, 2010, 35 (1): 16 –41.

[165] Tommy H. C. Do Subsidies Have Positive Impacts on R&D and Innovation Activities at the Firm Level? [J] . Structural Change& Economic Dynamics, 2009, 20 (4): 239 –253.

[166] Toivanen O. , Niininen P. Investment, R&D, Subsidies and Credit Constraints [R] . Department of Economics MIT and Helsinki School of Economics, Working Papers, 2000 (244) .

[167] Toivanen O. , Stoneman P. , Bosworth D. Innovation and Market Value of

UK Firms, 1989 - 1995 [J] . Oxford Bulletin of Economics and Statistics, 2002 (64): 39 - 61.

[168] Tsai K., Wang J. R&D Productivity and the Spillover Effects of High - tech Industry on the Traditional Manufacturing Sector: The Case of Taiwan [J] . The World Economy, 2004, 27 (10): 1555 - 1570.

[169] Verspagen B. Measuring Intersectoral Technology Spillovers: Estimates from the European and US Patent Office Databases [J] . Economic Systems Research, 1997, 9 (1): 47 - 65.

[170] Wallsten S. J. The Effects of Government - Industry R&D Programs on Private R&D: The Case of the Small Business Innovation Research Program [J]. RAND Journal of Economics, 2000, 31 (1): 82 - 100.

[171] Westerlund J. Testing for Error Correction in Panel Data [J] . Oxford Bulletin of Economics and Statistics, 2007 (69): 709 - 748.

[172] Yafeh Y., Yosha O. Large Shareholders and Banks: Who Monitors and How? [J] . The Economic Journal, 2003, 113 (484): 128 - 146.

[173] Zheng Y. Bank Lending Incentives and Firm Investment Decisions in China [R] . Chinese University of Hong Kong, Working Paper, 2008.

附录

附录1

2014年全国科技经费投入统计公报
国家统计局　科学技术部　财政部

2015年11月23日

2014年，我国科技经费投入继续增长，国家财政科技支出及研究与试验发展（R&D）经费投入增加，研究与试验发展（R&D）经费投入强度提高。

一、研究与试验发展（R&D）经费支出情况

2014年，全国共投入研究与试验发展（R&D）经费13015.6亿元，比上年增加1169.0亿元，增长9.9%；研究与试验发展（R&D）经费投入强度（与国内生产总值①之比）为2.05%，比上年提高0.04个百分点。按研究与试验发展人员（全时工作量）计算的人均经费支出为35.1万元，比上年增加1.6万元。

分活动类型看，全国用于基础研究的经费支出为613.5亿元，比上年增长10.6%；应用研究经费支出1398.5亿元，增长10.2%；试验发展经费支出11003.6亿元，增长9.8%。基础研究、应用研究和试验发展占研究与试验发展（R&D）经费总支出的比重分别为4.7%、10.8%和84.5%。

分活动主体看，各类企业经费支出为10060.6亿元，比上年增长10.9%；政府属研究机构经费支出1926.2亿元，增长8.1%；高等学校经费支出898.1亿元，增长4.8%。企业、政府属研究机构、高等学校经费支出所占比重分别为77.3%、14.8%和6.9%。

分产业部门②看，研究与试验发展（R&D）经费投入超过500亿元的行业大

① 2014年GDP初步核实数据。

② 产业部门仅包括规模以上工业企业，即年主营业务收入2000万元及以上的工业法人单位。

类有7个，这7个行业的经费占全部规模以上工业企业研究与试验发展的比重为61.1%；研发经费在100亿元以上且投入强度（与主营业务收入之比）超过了规模以上工业平均水平的行业大类有10个（分行业情况详见附表1）。

分地区看，研究与试验发展（R&D）经费支出最多的6个省（市）为江苏（占12.7%）、广东（占12.3%）、山东（占10%）、北京（占9.7%）、浙江（占7%）和上海（占6.6%）。研究与试验发展（R&D）经费投入强度（与地区生产总值之比）达到或超过全国平均水平的有北京、上海、天津、江苏、广东、浙江、山东和陕西8个省（市）（分地区情况详见附表2）。

二、财政科学技术支出情况

2014年，国家财政科学技术支出为6454.5亿元，比上年增加269.6亿元，增长4.4%；财政科学技术支出占当年国家财政支出的比重为4.25%。其中，中央财政科技支出为2899.2亿元，增长6.3%，占财政科技支出的比重为44.9%；地方财政科技支出为3555.4亿元，增长2.9%，占比为55.1%。

2014年财政科学技术支出情况

	财政科技支出（亿元）	比上年增长（%）	占财政科技支出的比重（%）
合计	**6454.5**	**4.4**	—
其中：科学技术	5314.5	4.5	82.3
其他功能支出中用于科学技术的支出	1140.0	3.6	17.4
其中：中央	2899.2	6.3	44.9
地方	3555.4	2.9	55.1

注：本表中财政科学技术支出的统计范围为公共财政支出安排的科技项目，因四舍五入原因分组加总不等于合计，下同。

附表1　2014年分行业规模以上工业企业R&D经费情况

行业	经费投入（亿元）	投入强度（%）	行业	经费投入（亿元）	投入强度（%）
合计	**9254.3**	**0.84**	石油加工、炼焦和核燃料加工业	106.6	0.26
采矿业	290.8	0.45	化学原料和化学制品制造业	746.5	0.90
煤炭开采和洗选业	151.5	0.50	医药制造业	390.3	1.67
石油和天然气开采业	84.4	0.74	化学纤维制造业	75.0	1.05

续表

行业	经费投入（亿元）	投入强度（%）	行业	经费投入（亿元）	投入强度（%）
黑色金属矿采选业	9.0	0.10	橡胶和塑料制品业	227.9	0.76
有色金属矿采选业	20.3	0.32	非金属矿物制品业	246.5	0.43
非金属矿采选业	9.9	0.19	黑色金属冶炼和压延加工业	642.0	0.86
制造业	8890.9	0.91	有色金属冶炼和压延加工业	330.6	0.64
农副食品加工业	195.9	0.31	金属制品业	251.2	0.69
食品制造业	112.7	0.55	通用设备制造业	620.6	1.32
酒、饮料和精制茶制造业	98.8	0.60	专用设备制造业	540.9	1.55
烟草制品业	20.9	0.23	汽车制造业	787.2	1.16
纺织业	177.7	0.46	铁路、船舶、航空航天和其他运输设备制造业	426.1	2.40
纺织服装、服饰业	74.2	0.35	电气机械和器材制造业	922.9	1.38
皮革、毛皮、羽毛及其制品和制鞋业	40.1	0.29	计算机、通信和其他电子设备制造业	1392.5	1.63
木材加工和木、竹、藤、棕、草制品业	32.7	0.25	仪器仪表制造业	169.0	2.04
家具制造业	27.1	0.37	电力、热力、燃气及水生产和供应业	72.6	0.11
造纸和纸制品业	96.4	0.71	电力、热力生产和供应业	61.9	0.11
印刷和记录媒介复制业	34.2	0.51	燃气生产和供应业	5.6	0.11
文教、工美、体育和娱乐用品制造业	65.5	0.44	水的生产和供应业	5.2	0.30

注：本表中工业行业分类按国民经济行业分类（GB/T 4754－2011）标准划分。

附表2　2014年各地区研究与试验发展（R&D）经费支出情况

地区	R&D经费支出（亿元）	R&D经费投入强度（%）
全国	13015.6	2.05
北京	1268.8	5.95
天津	464.7	2.96

续表

地区	R&D 经费支出（亿元）	R&D 经费投入强度（%）
河北	313.1	1.06
山西	152.2	1.19
内蒙古	122.1	0.69
辽宁	435.2	1.52
吉林	130.7	0.95
黑龙江	161.3	1.07
上海	862.0	3.66
江苏	1652.8	2.54
浙江	907.9	2.26
安徽	393.6	1.89
福建	355.0	1.48
江西	153.1	0.97
山东	1304.1	2.19
河南	400.0	1.14
湖北	510.9	1.87
湖南	367.9	1.36
广东	1605.4	2.37
广西	111.9	0.71
海南	16.9	0.48
重庆	201.9	1.42
四川	449.3	1.57
贵州	55.5	0.60
云南	85.9	0.67
西藏	2.4	0.26
陕西	366.8	2.07
甘肃	76.9	1.12
青海	14.3	0.62
宁夏	23.9	0.87
新疆	49.2	0.53

附注：

1. 主要指标解释

研究与试验发展（R&D）经费支出：指统计年度内全社会实际用于基础研究、应用研究和试验发展的经费支出。包括实际用于研究与试验发展活动的人员劳务费、原材料费、固定资产购建费、管理费及其他费用支出。

基础研究：指为了获得关于现象和可观察事实的基本原理的新知识（揭示客观事物的本质、运动规律，获得新发展、新学说）而进行的实验性或理论性研究，它不以任何专门或特定的应用或使用为目的。

应用研究：指为了确定基础研究成果可能的用途，或是为达到预定的目标探索应采取的新方法（原理性）或新途径而进行的创造性研究。应用研究主要针对某一特定的目的或目标。

试验发展：指利用从基础研究、应用研究和实际经验所获得的现有知识，为产生新的产品、材料和装置，建立新的工艺、系统和服务，以及对已产生和建立的上述各项作实质性的改进而进行的系统性工作。

2. 统计范围

研究与试验发展（R&D）经费的统计范围为全社会有 R&D 活动的企事业单位，具体包括工业企业、政府属研究机构、高等学校以及 R&D 活动相对密集行业（包括农、林、牧、渔业，建筑业，交通运输、仓储和邮政业，信息传输、软件和信息技术服务业，金融业，租赁和商务服务业，科学研究和技术服务业，水利、环境和公共设施管理业，卫生和社会工作，文化、体育和娱乐业等）中从事 R&D 活动的企事业单位。

3. 调查方法

研究与试验发展（R&D）经费：规模以上工业企业、政府属研究机构、高等学校采用全面调查取得，其他行业的企事业单位采用全面调查、重点调查及使用第二次全国 R&D 资源清查资料推算等多种方法取得。

附录 2

2015 年全国科技经费投入统计公报
国家统计局　科学技术部　财政部

2016 年 11 月 10 日

2015 年，我国科技经费投入保持增长，研究与试验发展（R&D）经费投入及国家财政科技支出持续增加，研究与试验发展（R&D）经费投入强度稳步提高。

一、研究与试验发展（R&D）经费支出情况

2015 年，全国研究与试验发展（R&D）经费支出 14169.9 亿元，比上年增加 1154.3 亿元，增长 8.9%；研究与试验发展（R&D）经费投入强度（与国内生产总值①之比）为 2.07%，比上年提高 0.05 个百分点。按研究与试验发展（R&D）人员（全时工作量）计算的人均经费支出为 37.7 万元，比上年增加 2.6 万元。

分活动类型看，全国基础研究经费支出 716.1 亿元，比上年增长 16.7%；应用研究经费支出 1528.7 亿元，增长 9.3%；试验发展经费支出 11925.1 亿元，增长 8.4%。基础研究、应用研究和试验发展经费支出所占比重分别为 5.1%、10.8% 和 84.1%。

分活动主体看，各类企业经费支出 10881.3 亿元，比上年增长 8.2%；政府属研究机构经费支出 2136.5 亿元，增长 10.9%；高等学校经费支出 998.6 亿元，增长 11.2%。企业、政府属研究机构、高等学校经费支出所占比重分别为 76.8%、15.1% 和 7.0%。

分产业部门②看，研究与试验发展（R&D）经费支出超过 500 亿元的行业大类有 7 个，这 7 个行业的经费支出占全部规模以上工业企业研究与试验发展

---

① 2015 年 GDP 初步核实数据。

② 产业部门仅包括规模以上工业企业，即年主营业务收入 2000 万元及以上的工业法人单位。

（R&D）经费支出的比重为60.8%；研究与试验发展（R&D）经费支出在100亿元以上且投入强度（与主营业务收入之比）超过规模以上工业企业平均水平的行业大类有9个（分行业情况详见附表1）。

分地区看，研究与试验发展（R&D）经费支出超过千亿元的省（市）有5个，分别为江苏（占12.7%）、广东（占12.7%）、山东（占10.1%）、北京（占9.8%）和浙江（占7.1%）。研究与试验发展（R&D）经费投入强度（与地区生产总值之比）超过全国平均水平的省（市）有8个，分别为北京、上海、天津、江苏、广东、浙江、山东和陕西（分地区情况详见附表2）。

二、财政科学技术支出情况

2015年，国家财政科学技术支出7005.8亿元，比上年增加551.3亿元，增长8.5%；财政科学技术支出占当年国家财政支出的比重为3.98%。其中，中央财政科学技术支出3012.1亿元，增长3.9%，占财政科学技术支出的比重为43.0%；地方财政科学技术支出3993.7亿元，增长12.3%，占比为57.0%。

2015年财政科学技术支出情况

	财政科学技术支出（亿元）	比上年同期增长（%）	占财政科学技术支出的比重（%）
合计	**7005.8**	**8.5**	—
其中：科学技术	5862.6	10.3	83.7
其他功能支出中用于科学技术的支出	1143.2	0.3	16.3
其中：中央	3012.1	3.9	43.0
地方	3993.7	12.3	57.0

注：本表中财政科学技术支出的统计范围为公共财政支出安排的科技项目。

附表1　2015年分行业规模以上工业企业研究与试验发展（R&D）经费支出情况

行业	R&D经费支出（亿元）	R&D经费投入强度（%）	行业	R&D经费支出（亿元）	R&D经费投入强度（%）
合计	**10013.9**	**0.90**	化学原料和化学制品制造业	794.5	0.95
采矿业	269.6	0.52	医药制造业	441.5	1.72
煤炭开采和洗选业	143.3	0.60	化学纤维制造业	78.5	1.09
石油和天然气开采业	62.5	0.79	橡胶和塑料制品业	242.6	0.78

续表

行业	R&D 经费支出（亿元）	R&D 经费投入强度（%）	行业	R&D 经费支出（亿元）	R&D 经费投入强度（%）
黑色金属矿采选业	9.2	0.13	非金属矿物制品业	277.6	0.47
有色金属矿采选业	22.0	0.35	黑色金属冶炼和压延加工业	561.2	0.89
非金属矿采选业	10.4	0.19	有色金属冶炼和压延加工业	371.5	0.72
开采辅助活动	22.2	1.28	金属制品业	282.7	0.75
制造业	9650.0	0.97	通用设备制造业	632.6	1.35
农副食品加工业	216.0	0.33	专用设备制造业	567.1	1.58
食品制造业	135.4	0.62	汽车制造业	904.2	1.27
酒、饮料和精制茶制造业	90.0	0.52	铁路、船舶、航空航天和其他运输设备制造业	435.9	2.30
烟草制品业	20.8	0.22	电气机械和器材制造业	1012.7	1.46
纺织业	207.7	0.52	计算机、通信和其他电子设备制造业	1611.7	1.76
纺织服装、服饰业	90.1	0.41	仪器仪表制造业	180.9	2.08
皮革、毛皮、羽毛及其制品和制鞋业	51.1	0.35	其他制造业	27.3	0.90
木材加工和木、竹、藤、棕、草制品业	42.8	0.31	废弃资源综合利用业	9.8	0.26
家具制造业	33.0	0.42	金属制品、机械和设备修理业	11.7	1.20
造纸和纸制品业	107.6	0.77	电力、热力、燃气及水生产和供应业	94.3	0.15
印刷和记录媒介复制业	36.9	0.50	电力、热力生产和供应业	81.4	0.14
文教、工美、体育和娱乐用品制造业	73.7	0.46	燃气生产和供应业	6.4	0.10
石油加工、炼焦和核燃料加工业	100.8	0.29	水的生产和供应业	6.5	0.34

附表 2　2015 年各地区研究与试验发展（R&D）经费支出情况

地　区	R&D 经费支出（亿元）	R&D 经费投入强度（%）
全　国	14169.9	2.07
北　京	1384.0	6.01

续表

地　区	R&D 经费支出 （亿元）	R&D 经费投入强度 （%）
天　津	510.2	3.08
河　北	350.9	1.18
山　西	132.5	1.04
内蒙古	136.1	0.76
辽　宁	363.4	1.27
吉　林	141.4	1.01
黑龙江	157.7	1.05
上　海	936.1	3.73
江　苏	1801.2	2.57
浙　江	1011.2	2.36
安　徽	431.8	1.96
福　建	392.9	1.51
江　西	173.2	1.04
山　东	1427.2	2.27
河　南	435.0	1.18
湖　北	561.7	1.90
湖　南	412.7	1.43
广　东	1798.2	2.47
广　西	105.9	0.63
海　南	17.0	0.46
重　庆	247.0	1.57
四　川	502.9	1.67
贵　州	62.3	0.59
云　南	109.4	0.80
西　藏	3.1	0.30
陕　西	393.2	2.18
甘　肃	82.7	1.22
青　海	11.6	0.48

续表

地　区	R&D 经费支出（亿元）	R&D 经费投入强度（%）
宁　夏	25.5	0.88
新　疆	52.0	0.56

附注：

1. 主要指标解释

研究与试验发展（R&D）经费：指统计年度内全社会实际用于基础研究、应用研究和试验发展的经费支出。包括实际用于研究与试验发展活动的人员劳务费、原材料费、固定资产购建费、管理费及其他费用支出。

基础研究：指为了获得关于现象和可观察事实的基本原理的新知识（揭示客观事物的本质、运动规律，获得新发展、新学说）而进行的实验性或理论性研究，它不以任何专门或特定的应用或使用为目的。

应用研究：指为了确定基础研究成果可能的用途，或是为达到预定的目标探索应采取的新方法（原理性）或新途径而进行的创造性研究。应用研究主要针对某一特定的目的或目标。

试验发展：指利用从基础研究、应用研究和实际经验所获得的现有知识，为产生新的产品、材料和装置，建立新的工艺、系统和服务，以及对已产生和建立的上述各项作实质性的改进而进行的系统性工作。

2. 统计范围

研究与试验发展（R&D）经费的统计范围为全社会有 R&D 活动的企事业单位，具体包括工业企业、政府属研究机构、高等学校以及 R&D 活动相对密集行业（包括农、林、牧、渔业，建筑业，交通运输、仓储和邮政业，信息传输、软件和信息技术服务业，金融业，租赁和商务服务业，科学研究和技术服务业，水利、环境和公共设施管理业，卫生和社会工作，文化、体育和娱乐业等）中从事 R&D 活动的企事业单位。

3. 调查方法

研究与试验发展（R&D）经费的调查方法是：规模以上工业企业、政府属研究机构、高等学校采用全面调查取得，其他行业的企事业单位采用全面调查、重点调查以及使用第三次全国经济普查、第二次全国 R&D 资源清查资料推算等多种方法取得。

4. 数据修订

2016 年 7 月国家统计局实施了研发支出核算方法改革，对 2015 年国内生产总值数据统计口径作了调整，并修订了 1952 年以来的国内生产总值数据。根据国内生产总值历史数据修订结果，相应修订了 1995 ~ 2014 年研究与试验发展（R&D）经费投入强度数据，历史数据修订情况如下：

1995 年以来我国研究与试验发展（R&D）经费投入强度数据修订情况

年份	R&D 经费投入强度（%）		年份	R&D 经费投入强度（%）	
	调整后	调整前		调整后	调整前
1995	0.57	0.57	2005	1.31	1.32
1996	0.56	0.57	2006	1.37	1.38
1997	0.64	0.64	2007	1.37	1.38
1998	0.65	0.65	2008	1.44	1.46
1999	0.75	0.75	2009	1.66	1.68
2000	0.89	0.90	2010	1.71	1.73
2001	0.94	0.95	2011	1.78	1.79
2002	1.06	1.06	2012	1.91	1.93
2003	1.12	1.13	2013	1.99	2.01
2004	1.21	1.22	2014	2.02	2.05

附录3

2016年全国科技经费投入统计公报
国家统计局　科学技术部　财政部

2017年10月10日

2016年，我国科技经费投入力度加大，研究与试验发展（R&D）经费投入、国家财政科技支出均实现较快增长，研究与试验发展（R&D）经费投入强度稳步提高。

一、研究与试验发展（R&D）经费情况

2016年，全国共投入研究与试验发展（R&D）经费15676.7亿元，比上年增加1506.9亿元，增长10.6%，增速较上年提高1.7个百分点；研究与试验发展（R&D）经费投入强度（与国内生产总值[①]之比）为2.11%，比上年提高0.05个百分点[②]。按研究与试验发展（R&D）人员（全时工作量）计算的人均经费为40.4万元，比上年增加2.7万元。

分活动类型看，全国基础研究经费822.9亿元，比上年增长14.9%；应用研究经费1610.5亿元，增长5.4%；试验发展经费13243.4亿元，增长11.1%。基础研究、应用研究和试验发展经费所占比重分别为5.2%、10.3%和84.5%。

分活动主体看，各类企业经费支出12144亿元，比上年增长11.6%；政府属研究机构经费支出2260.2亿元，增长5.8%；高等学校经费支出1072.2亿元，增长7.4%。企业、政府属研究机构、高等学校经费支出所占比重分别为77.5%、14.4%和6.8%。

---

① 2016年国内生产总值为初步核算数据。

② 根据国家统计局2015年国内生产总值最终核实结果，2015年研究与试验发展（R&D）经费投入强度调整为2.06%。

分产业部门看，高技术制造业研究与试验发展（R&D）经费 2915.7 亿元，投入强度（与主营业务收入之比）为 1.9%；装备制造业研究与试验发展（R&D）经费 6176.6 亿元，投入强度为 1.51%。在规模以上工业企业①中，研究与试验发展（R&D）经费投入超过 500 亿元的行业大类有 7 个，这 7 个行业的经费占全部规模以上工业企业研究与试验发展（R&D）经费的比重为 60.2%；研究与试验发展（R&D）经费投入在 100 亿元以上且投入强度超过规模以上工业企业平均水平的行业大类有 9 个（分行业情况详见附表 1）。

分地区看，研究与试验发展（R&D）经费投入超过千亿元的省（市）有 6 个，分别为广东（占 13%）、江苏（占 12.9%）、山东（占 10%）、北京（占 9.5%）、浙江（占 7.2%）和上海（占 6.7%）。研究与试验发展（R&D）经费投入强度（与地区生产总值②之比）超过全国平均水平的省（市）有 8 个，分别为北京、上海、天津、江苏、广东、浙江、山东和陕西（分地区情况详见附表 2）。

二、财政科学技术支出情况

2016 年，国家财政科学技术支出 7760.7 亿元，比上年增加 754.9 亿元，增长 10.8%，增速较上年提高 2.3 个百分点；财政科学技术支出占当年国家财政支出的比重为 4.13%，比上年提高 0.15 个百分点。其中，中央财政科学技术支出 3269.3 亿元，增长 8.5%，占财政科学技术支出的比重为 42.1%；地方财政科学技术支出 4491.4 亿元，增长 12.5%，占比为 57.9%。

2016 年财政科学技术支出情况

	财政科学技术支出（亿元）	比上年增长（%）	占财政科学技术支出的比重（%）
合计	**7760.7**	**10.8**	—
其中：科学技术	6564.0	12.0	84.6
其他功能支出中用于科学技术的支出	1196.7	4.7	15.4
其中：中央	3269.3	8.5	42.1
地方	4491.4	12.5	57.9

注：本表中财政科学技术支出的统计范围为公共财政支出安排的科技项目。

① 规模以上工业企业的统计范围是年主营业务收入 2000 万元及以上的工业法人单位。

② 地区生产总值为快报数据。

附表1　2016年分行业规模以上工业企业研究与试验发展（R&D）经费情况

行业	R&D经费（亿元）	R&D经费投入强度（%）	行业	R&D经费（亿元）	R&D经费投入强度（%）
合计	**10944.7**	**0.94**	化学原料和化学制品制造业	840.7	0.96
采矿业	267.8	0.56	医药制造业	488.5	1.73
煤炭开采和洗选业	132.1	0.59	化学纤维制造业	83.8	1.08
石油和天然气开采业	63.9	0.99	橡胶和塑料制品业	278.8	0.86
黑色金属矿采选业	10.4	0.17	非金属矿物制品业	323.1	0.52
有色金属矿采选业	27.1	0.44	黑色金属冶炼和压延加工业	537.7	0.87
非金属矿采选业	11.1	0.21	有色金属冶炼和压延加工业	406.8	0.76
开采辅助活动	23.1	1.49	金属制品业	326.3	0.81
制造业	10580.3	1.01	通用设备制造业	665.7	1.38
农副食品加工业	249.7	0.36	专用设备制造业	577.1	1.54
食品制造业	152.8	0.64	汽车制造业	1048.7	1.29
酒、饮料和精制茶制造业	100.6	0.54	铁路、船舶、航空航天和其他运输设备制造业	459.6	2.38
烟草制品业	21.4	0.25	电气机械和器材制造业	1102.4	1.50
纺织业	219.9	0.54	计算机、通信和其他电子设备制造业	1811.0	1.82
纺织服装、服饰业	107.0	0.45	仪器仪表制造业	185.7	1.96
皮革、毛皮、羽毛及其制品和制鞋业	59.0	0.39	其他制造业	28.1	1.02
木材加工和木、竹、藤、棕、草制品业	52.9	0.36	废弃资源综合利用业	11.0	0.27
家具制造业	42.9	0.49	金属制品、机械和设备修理业	17.8	1.47
造纸和纸制品业	122.8	0.84	电力、热力、燃气及水生产和供应业	96.6	0.15
印刷和记录媒介复制业	46.8	0.58	电力、热力生产和供应业	81.6	0.15
文教、工美、体育和娱乐用品制造业	91.9	0.54	燃气生产和供应业	7.7	0.13
石油加工、炼焦和核燃料加工业	119.6	0.35	水的生产和供应业	7.4	0.35

附表 2　2016 年各地区研究与试验发展（R&D）经费情况

地区	R&D 经费（亿元）	R&D 经费投入强度（%）
全　国	**15676. 7**	**2. 11**
北　京	1484. 6	5. 96
天　津	537. 3	3. 00
河　北	383. 4	1. 20
山　西	132. 6	1. 03
内蒙古	147. 5	0. 79
辽　宁	372. 7	1. 69
吉　林	139. 7	0. 94
黑龙江	152. 5	0. 99
上　海	1049. 3	3. 82
江　苏	2026. 9	2. 66
浙　江	1130. 6	2. 43
安　徽	475. 1	1. 97
福　建	454. 3	1. 59
江　西	207. 3	1. 13
山　东	1566. 1	2. 34
河　南	494. 2	1. 23
湖　北	600. 0	1. 86
湖　南	468. 8	1. 50
广　东	2035. 1	2. 56
广　西	117. 7	0. 65
海　南	21. 7	0. 54
重　庆	302. 2	1. 72
四　川	561. 4	1. 72
贵　州	73. 4	0. 63
云　南	132. 8	0. 89
西　藏	2. 2	0. 19

续表

地区	R&D 经费（亿元）	R&D 经费投入强度（%）
陕　西	419.6	2.19
甘　肃	87.0	1.22
青　海	14.0	0.54
宁　夏	29.9	0.95
新　疆	56.6	0.59

附注：

1. 主要指标解释

研究与试验发展（R&D）经费：指统计年度内全社会实际用于基础研究、应用研究和试验发展的经费支出。包括实际用于研究与试验发展活动的人员劳务费、原材料费、固定资产购建费、管理费及其他费用支出。

基础研究：指为了获得关于现象和可观察事实的基本原理的新知识（揭示客观事物的本质、运动规律，获得新发展、新学说）而进行的实验性或理论性研究，它不以任何专门或特定的应用或使用为目的。

应用研究：指为了确定基础研究成果可能的用途，或是为达到预定的目标探索应采取的新方法（原理性）或新途径而进行的创造性研究。应用研究主要针对某一特定的目的或目标。

试验发展：指利用从基础研究、应用研究和实际经验所获得的现有知识，为产生新的产品、材料和装置，建立新的工艺、系统和服务，以及对已产生和建立的上述各项作实质性的改进而进行的系统性工作。

2. 统计范围

研究与试验发展（R&D）经费的统计范围为全社会有 R&D 活动的企事业单位，具体包括政府属研究机构、高等学校以及 R&D 活动相对密集行业（包括农、林、牧、渔业，采矿业，制造业，电力、热力、燃气及水生产和供应业，建筑业，交通运输、仓储和邮政业，信息传输、软件和信息技术服务业，金融业，租赁和商务服务业，科学研究和技术服务业，水利、环境和公共设施管理业，卫生和社会工作，文化、体育和娱乐业等）的企事业单位。

3. 调查方法

研究与试验发展（R&D）经费的调查方法是：规模以上工业企业，特级、一级建筑业企业，大中型服务业（包括交通运输、仓储和邮政业，信息传输、软件和信息技术服务业，租赁和商务服务业，科学研究和技术服务业，水利、环境和公共设施管理业，卫生和社会工作，文化、体育和娱乐业）企业，政府属研究机构、高等学校采用全面调查取得。其他行业的企事业单位采用重点调查以及使用第二次全国 R&D 资源清查资料推算等方法取得。

附录 4

2017 年全国科技经费投入统计公报
国家统计局　科学技术部　财政部

2018 年 10 月 9 日

2017 年，我国科技经费投入力度加大，研究与试验发展（R&D）经费投入增速加快，国家财政科技支出平稳增长，研究与试验发展（R&D）经费投入强度稳步提高。

一、研究与试验发展（R&D）经费情况

2017 年，全国共投入研究与试验发展（R&D）经费 17606.1 亿元，比上年增加 1929.4 亿元，增长 12.3%，增速较上年提高 1.7 个百分点；研究与试验发展（R&D）经费投入强度（与国内生产总值[①]之比）为 2.13%，比上年提高 0.02 个百分点。按研究与试验发展（R&D）人员（全时工作量）计算的人均经费为 43.6 万元，比上年增加 3.2 万元。

分活动类型看，全国基础研究经费 975.5 亿元，比上年增长 18.5%；应用研究经费 1849.2 亿元，增长 14.8%；试验发展经费 14781.4 亿元，增长 11.6%。基础研究、应用研究和试验发展经费所占比重分别为 5.5%、10.5% 和 84%。

分活动主体看，各类企业经费支出 13660.2 亿元，比上年增长 12.5%；政府属研究机构经费支出 2435.7 亿元，增长 7.8%；高等学校经费支出 1266 亿元，增长 18.1%。企业、政府属研究机构、高等学校经费支出所占比重分别为 77.6%、13.8% 和 7.2%。

分产业部门看，高技术制造业研究与试验发展（R&D）经费 3182.6 亿元，投入强度（与主营业务收入之比）为 2%，比上年提高 0.1 个百分点；装备制造

① 2017 年国内生产总值为初步核算数据。

业研究与试验发展（R&D）经费6725.7亿元，投入强度为1.65%，比上年提高0.14个百分点。在规模以上工业企业①中，研究与试验发展（R&D）经费投入超过500亿元的行业大类有8个，这8个行业的经费占全部规模以上工业企业研究与试验发展（R&D）经费的比重为65.2%；研究与试验发展（R&D）经费投入在100亿元以上且投入强度超过规模以上工业企业平均水平的行业大类有10个（分行业情况详见附表1）。

分地区看，研究与试验发展（R&D）经费投入超过千亿元的省（市）有6个，分别为广东（占13.3%）、江苏（占12.8%）、山东（占10%）、北京（占9%）、浙江（占7.2%）和上海（占6.8%）。研究与试验发展（R&D）经费投入强度（与地区生产总值②之比）超过全国平均水平的省（市）有7个，分别为北京、上海、江苏、广东、天津、浙江和山东（分地区情况详见附表2）。

二、财政科学技术支出情况

2017年，国家财政科学技术支出8383.6亿元，比上年增加622.9亿元，增长8%；财政科学技术支出占当年国家财政支出的比重为4.13%，与上年持平。其中，中央财政科学技术支出3421.5亿元，增长4.7%，占财政科学技术支出的比重为40.8%；地方财政科学技术支出4962.1亿元，增长10.5%，占比为59.2%。

2017年财政科学技术支出情况

	财政科学技术支出（亿元）	比上年增长（%）	占财政科学技术支出的比重（%）
合计	**8383.6**	**8.0**	—
其中：科学技术	7267.0	10.7	86.7
其他功能支出中用于科学技术的支出	1116.6	-6.7	13.3
其中：中央	3421.5	4.7	40.8
地方	4962.1	10.5	59.2

注：本表中财政科学技术支出的统计范围为公共财政支出安排的科技项目。

① 规模以上工业企业的统计范围是年主营业务收入2000万元及以上的工业法人单位。

② 地区生产总值为年度核实数据。

附表1　2017年分行业规模以上工业企业研究与试验发展（R&D）经费情况

行业	R&D经费（亿元）	R&D经费投入强度（%）	行业	R&D经费（亿元）	R&D经费投入强度（%）
合计	**12013.0**	**1.06**	化学原料和化学制品制造业	912.5	1.11
采矿业	281.8	0.59	医药制造业	534.2	1.97
煤炭开采和洗选业	148.9	0.60	化学纤维制造业	106.1	1.34
石油和天然气开采业	57.3	0.76	橡胶和塑料制品业	307.2	1.01
黑色金属矿采选业	7.3	0.18	非金属矿物制品业	362.8	0.61
有色金属矿采选业	31.2	0.61	黑色金属冶炼和压延加工业	638.7	0.99
非金属矿采选业	11.9	0.28	有色金属冶炼和压延加工业	461.6	0.85
开采辅助活动	25.4	1.62	金属制品业	343.2	0.95
制造业	11624.7	1.14	通用设备制造业	696.8	1.53
农副食品加工业	274.6	0.46	专用设备制造业	636.9	1.78
食品制造业	148.1	0.67	汽车制造业	1164.6	1.38
酒、饮料和精制茶制造业	99.8	0.58	铁路、船舶、航空航天和其他运输设备制造业	428.8	2.53
烟草制品业	19.8	0.22	电气机械和器材制造业	1242.4	1.73
纺织业	233.2	0.64	计算机、通信和其他电子设备制造业	2002.8	1.88
纺织服装、服饰业	110.5	0.53	仪器仪表制造业	210.2	2.11
皮革、毛皮、羽毛及其制品和制鞋业	65.1	0.46	其他制造业	32.6	1.31
木材加工和木、竹、藤、棕、草制品业	60.3	0.47	废弃资源综合利用业	16.3	0.42
家具制造业	55.4	0.63	金属制品、机械和设备修理业	14.7	1.35
造纸和纸制品业	144.6	0.97	电力、热力、燃气及水生产和供应业	106.4	0.16
印刷和记录媒介复制业	53.9	0.69	电力、热力生产和供应业	85.8	0.15
文教、工美、体育和娱乐用品制造业	100.5	0.63	燃气生产和供应业	11.1	0.18
石油加工、炼焦和核燃料加工业	146.6	0.36	水的生产和供应业	9.6	0.40

附表 2　2017 年各地区研究与试验发展（R&D）经费情况

地　区	R&D 经费（亿元）	R&D 经费投入强度（%）
全　国	17606.1	2.13
北　京	1579.7	5.64
天　津	458.7	2.47
河　北	452.0	1.33
山　西	148.2	0.95
内蒙古	132.3	0.82
辽　宁	429.9	1.84
吉　林	128.0	0.86
黑龙江	146.6	0.92
上　海	1205.2	3.93
江　苏	2260.1	2.63
浙　江	1266.3	2.45
安　徽	564.9	2.09
福　建	543.1	1.69
江　西	255.8	1.28
山　东	1753.0	2.41
河　南	582.1	1.31
湖　北	700.6	1.97
湖　南	568.5	1.68
广　东	2343.6	2.61
广　西	142.2	0.77
海　南	23.1	0.52
重　庆	364.6	1.88
四　川	637.8	1.72
贵　州	95.9	0.71
云　南	157.8	0.96
西　藏	2.9	0.22
陕　西	460.9	2.10
甘　肃	88.4	1.19
青　海	17.9	0.68
宁　夏	38.9	1.13
新　疆	57.0	0.52

附注：

1. 主要指标解释

研究与试验发展（R&D）经费：指统计年度内全社会实际用于基础研究、应用研究和试验发展的经费支出。包括实际用于研究与试验发展活动的人员劳务费、原材料费、固定资产购建费、管理费及其他费用支出。

基础研究：指为了获得关于现象和可观察事实的基本原理的新知识（揭示客观事物的本质、运动规律，获得新发展、新学说）而进行的实验性或理论性研究，它不以任何专门或特定的应用或使用为目的。

应用研究：指为了确定基础研究成果可能的用途，或是为达到预定的目标探索应采取的新方法（原理性）或新途径而进行的创造性研究。应用研究主要针对某一特定的目的或目标。

试验发展：指利用从基础研究、应用研究和实际经验所获得的现有知识，为产生新的产品、材料和装置，建立新的工艺、系统和服务，以及对已产生和建立的上述各项作实质性的改进而进行的系统性工作。

2. 统计范围

研究与试验发展（R&D）经费的统计范围为全社会有 R&D 活动的企事业单位，具体包括政府属研究机构、高等学校以及 R&D 活动相对密集行业（包括农、林、牧、渔业，采矿业，制造业，电力、热力、燃气及水生产和供应业，建筑业，交通运输、仓储和邮政业，信息传输、软件和信息技术服务业，金融业，租赁和商务服务业，科学研究和技术服务业，水利、环境和公共设施管理业，卫生和社会工作，文化、体育和娱乐业等）的企事业单位。

3. 调查方法

研究与试验发展（R&D）经费的调查方法是：规模以上工业企业，特级、一级建筑业企业，大中型服务业（包括交通运输、仓储和邮政业，信息传输、软件和信息技术服务业，租赁和商务服务业，科学研究和技术服务业，水利、环境和公共设施管理业，卫生和社会工作，文化、体育和娱乐业）企业，政府属研究机构、高等学校采用全面调查取得。其他行业的企事业单位采用重点调查以及使用第二次全国 R&D 资源清查资料推算等方法取得。

附录5

2018年全国科技经费投入统计公报[①]
国家统计局　科学技术部　财政部

2019年8月30日

2018年，我国科技经费投入力度加大，研究与试验发展（R&D）经费投入保持较快增长，国家财政科技支出增速加快，研究与试验发展（R&D）经费投入强度持续提高。

一、研究与试验发展（R&D）经费情况

2018年，全国共投入研究与试验发展（R&D）经费19677.9亿元，比上年增加2071.8亿元，增长11.8%；研究与试验发展（R&D）经费投入强度（与国内生产总值[②]之比）为2.19%，比上年提高0.04个百分点[③]。按研究与试验发展（R&D）人员全时工作量计算的人均经费为44.9万元，比上年增加1.3万元。

分活动类型看，全国基础研究经费1090.4亿元，比上年增长11.8%；应用研究经费2190.9亿元，增长18.5%；试验发展经费16396.7亿元，增长10.9%。基础研究、应用研究和试验发展经费所占比重分别为5.5%、11.1%和83.3%。

分活动主体看，各类企业经费支出15233.7亿元，比上年增长11.5%；政府属研究机构经费支出2691.7亿元，增长10.5%；高等学校经费支出1457.9亿元，增长15.2%。企业、政府属研究机构、高等学校经费支出所占比重分别为77.4%、13.7%和7.4%。

---

① 本公报各项统计数据均未包括香港特别行政区、澳门特别行政区和台湾省。部分数据因四舍五入的原因，存在总计与分项合计不等的情况。

② 2018年国内生产总值为初步核算数据。

③ 根据国家统计局2017年国内生产总值最终核实数据，2017年研究与试验发展（R&D）经费投入强度已修订为2.15%。

分地区看，研究与试验发展（R&D）经费投入超过千亿元的省（市）有6个，分别为广东（占13.7%）、江苏（占12.7%）、北京（占9.5%）、山东（占8.4%）、浙江（占7.3%）和上海（占6.9%）。研究与试验发展（R&D）经费投入强度（与地区生产总值[①]之比）超过全国平均水平的省（市）有6个，分别为北京、上海、广东、江苏、天津和浙江（详见附表1）。

二、财政科学技术支出情况

2018年，国家财政科学技术支出9518.2亿元，比上年增加1134.6亿元，增长13.5%；财政科学技术支出与当年国家财政支出之比为4.31%，比上年提高0.18个百分点。其中，中央财政科学技术支出3738.5亿元，增长9.3%，占财政科学技术支出的比重为39.3%；地方财政科学技术支出5779.7亿元，增长16.5%，占比为60.7%。

2018年财政科学技术支出情况

	财政科学技术支出（亿元）	比上年增长（%）	占财政科学技术支出的比重（%）
合计	**9518.2**	**13.5**	—
其中：科学技术	8326.7	14.6	87.5
其他功能支出中用于科学技术的支出	1191.5	6.7	12.5
其中：中央	3738.5	9.3	39.3
地方	5779.7	16.5	60.7

注：本表中财政科学技术支出的统计范围为公共财政支出安排的科技项目。

附表1　2018年各地区研究与试验发展（R&D）经费情况

地　区	R&D经费（亿元）	R&D经费投入强度（%）
全　国	19677.9	2.19
北　京	1870.8	6.17
天　津	492.4	2.62
河　北	499.7	1.39
山　西	175.8	1.05
内蒙古	129.2	0.75

① 地区生产总值为年度初步核算数据。

续表

地　区	R&D 经费（亿元）	R&D 经费投入强度（%）
辽　宁	460.1	1.82
吉　林	115.0	0.76
黑龙江	135.0	0.83
上　海	1359.2	4.16
江　苏	2504.4	2.70
浙　江	1445.7	2.57
安　徽	649.0	2.16
福　建	642.8	1.80
江　西	310.7	1.41
山　东	1643.3	2.15
河　南	671.5	1.40
湖　北	822.1	2.09
湖　南	658.3	1.81
广　东	2704.7	2.78
广　西	144.9	0.71
海　南	26.9	0.56
重　庆	410.2	2.01
四　川	737.1	1.81
贵　州	121.6	0.82
云　南	187.3	1.05
西　藏	3.7	0.25
陕　西	532.4	2.18
甘　肃	97.1	1.18
青　海	17.3	0.60
宁　夏	45.6	1.23
新　疆	64.3	0.53

附注：

1. 主要指标解释

研究与试验发展（R&D）经费：指统计年度内全社会实际用于基础研究、应用研究和试验发展的经费支出。包括实际用于研究与试验发展活动的人员劳务费、原材料费、固定资产购建费、管理费及其他费用支出。

基础研究：指为了获得关于现象和可观察事实的基本原理的新知识（揭示客观事物的本质、运动规律，获得新发展、新学说）而进行的实验性或理论性研究，它不以任何专门或特定的应用或使用为目的。

应用研究：指为了确定基础研究成果可能的用途，或是为达到预定的目标探索应采取的新方法（原理性）或新途径而进行的创造性研究。应用研究主要针对某一特定的目的或目标。

试验发展：指利用从基础研究、应用研究和实际经验所获得的现有知识，为产生新的产品、材料和装置，建立新的工艺、系统和服务，以及对已产生和建立的上述各项作实质性的改进而进行的系统性工作。

2. 统计范围

研究与试验发展（R&D）经费的统计范围为全社会有 R&D 活动的企事业单位，具体包括政府属研究机构、高等学校以及 R&D 活动相对密集行业（包括农、林、牧、渔业，采矿业，制造业，电力、热力、燃气及水生产和供应业，建筑业，交通运输、仓储和邮政业，信息传输、软件和信息技术服务业，金融业，租赁和商务服务业，科学研究和技术服务业，水利、环境和公共设施管理业，卫生和社会工作，文化、体育和娱乐业等）的企事业单位。

3. 调查方法

研究与试验发展（R&D）经费的调查方法是：规模以上工业企业，特级、一级建筑业企业，大中型服务业（包括交通运输、仓储和邮政业，信息传输、软件和信息技术服务业，租赁和商务服务业，科学研究和技术服务业，水利、环境和公共设施管理业，卫生和社会工作，文化、体育和娱乐业）企业，政府属研究机构，高等学校采用全面调查取得。其他行业的企事业单位采用重点调查以及使用第二次全国 R&D 资源清查资料推算等方法取得。

附录 6

国家科学技术奖励条例

国务院总理温家宝 2003 年 11 月 20 日签署第 396 号国务院令，发布施行《国务院关于修改〈国家科学技术奖励条例〉的决定》。

第一章　总则

第一条　为了奖励在科学技术进步活动中做出突出贡献的公民、组织，调动科学技术工作者的积极性和创造性，加速科学技术事业的发展，提高综合国力，制定本条例。

第二条　国务院设立下列国家科学技术奖：

（一）国家最高科学技术奖；

（二）国家自然科学奖；

（三）国家技术发明奖；

（四）国家科学技术进步奖；

（五）中华人民共和国国际科学技术合作奖。

第三条　国家科学技术奖励贯彻尊重知识、尊重人才的方针。

第四条　国家维护国家科学技术奖的严肃性。

国家科学技术奖的评审、授予，不受任何组织或者个人的非法干涉。

第五条　国务院科学技术行政部门负责国家科学技术奖评审的组织工作。

第六条　国家设立国家科学技术奖励委员会，国家科学技术奖励委员会聘请有关方面的专家、学者组成评审委员会，依照本条例的规定，负责国家科学技术奖的评审工作。

国家科学技术奖励委员会的组成人员人选由国务院科学技术行政部门提出，报国务院批准。

第七条　社会力量设立面向社会的科学技术奖，应当在科学技术行政部门办理登记手续。具体办法由国务院科学技术行政部门规定。

社会力量经登记设立的面向社会的科学技术奖，在奖励活动中不得收取任何费用。

第二章　国家科学技术奖的设置

第八条　国家最高科学技术奖授予下列科学技术工作者：

（一）在当代科学技术前沿取得重大突破或者在科学技术发展中有卓越建树的；

（二）在科学技术创新、科学技术成果转化和高技术产业化中，创造巨大经济效益或者社会效益的。

国家最高科学技术奖每年授予人数不超过2名。

第九条　国家自然科学奖授予在基础研究和应用基础研究中阐明自然现象、特征和规律，做出重大科学发现的公民。

前款所称重大科学发现，应当具备下列条件：

（一）前人尚未发现或者尚未阐明；

（二）具有重大科学价值；

（三）得到国内外自然科学界公认。

第十条　国家技术发明奖授予运用科学技术知识做出产品、工艺、材料及其系统等重大技术发明的公民。

前款所称重大技术发明，应当具备下列条件：

（一）前人尚未发明或者尚未公开；

（二）具有先进性和创造性；

（三）经实施，创造显著经济效益或者社会效益。

第十一条　国家科学技术进步奖授予在应用推广先进科学技术成果，完成重大科学技术工程、计划、项目等方面，做出突出贡献的下列公民、组织：

（一）在实施技术开发项目中，完成重大科学技术创新、科学技术成果转化，创造显著经济效益的；

（二）在实施社会公益项目中，长期从事科学技术基础性工作和社会公益性科学技术事业，经过实践检验，创造显著社会效益的；

（三）在实施国家安全项目中，为推进国防现代化建设、保障国家安全做出重大科学技术贡献的；

（四）在实施重大工程项目中，保障工程达到国际先进水平的。

前款第（四）项重大工程类项目的国家科学技术进步奖仅授予组织。

第十二条　中华人民共和国国际科学技术合作奖授予对中国科学技术事业做出重要贡献的下列外国人或者外国组织：

（一）同中国的公民或者组织合作研究、开发，取得重大科学技术成果的；

（二）向中国的公民或者组织传授先进科学技术、培养人才，成效特别显著的；

（三）为促进中国与外国的国际科学技术交流与合作，做出重要贡献的。

第十三条　国家最高科学技术奖、中华人民共和国国际科学技术合作奖不分等级。

国家自然科学奖、国家技术发明奖、国家科学技术进步奖分为一等奖、二等奖2个等级；对做出特别重大科学发现或者技术发明的公民，对完成具有特别重大意义的科学技术工程、计划、项目等做出突出贡献的公民、组织，可以授予特等奖。

国家自然科学奖、国家技术发明奖、国家科学技术进步奖每年奖励项目总数不超过400项。

第三章　国家科学技术奖的评审和授予

第十四条　国家科学技术奖每年评审一次。

第十五条　国家科学技术奖候选人由下列单位和个人推荐：

（一）省、自治区、直辖市人民政府；

（二）国务院有关组成部门、直属机构；

（三）中国人民解放军各总部；

（四）经国务院科学技术行政部门认定的符合国务院科学技术行政部门规定的资格条件的其他单位和科学技术专家。

前款所列推荐单位推荐的国家科学技术奖候选人，应当根据有关方面的科学技术专家对其科学技术成果的评审结论和奖励种类、等级的建议确定。

香港、澳门、台湾地区的国家科学技术奖候选人的推荐办法，由国务院科学技术行政部门规定。

中华人民共和国驻外使馆、领馆可以推荐中华人民共和国国际科学技术合作奖的候选人。

第十六条　推荐的单位和个人限额推荐国家科学技术奖候选人；推荐时，应当填写统一格式的推荐书，提供真实、可靠的评价材料。

第十七条　评审委员会作出认定科学技术成果的结论，并向国家科学技术奖励委员会提出获奖人选和奖励种类及等级的建议。

国家科学技术奖励委员会根据评审委员会的建议，作出获奖人选和奖励种类及等级的决议。

国家科学技术奖的评审规则由国务院科学技术行政部门规定。

第十八条　国务院科学技术行政部门对国家科学技术奖励委员会作出的国家科学技术奖的获奖人选和奖励种类及等级的决议进行审核，报国务院批准。

第十九条　国家最高科学技术奖报请国家主席签署并颁发证书和奖金。

国家自然科学奖、国家技术发明奖、国家科学技术进步奖由国务院颁发证书和奖金。

中华人民共和国国际科学技术合作奖由国务院颁发证书。

第二十条　国家最高科学技术奖的奖金数额由国务院规定。

国家自然科学奖、国家技术发明奖、国家科学技术进步奖的奖金数额由国务院科学技术行政部门会同财政部门规定。

国家科学技术奖的奖励经费由中央财政列支。

第四章　罚则

第二十一条　剽窃、侵夺他人的发现、发明或者其他科学技术成果的，或者以其他不正当手段骗取国家科学技术奖的，由国务院科学技术行政部门报国务院批准后撤销奖励，追回奖金。

第二十二条　推荐的单位和个人提供虚假数据、材料，协助他人骗取国家科学技术奖的，由国务院科学技术行政部门通报批评；情节严重的，暂停或者取消其推荐资格；对负有直接责任的主管人员和其他直接责任人员，依法给予行政处分。

第二十三条　社会力量未经登记，擅自设立面向社会的科学技术奖的，由科学技术行政部门予以取缔。

社会力量经登记设立面向社会的科学技术奖，在科学技术奖励活动中收取费用的，由科学技术行政部门没收所收取的费用，可以并处所收取的费用 1 倍以上 3 倍以下的罚款；情节严重的，撤销登记。

第二十四条　参与国家科学技术奖评审活动和有关工作的人员在评审活动中弄虚作假、徇私舞弊的，依法给予行政处分。

第五章　附则

第二十五条　国务院有关部门根据国防、国家安全的特殊情况，可以设立部级科学技术奖。具体办法由国务院有关部门规定，报国务院科学技术行政部门备案。

省、自治区、直辖市人民政府可以设立一项省级科学技术奖。具体办法由省、自治区、直辖市人民政府规定，报国务院科学技术行政部门备案。

第二十六条　本条例自公布之日起施行。1993 年 6 月 28 日国务院修订发布的《中华人民共和国自然科学奖励条例》、《中华人民共和国发明奖励条例》和《中华人民共和国科学技术进步奖励条例》同时废止。

附录7

国家重点研发计划项目综合绩效评价工作规范（试行）

国家重点研发计划项目实施期满后，项目管理专业机构（以下简称专业机构）应立即启动综合绩效评价工作。项目因故不能按期完成须申请延期的，项目牵头单位应于项目执行期结束前6个月提出延期申请，经专业机构提出意见报科技部审核后，由专业机构批复。项目延期原则上只能申请1次，延期时间原则上不超过1年。

综合绩效评价重点包括项目（课题）任务完成情况和经费管理使用情况等方面。有关工作分为课题绩效评价和项目综合绩效评价两个阶段，在完成课题绩效评价的基础上开展项目综合绩效评价。

一、总体要求

1. 课题承担单位和参与单位，对本单位科研成果管理负主体责任，要组织对本单位科研人员的成果进行真实性审查，并按照分类分级管理的原则，对科研档案的完整性、准确性、系统性进行审查；项目牵头单位和项目负责人、课题承担单位和课题负责人，要对本项目或课题的相关成果进行审核把关，检查科技报告完成情况和科技成果填报情况，不得把项目承担单位之外的成果，或项目任务之外的成果，纳入综合绩效评价材料。

2. 综合绩效评价工作中，任务完成方面主要考核项目目标和考核指标的完成情况、成果效益、人才培养和组织管理等；经费管理使用方面主要考核承担单位项目资金拨付及到位、预算执行、科研经费管理制度执行情况和经费开支合规性等。项目牵头单位负责组织课题绩效评价并对绩效评价结论负责；专业机构负责组织项目综合绩效评价。

3. 突出代表性成果和项目实施效果评价，不将“人才项目”“头衔”“帽子”“论文数量”“获得奖励”等作为评价指标。基础研究与应用基础研究类项目重点评价新发现、新原理、新方法、新规律的重大原创性和科学价值、解决经济社会发展和国家安全重大需求中关键科学问题的效能、支撑技术和产品开发的效果、代表性论文等科研成果的质量和水平，以国际国内同行评议为主。技术和产品开发类项目重点评价新技术、新方法、新产品、关键部件等的创新性、成熟度、稳定性、可靠性，突出成果转化应用情况及其在解决经济社会发展关键问题、支撑引领行业产业发展中发挥的作用。应用示范类项目绩效评价以规模化应用、行业内推广为导向，重点评价集成性、先进性、经济适用性、辐射带动作用及产生的经济社会效益，更多采取应用推广相关方评价和市场评价方式。

对于关键核心技术攻关重大项目，进一步发挥需求方、用户、产业界等的重要作用，需求方、用户、产业界代表应直接参与综合绩效评价工作，充分发表意见，并将需求方和用户对项目完成情况的评价意见，以及对项目成果的推广应用意见，作为评价的核心指标。

4. 专业机构应提前部署综合绩效评价工作，通知项目牵头单位做好准备，同时制定重点专项项目年度综合绩效评价工作方案，并报科技部备案。

二、课题绩效评价

项目下设各课题实施期满后，项目牵头单位组织对课题任务完成情况进行绩效评价，课题承担单位和负责人应认真编制课题绩效自评价报告；同时，课题承担单位从国家科技管理信息系统选取具备国家科技计划（专项、基金等）资金审计资格的会计师事务所开展课题结题审计。课题承担单位应与会计师事务所签订审计协议，审计费用可从课题资金列支，应在双方协商、公允透明、经济合理的原则下确定。

（一）课题绩效评价

1. 项目牵头单位组建课题绩效评价专家组。专家组实行回避制度和诚信承诺，人数一般不少于7人，其中可包括重点专项专家委员会专家和专业机构聘请的项目责任专家。

2. 专家组在审阅资料、听取汇报、实地考察等基础上，根据科研项目绩效分类评价的要求，按照任务书约定，对课题目标和考核指标完成情况、研究成果的水平及创新性、成果示范推广及应用前景、课题对项目总体目标的贡献、人才培养和组织管理等情况进行评价。评价时，既要总结成绩，又要分析存在的主要问题，并严格审核课题成果的真实性。课题绩效评价结论分为通过、未通过和结题三类。

（1）按期保质完成课题任务书确定的目标和任务，为通过。

（2）因非不可抗拒因素未完成课题任务书确定的主要目标和任务，为未通过。

（3）因不可抗拒因素未完成课题任务书确定的主要目标和任务的，按结题处理。

（4）未按期提交材料的，提供的文件、资料、数据存在弄虚作假的，未按相关要求报批重大调整事项的，课题承担单位、参与单位或个人存在严重失信行为并造成重大影响的，拒不配合绩效评价工作的，均按未通过处理。

对于项目下不设课题或仅设置一个课题的情况，可不组织课题绩效评价。

（二）课题结题审计

1. 课题结题审计主要是对课题资金的管理使用情况进行审计。会计师事务所应严格按照《中央财政科技计划项目（课题）结题审计指引》要求，如实、准确、全面地开展结题审计，并向课题承担单位出具审计报告。项目的汇总审计报告由审计项目牵头单位的会计师事务所出具。课题承担单位如能提供本课题已接受有关政府审计、纪检等方面出具的报告，应当对相关结论予以采信。

2. 结题审计后，课题承担单位应将审计报告和相关补充说明材料等统一交至项目牵头单位。对于项目下不设课题或仅设置一个课题的情况，直接出具项目审计报告。

完成上述工作后，项目牵头单位在国家科技管理信息系统中填报并提交项目综合绩效自评价报告。

三、项目综合绩效评价

项目牵头单位和项目负责人应在项目执行期结束后3个月内完成项目综合绩效评价材料准备工作，并通过国家科技管理信息系统向专业机构提交如下材料。

（1）项目综合绩效自评价报告。

（2）项目所有下设课题相关绩效评价材料及绩效评价意见。

（3）项目实施过程中形成的知识产权和技术标准情况，包括专利、商标、著作权等知识产权的取得、使用、管理、保护等情况，国际标准、国家标准、行业标准等研制完成情况。

（4）与项目任务相关的第三方检测报告或用户使用报告。

（5）成果管理和保密情况，说明研究过程中公开发表论文和宣传报道、对外合作交流、接受外方资助等情况；保密项目和拟对成果定密的非保密项目还需说明成果定密的密级和保密期限建议、研究过程中保密规定执行情况等。

（6）任务书中约定应呈交的科技报告。

（7）科技资源汇交方案，根据《国务院办公厅关于印发科学数据管理办法的通知》的要求和指南规定需要汇交的数据，应提交由有关方面认可的科学数据中心出具的汇交凭证；对于项目实施过程中形成的科技文献、科学数据、具有宣传与保存价值的影视资料、照片图表、购置使用的大型科学仪器、设备、实验生物等各类科技资源，应提出明确的处置、归属、保存、开放共享等方案。

（8）审计报告和相关补充说明材料等（审计报告由会计师事务所上传）。

专业机构应在收到项目综合绩效评价材料后 6 个月内完成项目综合绩效评价。

（一）评前审查

收到综合绩效评价材料后，专业机构应组织开展评前审查。审查工作可委托第三方评估机构（以下简称评估机构）开展。评估机构应具备国家科技计划项目（课题）资金审核工作经验，熟悉国家科技计划和资金管理政策，建立了相关领域的科技专家队伍，拥有专业的人才队伍等。

审查内容包括：

（1）资料的完整性、合规性。

（2）审计报告反映的问题是否准确、客观、全面，并填写《审计报告质量评价表》。

（3）对资金管理存在的问题组织进行整改，要求项目牵头单位组织各课题承担单位于 15 个工作日内提交整改材料，如未按时提交整改材料，且无正当理由的，按相关支出不合理认定。

（4）对整改后各课题专项资金的收支及结余情况进行调整并出具审查意见。

审查工作应在收到综合绩效评价资料后 25 个工作日内完成。

（二）专家评议

1. 专业机构应按照科研项目绩效分类评价要求，根据不同项目类型，组织项目综合绩效评价专家组，采用同行评议、第三方评估和测试、用户评价等方式开展综合绩效评价工作，如有需要可现场核查。对于具有创新链上下游关系或关联性较强的相关项目，应有整体设计，强化对一体化实施绩效的考核。

为便于有关部门及时掌握专项实施成效、推动后续成果的转化应用，项目综合绩效评价时一般应邀请科技部计划管理司局、业务司局等相关司局和有关部门、地方参加。

2. 项目综合绩效评价专家组实行回避制度和诚信承诺。专家组包含技术专家和财务专家等，组长由技术专家担任，副组长由财务专家担任，总人数一般不少于 10 人（财务专家不少于 3 人），原则上从国家科技专家库中选取。其中：技术专家应包括重点专项专家委员会专家和专业机构聘请的项目责任专家，其构成应体现科研项目绩效分类评价要求，并充分听取专项参与部门意见；财务专家可特邀不超过3人。

3. 开展项目综合绩效评价时，专家组在审阅资料、听取汇报和质询等基础上，结合项目年度、中期执行情况等信息，进行审核评议。

——在项目任务方面，根据科研项目绩效分类评价的要求，重点对项目目标和考核指标完成情况、研究成果的水平及创新性、成果示范推广及应用前景、项目组织管理和内部协作配合、人才培养等情况进行评价。

——在资金方面，重点对资金到位与拨付情况、会计核算与资金使用情况、预算执行与调整等情况进行评议，在此基础上确定课题专项资金结余，并由财务专家填写专家个人、专家组课题资金评议打分表。

4. 技术专家填写项目综合绩效评价专家个人意见表，专家组出具项目综合绩效评价专家组意见表。项目综合绩效评价结论分为通过、未通过和结题三类。对于通过综合绩效评价的项目，绩效等级分为优秀、合格两档。

（1）按期保质完成项目任务书确定的目标和任务，为通过。

（2）因非不可抗拒因素未完成项目任务书确定的主要目标和任务，为未通过。

（3）因不可抗拒因素未完成项目任务书确定的主要目标和任务的，按结题处理。

（4）未按任务书约定提交科技报告或未按期提交材料的，提供的文件、资料、数据存在弄虚作假的，未按相关要求报批重大调整事项的，项目牵头单位、课题承担单位、参与单位或个人存在严重失信行为并造成重大影响的，拒不配合综合绩效评价工作或逾期不开展课题绩效评价的，均按未通过处理。

对于通过综合绩效评价的项目，平均得分90分及以下的，绩效等级为合格；由专业机构根据综合绩效评价情况，在平均得分90分以上的项目中，确定绩效等级为优秀的项目，且每个重点专项中，绩效等级为优秀的项目比例不超过15%。

四、综合绩效评价结论下达及其他事宜

1. 专业机构根据项目综合绩效评价情况，形成项目综合绩效评价结论。综合绩效评价工作结束后3个月内，专业机构应将项目综合绩效评价结论通知项目牵头单位，抄报科技部和项目牵头单位的主管部门。

2. 存在下列情况之一的，课题结余资金由专业机构收回：

（1）课题绩效评价结论为结题或未通过的。

（2）课题资金评议得分为80分及以下的。

（3）课题承担单位信用评价差的。

（4）项目综合绩效评价结论为结题或未通过的，项目下所有课题结余由专业机构收回。

3. 对于需上交的课题专项资金结余，项目牵头单位应及时收缴课题承担单位的结余，并汇总后上交专业机构。结余资金上交应在项目牵头单位收到综合绩效评价结论后 1 个月内完成。

4. 留用的结余由课题承担单位和参与单位在 2 年内（自综合绩效评价结论下达后次年的 1 月 1 日起计算）统筹用于本单位科研活动的直接支出。2 年后结余未使用完的，应及时上交专业机构，统筹用于重点专项后续支出。

5. 专业机构应督促项目牵头单位在收到项目综合绩效评价结论后 1 个月内，将项目综合绩效评价材料和相关技术文件归档管理。涉及科技报告、数据汇交、技术标准、成果管理、档案管理等事宜，按照有关管理规定执行。

6. 项目综合绩效评价结论及成果除有保密要求外，应及时向社会公示。

7. 保密项目和拟对成果定密的非保密项目的综合绩效评价，参照此办法并严格按照《中华人民共和国保守国家秘密法》和《科学技术保密规定》等相关规定组织实施。保密课题结题审计由专业机构组织以财务检查形式开展。

五、责任与监督

1. 科技部相关司局根据职能分工采取随机抽查等方式对综合绩效评价工作进行督促检查。项目牵头单位和专业机构负责对受其管理或委托的项目相关责任主体的严重失信行为进行记录，并报送科技部进行管理和结果应用。

2. 项目综合绩效评价或课题绩效评价不通过的，或项目牵头单位、课题承担单位和参与单位或个人涉及科研诚信问题的，依照相关规定和程序记入信用记录；课题承担单位和参与单位在科研资金使用中有重大违规行为，或整改不到位，或未及时足额上交结余资金的，视情节轻重，给予通报批评、停拨单位在研课题中央财政资金、取消单位或有关人员课题申报资格等处理，并记入信用记录；涉嫌犯罪的，移送司法机关处理。

3. 科技部对审计报告和第三方评估测试或评价报告进行抽查监督评估，相关结果将作为对相关责任主体进行信用记录的重要依据。

建立对会计师事务所的责任追究制度。会计师事务所无正当理由不按时提交审计报告，或出具的结题审计报告未能按要求如实反映被审课题资金管理和使用情况，或出现协助承担单位弄虚作假、重大稽核失误以及其他虚假陈述或未勤勉尽责行为的，相关部门给予通报批评或取消审计资格等处理，同时按照《中华人民共和国注册会计师法》及国家有关法律法规追究相应责任；涉嫌犯罪的，移送司法机关处理。

4. 专业机构是实施项目综合绩效评价的主体，对综合绩效评价结果负责。在综合绩效评价各环节出现审核疏漏、违反规则，以及滥用职权、玩忽职守、徇私舞弊等违法违纪行为的，一经查实，按照《中华人民共和国监察法》《事业单位工作人员处分暂行规定》《财政违法行为处罚处分条例》等国家有关法律法规追究相应责任；涉嫌犯罪的，移送司法机关处理。

5. 评估机构应当遵守国家法律法规，规范审查业务流程。评估机构存在重大问题的，可视情节采取记录机构不良信用、批评、通报、相关审查结果无效，或取消该单位审查资格等处理措施，并依法追究相关工作人员的责任。

6. 参与综合绩效评价工作的专家应恪尽职业操守，按照独立、客观、公正的原则进行审核评议。建立对专家的责任追究制度，存在明显不合理、不正当、不作为等倾向，或谋取不正当利益等行为的，其出具的相关意见无效，记入专家个人信用记录，情节严重的给予通报批评、取消专家资格等处理；涉嫌犯罪的，移送司法机关处理。

7. 对专业机构以及相关人员、项目承担单位及相关人员、会计师事务所及从业人员、有关专家等的处理结果，以适当方式向社会公布。

附录 8

全国星火计划倡议书

在全国星火计划工作会议圆满结束之既，会议全体代表向全国从事星火计划工作、所有关心星火计划工作的朋友们发出倡议；开创农村工作新局面、再造星火计划辉煌。现将全文刊登如下：

全国从事星火计划工作的同志们，所有关心星火计划工作的朋友们：

在这草绿莺扬、群花竞芳、春意盎然的美好时节，来自国家有关部门、全国各地和民主党派的300余位代表，齐聚陕西宝鸡，召开全国星火计划工作会议，回顾历史，总结经验，分析形势，展望未来，为星火计划在开创中华民族小康盛世的历史大潮中再造辉煌而竭智绸缪。会议开得热烈、圆满而成功，它必将成为星火计划发展史上的又一个里程碑。

星火计划是党中央、国务院于1986年批准实施的第一个依靠科技振兴农村经济的指导性科技计划。实施17年来，在国家有关部门、地方党委政府和社会各界的大力支持下，在广大农民的积极参与下，把大批先进适用技术引入了广大农村，加快了乡镇企业技术改造和升级步伐，建设了一批星火技术密集区、星火产业带和区域性支柱产业，培训了数以千万计的农村技术人才，为农村经济增长方式的转变、农村经济结构的调整、农村两个文明的建设和企业参与国际竞争能力的提高做出了历史性的贡献，取得了"有目共睹、有口皆碑"的巨大成就。

新阶段，新形势，星火计划面临大发展的历史性机遇。党的"十六大"提出了全面建设小康社会的目标，全面建设小康社会，重点在农村、难点在农村、突破口也在农村。胡锦涛总书记在中央农村工作会议上指出"把解决好农业、农村和农民问题作为全党工作的重中之重"。温家宝总理指出要发展"高产、优质、高效、生态、安全"农业。这些都为星火计划创造了更加广阔的发展空间，也为星火计划提出了明确而艰巨的任务。

星火计划肩负着推动解决“三农”问题的历史重任，蕴藏着强大的生命力。新阶段深入实施星火计划，具有十分重要的战略意义：它是贯彻十六大精神、落实“三个代表”重要思想的具体实践，是全面建设小康社会、加快推进社会主义现代化的战略举措，是促进农村经济结构调整、增加农民收入、转移农村富余劳动力的有效途径，是国家创新体系建设特别是农村创新体系建设的重要推动力量。

星火计划必须把握城乡互动、工农互动、国际国内互动的发展趋势，联合各方力量，集成多方资源，加大投入力度，加强政策支持，按照“依靠科技、服务‘三农’、加速‘四化’、推进小康”的总体定位，以农民就业增收为目标，以体制创新和科技创新为动力，以加强产业化引导和营造产业化环境为重点，以先进适用技术支持乡镇企业技术进步和地方支柱产业、特色产业发展为切入点，大力发展区域经济，推进农业产业化、农村城镇化、农村信息化和农民知识化进程，努力开创星火计划的新局面。

围绕“依靠科技、服务‘三农’、加速‘四化’、推进小康”的总体定位，新阶段深入实施星火计划要重点做好九个方面的工作：一是大力推进乡镇企业科技进步，走农村新型工业化道路；二是加速科技成果转化和推广，促进农业产业化经营；三是加强星火技术密集区、星火产业带建设，引导农村小城镇健康发展；四是大力开展科技培训，造就亿万高素质的新型农民；五是积极推进农村信息化建设，缩小城乡数字鸿沟；六是积极培育多元化的农村科技服务组织，加快农村科技服务体系建设；七是进一步推动星火西进，促进东中西部经济社会的协调发展；八是加大科技扶贫力度，加快脱贫致富步伐；九是加快星火国际化进程，大幅度提高中小企业、龙头企业的国际竞争力。

新阶段，深入实施星火计划，需要一大批率先垂范、勇挑重担、不怕艰苦、甘愿奉献的星火人。要加强体制与机制的创新，动员和鼓励科技人员通过星火科技专家大院、科技特派员等有效形式，参与星火计划的实施，到农村经济主战场建功立业，造就一支浩浩荡荡的星火科技大军；要坚持大联合、大协作，组织科技、农业、乡镇企业、人事、劳动、金融等部门共同推进星火计划，进一步加强与共青团、妇联、民主党派等社会各界的协作，使星火计划真正成为一项政府主导、全社会参与、在广大农村得以全面燎原的伟大事业。

全面建设小康社会，责任重大；科技促进农村小康，义不容辞。在此，我们庄严承诺，并向全国从事星火计划工作的同志们、所有关心星火计划工作的朋友们倡议：让我们肩负起推动八亿农民奔向全面小康的历史使命，在以胡锦涛为总书记的党中央领导下，以邓小平理论、“三个代表”重要思想和党的十六大精神为指针，大力弘扬“务实、奉献、富民、报国”的星火精神，围绕“依靠科技、服务‘三农’、加速‘四化’、推进小康”的中心任务，团结一致，振奋精神，传播科技之种，辉耀星火之光，用两个十七年，为全面建设小康社会、开创中华民族小康盛世做出新的更大的贡献。

全国星火计划工作会议全体代表

二〇〇三年四月八日

附录9

973计划

973计划的实施振奋了我国科技界的创新精神，激发了科学家服务于国家目标的主动意识，增强了科技界的凝聚力和攀登科学高峰的信心，推动了我国基础研究的发展。973计划的实施成绩斐然，成效显著。一批阶段性研究成果在国民经济与社会发展中的重要作用正日益显露，一批创新成果在国际学术界产生重要影响。

（一）在科学前沿领域取得一批原创性成果，产生了重要的国际影响

在纳米科学、生命科学、信息科学、地球科学、数学、物理学和化学等学科的若干领域取得一批原创性成果，在SCIENCE、NATURE及相关学科一流杂志发表了系列重要论文，在国际上占据了重要的一席之地。非线性光学晶体、量子信息和通信、超强超短激光等方面研究居国际前列；纳米材料和纳米结构、蛋白质结构与功能、脑与认知、动物克隆、创造新物质的分子工程学、古生物学、海洋科学等领域取得系列创新成果，整体研究水平显著提高，在国际上产生重要影响；数学机械化、辛几何算法等方面保持我国特色和优势。

非线性光学晶体研究保持国际领先地位，在紫外和深紫外非线性光学晶体的设计、生长和原型激光器的研制等方面取得了创新成果。成功地生长出$20\times10\times1.8mm^3$全透明的KBBF单晶，突破了以往该晶体的厚度始终未能超过1mm的极限；在国际上首次提出KBBF棱镜耦合技术，实现了深紫外193～200nm的激光有效输出，从而跃过了实现深紫外倍频光输出的技术门槛，向第四代光源的实现迈出了重要的一步，将对未来光电子产业竞争产生深远影响。

量子信息和通信研究取得了一批有国际影响的重要创新成果。多粒子纠缠态的制备与操纵研究方面，在国际上首次实现了五粒子纠缠态的制备与操纵，并利用五光子纠缠源在实验上演示了“终端开放”的量子态隐形传输，先后被美国物理学会和欧洲物理学会评选为2004年度国际物理学十大进展之一。在量子密

钥分配方面，设计了一种具有良好单向传输稳定性的量子密钥分配实验方案，实现了150公里室内量子密钥分配实验；利用实际通信光缆，实现了从北京经河北香河到天津长度125公里的量子密钥分配。

超强超短激光研究在CPA新一代超强超短激光原理、方法的开拓及小型化OPCPA超强超短激光系统的集成创新取得重大进展，实现了3.67TW的输出功率，并研制成功具有高光束质量和国际一流水平整体性能的CPA超强超短激光装置；在此基础上，首次在实验上观测到高次谐波谱双峰分裂新现象，提出利用原子系统的量子相干控制产生高强度相关原子束的新机制，建立了强场相互作用的非微扰量子电动力学理论模型与计算方法，并应用于解释和预言强场激光物理实验现象。

纳米材料和纳米结构研究取得系列创新成果。纳米碳管研究方面，利用模板和有机物催化热解法相结合制备单壁纳米碳管的技术，被国外同行认为是目前碳纳米管四种主要制备方法之一。用同位素标记方法探明了碳纳米管的生长过程，采用二次放电法制备出超细碳纳米管，利用超顺碳纳米管阵列拉制出碳纳米管线，发展了浮动催化法制备双壁纳米管、醇热还原法宏量制备碳纳米管等制备方法。在GaN单晶一维纳米丝有序阵列的制备等方面，研制成功芯部为GaN、外层为BN、直径为50nm的同轴纳米电缆，并利用单壁碳纳米管组装出世界上最细且性能良好的扫描隧道显微镜用探针，在国际上产生了重要影响。碳纳米管灯丝的偏振白炽光谱方面的工作为纳米碳管在照明领域的应用开辟了一条新途径。发现块体纳米铜的超延展性，其变形过程主要由晶界行为所控制而并非是传统的晶格位错行为；发现孪晶界面诱导纳米铜的高强度和高导电性特性，表明通过纳米尺度上的结构设计可以优化材料性能。提出了二元协同产生超双疏性能的新原理，设计合成了具有仿生超双疏功能的界面结构材料，发现温场和光场控制的超疏水/超亲水可逆转变的“开关效应”。采取低温生长方法成功地在硅单晶衬底上制备出了具有原子级平整度的铅薄膜，并观察到铅薄膜超导转变温度和热膨胀系数随薄膜厚度振荡等奇特的材料性质。

蛋白质结构与功能研究取得突破。首次获得了菠菜捕光复合体（LHCII）2.72Å分辨率的三维结构解析，这是目前为止第一个原子水平解析的LHCII三维结构，被认为是近年来光合作用研究的一项突破，研究成果以article形式发表在NATURE杂志。成功解析了线粒体呼吸链膜蛋白复合物Ⅱ及其与抑制剂复合体的晶体结构，填补了线粒体呼吸链研究的一个空白，为研究线粒体呼吸链电子传递系统和与该复合物相关的人类线粒体疾病提供了一个真实可用的模型，研究成果发表在CELL杂志。

脑科学研究取得突破，在大脑的认知、神经信号传导、神经生长等方面取得了一批创新成果，在SCIENCE、NATURE、NEURON等国际著名刊物发表了一批重要论文。在国际上开创了果蝇面对两难线索的抉择研究，发现果蝇可以学习视觉模式的多个线索来指导飞行定向行为，并证明果蝇脑的蘑菇体参与抉择过程，为理解脑的这一智能行为提供了更为简单的模型生物和新的抉择范式。在神经发育的一些基本过程的调节机制研究中发现一种称为CSK的蛋白激酶在神经细胞的发育过程中分布有极性，在轴突中的活性比树突中的低，控制着神经细胞的极性。在认知科学研究方面，提出了拓扑性质初期知觉理论，对半个世纪以来占统治地位的特征分析理论提出了挑战，进一步研究发现了支持该理论的磁共振成像的生物学证据。

转基因属间克隆鱼的成功诞生，标志着我国在动物克隆基础研究领域取得新的突破。以转MThGH F4代红鲤的囊胚细胞为供体，以金鱼去核卵为受体进行属间的核移植，成功获得转基因属间克隆鱼，并首次从分子水平发现细胞质影响克隆鱼发育的新证据。

免疫学研究取得新的重要突破，发现了一种具有特殊负向免疫调控功能的新型DC亚群，对传统免疫学中普遍认为的成熟DC不再增殖的传统理论提出了挑战，有助于深入认识免疫应答的机制以及多种疾病的发病机理。

创造新物质的分子工程学方面，凝聚了该领域的5位院士、14位国家杰出青年基金获得者和3个“创新研究群体”开展创新研究，做出了高水平的研究成果，在SCIENCE、NATURE、ACCOUNT OF CHEMICAL RESEARCH、JACS等化学领域国际权威杂志发表论文40多篇，在国际上产生了重要影响。

古生物研究方面，以我国丰富的古生物资料为基础，在后生动物、脊椎动物、鸟类等重要生物类群的起源，寒武纪生物大爆发，古生代、中生代和新生代的生物大辐射，古生代三次生物大灭绝及其后的复苏，探索生物和环境协同演变的基本规律等方面，取得了一系列重大发现和创新性成果，以第一作者在SCIENCE和NATURE杂志发表论文32篇，受到国际学术界的高度关注。其中“澄江动物群与寒武纪大爆发”研究获2003年国家自然科学奖一等奖；湖南花垣排碧剖面被确立为寒武系内部第一个全球界线层型剖面（“金钉子”）。

青藏高原演化及环境效应方面，对印度大陆碰撞时限、过程和高原南北边缘碰撞模式等提出了新的看法；建立了高原不同地区高分辨率环境记录，揭示了2万年、特别是近2000年以来气候环境变化特征。首次全面系统地研究喜马拉雅山、青藏高原的隆升与亚洲季风气候的关系。研究结果表明，在距今800万~1000万年前青藏高原的隆升导致了亚洲季风的出现，距今260万~360万年青藏高原的加速隆升奠定了亚洲季风气候的基本框架。说明亚洲季风的演化与高原的阶段性隆升密切相关。

结合大陆钻探工程，在大陆深俯冲等方面取得多项突破性进展。揭示了板块会聚边界深部连续的物质组成、三维结构、壳幔物质交换及地球物理状态；证明地质历史上曾发生板块携带了巨量物质深俯冲到100公里以下地幔深处的重要地质事件；研究发现榴辉岩矿物中结构水（OH）脱水而引起的不稳定性会诱发断裂，可以引起高温地震，从而解释了地幔转化带中深源地震的成因，该成果于2004年发表在NATURE杂志。

海洋科学研究方面，建立了我国近海生态系统动力学理论体系框架，首次从生态系统水平上建立了以鳀鱼为例的配额捕捞评估与管理模型，发现中华哲水蚤在温带陆架浅海度夏策略，被认为是国际全球海洋生态系统动力学（GLOBEC）计划实行以来有代表性的研究成果之一，应GLOBEC科学指导委员会和北太平洋科学组织（PICES）邀请，多次在国际科学会议上做报告，产生了重大的影响。在近海环流的形成机理和变异方面，揭示了东海黑潮“多核结构”的形成机理；发现东海南部外陆架环流的存在，模拟出“流—涡结构”的分布和变异形态；阐述了南海环流“多涡结构”演化规律；发展了风—浪—潮—流耦合数值模式。

数学机械化方法研究方面，证明了某类代数系统全局优化的“有限核”定理，给出了这类系统完整的全局优化方法，为众多科学领域全局优化提供了新方法，并完成了数学机械化自动推理平台；从理论上证明了任意可逆线性变换可以整数实现，并给出了一个充要条件和整数实现的快速算法，基于此理论提出的“多成份变换”技术已被JPEG2000图像压缩国际标准采纳。

大规模科学计算研究中，发展了适合求解大型偏微方程组的自适应算法、辛算法、多尺度算法等算法；首创性地将辛算法用于大气海洋GPS资料同化，并建立了新一代大气环流模式GAMIL1.0。

在高性能优化算法研究上，发展了能够快速寻找有效解空间和算法的创新方法，将求解同等规模旅行商问题实例的稳定解质量和求解超大规模实例的计算速度分别提高了一个数量级；发展了多空间搜索等大规模优化算法，并应用于互联网搜索、移动通信与多媒体通信系统、超大规模集成电路设计、电力信息智能化管理系统等技术领域。

（二）基础理论的源头创新推动技术创新，形成自主知识产权，提高产业竞争力，服务国民经济建设

通过对钢铁凝固和结晶控制等基础理论研究，发现冶金过程晶粒细化调控可大大提高钢材强度，系统集成高洁净钢生产技术、高均质凝固组织技术和形变诱导相变组织细化技术发展的新一代钢铁材料，以高洁净度、高均质和超细组织为特征，其强度约为目前普通材的一倍；所取得的成果已部分应用于汽车、建筑等行业，被国内冶金界认为是推动钢铁行业结构调整、产品更新换代、提高钢铁行

业技术水平的一次“革命”。

针对高性能聚烯烃材料工业生产中的关键问题，从高分子链结构与加工性能的关系出发，提出了分析双轴拉伸流动稳定性理论，将流变学研究引入到聚烯烃加工性能的改进中，设计出适合高速拉伸的BOPP薄膜专用料的链结构，在基本上不改变现有工艺生产装备条件的情况下开发出了400米/分钟的超高速BOPP专用料，产品质量超过进口产品。

在国际上首次建立一水硬铝石型铝土矿反浮选理论和技术。提出了改变铝—硅矿物间界面相互作用力以控制分散的原理，提出了铝硅酸盐矿物高效捕捉剂结构模型及活化浮选的新思路，形成了“控制分散—选择性抑制—强化捕收”的反浮选脱硅技术原型和选择性磨矿—聚团正浮选脱硅技术。原创的浮选脱硅法和改进的拜尔法有可能使我国可利用的铝土矿资源扩大2~5倍。

光电子器件、光存储及信息功能材料研究等方面取得若干突破性进展，取得了系列有自主知识产权的成果。在量子级联激光器和探测器研究方面，研制成功镓砷/铝镓砷量子级联激光器和世界上第一个短腔长单模应变补偿铟镓砷/铟铝砷量子级联激光器，研制出国际上第一只镓铟氮砷/镓砷多量子阱谐振腔增强探测器，这些成果标志着我国砷化镓基近红外波段光电子材料与器件的研究水平已进入世界先进行列。光存储方面，利用多波长多阶光存储方法，发展了在不改变光学系统数值孔径的情况下大幅度提高光盘存储密度和容量的新一代光存储技术，使光盘容量成倍增长，为建立具有我国自主知识产权的光盘产业开辟了新的途径。半导体光放大器研究方面，在国际上首次提出并制备了渐变应变有源区的偏振不灵敏半导体光放大器，首次采用张应变量子阱和压应变准体材料交替生长制备出半导体光放大器。有机小分子荧光材料方面设计合成了有自主知识产权的酚基吡啶配合物系列；突破在传统钙钛矿型化合物中研究微波介质陶瓷的框架，研究出具有自主知识产权的K2NiF4型MRAlO4微波介质陶瓷新体系。

微纳电子材料与器件及微机电系统研究取得了一系列突出进展。在硅基集成器件微型化研究方面，研制成功栅长为27nm的新型CMOS器件和栅长为36nm的CMOS32分频电路，标志着我国的芯片微型化研究迈上了一个新的台阶。化合物半导体电子器件研究，成功获得了截止频率超过100GHz的PHEMT晶体管，为国内研制InP基器件打下了基础。场发射平板显示研究方面，研制出带栅结构的硅纳米线冷阴极和WO3纳米线冷阴极阵列，研究成果属国内外首先报道。集成微机电系统研究，提出了稀薄空气阻尼能量转移模型—Bao模型和微机械孔板结构压膜空气阻尼模型—修正的雷诺方程；针对微机械结构的特点建立了新的动力学方程，据此研制出了有自主知识产权的微惯性传感器，并得到应用。

（三）大大促进了基础研究与国家目标的结合，在能源、资源环境等国家重大战略需求方面解决了一批关键科学问题，为我国可持续发展提供了科学支撑

化石能源高效清洁利用方面取得多项创新成果。在揭示水促钙基脱硫机理的基础上，发展了中温烟气脱硫技术，仅用相当于湿法脱硫技术4%的水，即可使脱硫效率达到85%～95%；提出和证明了等离子体 NO_x 还原反应的机理，在此基础上发展的 NO_x 脱除新技术已初步推广应用。天然气、煤层气优化利用的催化基础研究，在国际上首创紫外拉曼光谱在催化原位、动态表征中的应用理论和技术，得到了国内外同行的广泛认可；由天然气和煤气化制得的合成气经甲醇和二甲醚制备低碳烯烃技术获得成功；提出了一种甲烷无氧活化的理论，开辟了由天然气制备化工原料和氢气的新途径。

在石油勘探开发和提高采收率方面，建立了碳酸盐岩油、气源岩分级评价方法和指标体系，提出了中国叠合盆地海相烃源岩的四种分布预测模式和两种非烃源岩的发育模式；提出碳酸盐岩作为烃源岩的有机质丰度下限为TOC＝0.5%，该标准已作为中国石油和中国石化两大股份公司的新标准，在新一轮油气资源评价中发挥了重要作用；从分子尺度上掌握了驱油用表面活性剂结构与性能关系，首次提出了驱油用表面活性剂分子设计的准则，设计并生产出具有自主知识产权的廉价、高效、无污染的驱油用烷基苯磺酸盐表面活性剂产品，经大庆油田现场试验，采收率比水驱提高15%～20%，成本显著降低。在天然气藏勘探与开发方面，首次使用小波分析和多属性定量预测方法，有效预测储层含气特性，提高钻探成功率，研究成果初步应用于苏里格气田的气层识别研究。

战略矿产资源研究方面，围绕东部环太平洋成矿域，初步建立了中新生代和晚古生代大陆成矿理论，发展了多项找矿预测的新技术、新方法，提出一系列大矿和大型矿集区的靶区，被中国地质调查局陆续列入前期风险勘查。在古特提斯成矿域方面，编制了新一代青藏高原主碰撞带地质图和构造纲要图，初步提出碰撞造山过程的构造演化新模型，建立了大陆碰撞造山成矿理论新框架。

生态环境方面，针对北方干旱和半干旱地区，系统分析了亚洲季风长期演变与北方干旱化关系和相关证据，建立的区域环境系统集成模式，为干旱化预测和“有序人类活动”虚拟试验提供了有效工具，干旱化发展趋势预测报告得到政府有关部门的重视。在西部干旱区生态环境演变与调控方面，提出天山北部山地—绿洲—荒漠系统的生态建设与可持续农业范式及西北干旱区生态区划，建立了沙漠地区重大工程防护体系建设的技术集成，为塔里木沙漠公路及新疆北水南调工程沙漠段防护提供支撑。深入研究了土壤质量与侵蚀、酸化和酸沉降以及土—气界面气体交换之间的关系，提出了稻田生态系统是太湖地区环境友好、可持续利用的农业生态系统的观点，基于此观点提出的“保护太湖流域人工湿地—稻田”

的建议为苏州市政府所采纳。

环境污染防治方面，对北京及周边地区空气污染进行了综合监测，特别是对大气—水—土相互作用、城市建筑发展、U 型地形对热岛加强的影响等多种观测获得了一批精确的定量结果，为改善预报能力、污染控制决策、污染早期预警和监测系统设计提供了科学依据，获世界气象组织高度评价，并被评为全球仅有的两个先导性示范项目之一。

我国近海有害赤潮形成机理和预测方面，首次在东海发现大规模亚历山大藻有害赤潮，证实了关键物理海洋过程在东海赤潮形成中的重要作用，初步揭示东海大规模赤潮的潜在危害性及危害机理。2005 年在东海赤潮高发区水域发现大规模的米氏凯伦藻赤潮，提出了赤潮防治的建议供有关部门参考。

重大灾害形成机理与预测方面，揭示了中国大陆强震活动受控于活动地块运动而集中分布于活动地块边界的基本事实，对大陆强震孕育发生的过程获得了初步的认识，发展了中长期强震预测的方法，并给出了未来 10 年中国大陆地区强震危险区预测。开展了大规模的暴雨野外加密观测科学试验，提出了梅雨锋中尺度暴雨的多尺度物理模型和梅雨锋暴雨的天气学模型，发展了适用于我国的配有三维变分同化方案的中尺度暴雨数值预报模式系统。基于“季风—暖池 - ENSO 循环相互作用理论”和“大气热力适应理论”等重要气候理论，对东亚气候异常进行了跨季度和年度预测试验，成功地预测了拉尼那事件的演变和华北的严重干旱气候。提出了一个跨季度气候数值预测系统，并设计了一个 18 层新大气环流数值模式框架，为我国气候数值模式的更新换代提供了基础。

（四）农业、人口与健康领域基础研究水平显著提升，解决一批重大关键问题，为提高人民生活质量和生活水平奠定了科学基础

在农业动植物功能基因组与分子改良基础研究方面，首次克隆了与水稻分蘖形成有关的重要基因 MOC1，该成果是近年来在植物形态建成特别是侧枝形成领域中最重要的发现之一，其在农业生产中的应用对提高水稻等禾本科作物产量具有重要意义；克隆了直接参与水稻纤维素合成与调控 BC1 基因，研究表明对有针对性地调控禾本科植物茎叶强度，高效合理利用植物茎秆，提高作物资源利用率具有重要意义。成功克隆猪 FSH - β 基因，在国际上率先发现该基因是影响猪产仔数的主效基因或遗传标记，该成果的应用大大加速了优良猪种选育速度。

农业资源高效利用方面，在国际上首次构建了以 5% 的样本代表 85% 以上遗传多样性的水稻、小麦、大豆核心种质，为深化我国种质资源研究和作物育种奠定了重要基础；光合与固氮作用的基因调控水平相互作用研究中发现，蓝细菌中主管异形胞发育的关键蛋白 HetR 可形成二聚体，并可通过结合目标基因的 DNA 来调控基因表达水平，提出了一个影响新的固氮效率的基因调控模型，为提高农

作物氮利用效率奠定了理论基础；在植物抗旱机理研究方面发现通过调控大气水分亏缺差可使作物出现气孔开合振荡，根据此原理初步开发了气孔振荡抗旱剂，田间实验表明，在大中旱年份可使300毫米年降雨量左右的半干旱区的作物产量比对照高1~2倍，这对我国干旱半干旱区的农业生产具有重要意义。

农业生态安全方面，在分子水平对我国烟粉虱的生物型进行了鉴定，开发成功大豆疫霉快速分子检测技术，系统开展了小麦矮腥黑粉菌种（TCK）入侵中国的风险研究，为我国小麦进口的谈判及质量检验检疫提供了科学依据和技术支撑。首次发现昆虫抗药性变化与乙酰胆碱受体相关功能位点的突变有关，这一成果不仅可以指导新型抗药性分子检测技术的开发，为抗药性治理提供理论依据，同时可以为高效安全杀虫剂的分子设计提供新思路和新途径。研制成功一类结构新颖、具有独立知识产权的高活性烟碱类化合物IPP-44，发现了与有机磷及氨基甲酸酯抗性有关的点突变D421和AChE抗性等位基因的适应缺陷机制。发现高致病性禽流感病毒已逐渐获得对哺乳动物的感染能力，并证明其对小鼠的致病性与PB2蛋白的第701位氨基酸有密切的关系，为深入认识高致病性禽流感病毒跨种传播分子机制奠定了基础。

疾病致病基因定位、克隆和功能研究方面取得重大突破。单基因疾病方面，克隆了遗传性乳光牙本质致病基因，明确DSPP基因突变导致遗传性乳光牙本质；克隆了A-1型短指症致病基因，明确了IHH基因在导致人类遗传疾病中的作用；克隆了房颤致病基因，解释了多元通路折返造成房颤的发病机制。多基因疾病方面，发现在人类4号染色体4p15.1-4q12区域存在鼻咽癌的易感基因，首次证明了鼻咽癌的遗传易感性；发现肝癌和胃癌的肿瘤原发灶和转移灶基因表达高度一致，显示肿瘤转移与肿瘤大小、包膜完整性无明显关系，而与肿瘤本身基因表达有关；初步提供了PRKCZ作为2型糖尿病易感基因的证据。

重大疾病的治疗研究取得显著进展。急性早幼粒细胞性白血病（APL）发病机制研究表明，该病有特异染色体异位t（15；17）导致的PML-RARα融合蛋白，全反式维甲酸能诱导APL细胞分化，三氧化二砷则可选择性诱导凋亡，其作用靶点均为PML-RARα融合蛋白，临床研究表明应用两药联合靶向治疗使初发APL成为第一个可治愈的成人白血病，已得到广泛应用。利用主动免疫治疗抗肿瘤血管生成，在小鼠体内可诱导针对肿瘤新生血管的自身免疫反应，表现出抗肿瘤活性，为肿瘤疫苗研制及肿瘤治疗提供了新思路。

重要传染病的基础研究方面，完成了痢疾杆菌四个代表株的全基因组测序；从分子水平确定我国HIV流行的传播线路；在国际上率先解析了SARS冠状病毒的主要蛋白酶（3CLpro）的三维结构，揭示了3CLpro与底物结合的精确模式，为研制有关SARS冠状病毒防治药物开辟了新途径。

生殖健康方面，首次克隆到生殖系统第一个天然抗菌肽基因 Bin1b，研究发现该基因能启动附睾头部精子的运动，从而揭示了精子由不活动状态到活动状态的重要起因，为男性避孕药的设计和男性不育的诊疗提供了线索；发现囊性纤维化（CF）女性患者因囊性纤维跨膜电导调节因子（CFTR）基因突变导致子宫上皮分泌 HCO3 - 发生阻碍，从而影响了精子获能和受精，揭示了该类患者不育机理。

创新药物研究方面，建立和完善了新药创制的系列研究平台和新方法，发现多个候选药物靶标。在国际上首先发现 CD146 分子选择性地在肿瘤血管内皮细胞高表达，为新型抗肿瘤药物的筛选提供了一个新的靶分子。建立了包括基质金属蛋白酶高通量筛选、肿瘤新生血管抑制剂筛选等 80 多种新颖的酶、受体和细胞水平筛选模型，发现了一批针对重大疾病、具有新结构或新颖药理作用的先导化合物和候选新药。治疗早老性痴呆症药物希普林（ZT－1）、抗肿瘤药物沙尔威辛（Salvicine）和力达霉素（Lidamycine）3 种新药已进入临床研究，其中希普林已在欧洲 30 多家医院完成了Ⅱ期临床试验，有可能成为我国走向世界、产生显著经济和社会效益的新药。创新药物研究取得的部分成果已得到 863 计划和重大科技专项后续资助，或与企业建立了合作开发关系。

生物医用材料骨诱导理论得到国际认可，阐明了生物材料可诱导成骨，从材料学及生物学两方面证实了诱发材料骨诱导作用的重要条件，建立了比较完整的原创性骨诱导理论，基于该理论研制的新一代骨诱导人工骨，获国家食品药品监督管理局生产注册证，400 余例临床试验效果良好。